中等职业教育课程改革"十四五"规划教材

智能财税

主　编　○ 王　艳　贾莹莹　李林洁
副主编　○ 林　明　张　旭

图书在版编目(CIP)数据

智能财税 / 王艳，贾莹莹，李林洁主编. —上海：立信会计出版社，2024.1
ISBN 978-7-5429-7507-2

Ⅰ.①智… Ⅱ.①王… ②贾… ③李… Ⅲ.①财税－管理信息系统 Ⅳ.①F810-39

中国国家版本馆 CIP 数据核字(2024)第 013008 号

策划编辑　王斯龙
责任编辑　王斯龙
助理编辑　汤　晏
美术编辑　吴博闻

智能财税
ZHINENG CAISHUI

出版发行	立信会计出版社		
地　　址	上海市中山西路 2230 号	邮政编码	200235
电　　话	(021)64411389	传　　真	(021)64411325
网　　址	www.lixinaph.com	电子邮箱	lixinaph2019@126.com
网上书店	http://lixin.jd.com		http://lxkjcbs.tmall.com
经　　销	各地新华书店		
印　　刷	常熟市人民印刷有限公司		
开　　本	787 毫米×1092 毫米	1/16	
印　　张	14.25		
字　　数	346 千字		
版　　次	2024 年 1 月第 1 版		
印　　次	2024 年 1 月第 1 次		
书　　号	ISBN 978-7-5429-7507-2/F		
定　　价	45.00 元		

如有印订差错，请与本社联系调换

编委会

主　编：王　艳　贾莹莹　李林洁

副主编：林　明　张　旭

参　编：（参编排名不分先后）
　　　　胡元满　曾文兰　舒　瑶　卢和英
　　　　李丽华　王　敏　赵锦河　周映群
　　　　赖嘉苗　林洋帆

前　　言

2022年2月，国务院印发《国家职业教育改革实施方案》，提出要在职业院校、应用型本科高校启动"学历证书＋若干职业技能等级证书"制度试点工作。2022年4月，教育部、国家发展改革委、财政部、市场监管总局联合印发《关于在院校实施"学历证书＋若干职业技能等级证书"制度试点方案》。为服务"1＋X"证书制度试点工作，结合中职、高职财经类专业"智能财税"初级等级证书考试，我们依托中联集团教育科技有限公司开发的智能财税教学实训平台编写了适合中职、高职财经类专业师生开展专项实训、"1＋X"考证及对接升学、就业的简洁、清晰、实用的《智能财税》工作手册式教材。

在中国特色社会主义新时代背景下，社会进入高质量发展新阶段。本教材的编写坚持以习近平新时代中国特色社会主义思想和党的二十大精神为指导，并着重在指导性、操作性和实用性上下工夫。教材内容上分为三个部分：初级代理实务、初级外包实务、初级企业管家。本教材突出了"实用性""实操性""实效性"等特点，充分对接中小微企业财税人员的实际需求，以岗位能力为导向，通过强化训练、快速培养，满足财税职业工作岗位初级任职要求，在注重实操的同时，融入思政的元素，对财税知识进行了补充和拓展，力争达到"教、学、考、做"的规范教材使用效果。

《智能财税》工作手册式教材的编者是中职一线教师团队。本教材是我们在"1＋X智能财税"等级证书考证的教学教研过程中，不断总结经验、提炼重点、突出难点，精心设计、反复打磨后的成果。在编写过程中，我们进行了明确分工，坚持优势互补、科学专业、配置合理的原则。深圳市龙岗职业技术学校的王艳老师为第一主编、贾莹莹老师为第二主编、李林洁老师为第三主编，同时由中联集团教育科技有限公司的林明、张旭两位行业专家担任副主编，深圳市龙岗职业技术学校教师曾文兰、赖嘉苗、林洋帆、王敏、舒瑶、卢和英、周映群、胡元满、李丽华、赵锦河（排名不分先后）等老师共同参与了本教材的编写。感谢相关老师的辛勤付出，特别感谢中联集团教育科技有限公司的林明老师为《智能财税》工作手册顺利出版给予的支持和帮助。

需要说明的是，本教材的编写一直坚持以教学实效性为导向、以初级考证为目标，但编写人员学识有限，本教材如有不尽如人意之处，请专家和读者不吝赐教，以便今后不断提高《智能财税》工作手册的学术水平和实用性。

编者

2024年1月

目　　录

第一部分　初级代理实务 …………………………………………………………… 001

　工作领域一　中小微企业发票代理开具 ………………………………………… 003
　　任务一　为具有开票资格的纳税人代开纸质发票 …………………………… 003
　　任务二　为具有电子发票开票资格的纳税人代开电子发票 ………………… 010
　　任务三　为无开票资格的纳税人代开纸质发票 ……………………………… 012

　工作领域二　中小微企业票据整理与制单 ……………………………………… 019
　　任务一　销售类票据整理与制单 ……………………………………………… 019
　　任务二　成本类发票整理与制单 ……………………………………………… 027
　　任务三　银行结算单据整理与制单 …………………………………………… 035
　　任务四　费用类票据整理与制单 ……………………………………………… 044
　　任务五　批量制单 ……………………………………………………………… 056

　工作领域三　中小微企业财税规范性审核 ……………………………………… 058
　　任务一　日常财务业务审核 …………………………………………………… 058
　　任务二　季度财税业务审核 …………………………………………………… 063

　工作领域四　小规模纳税人税收申报 …………………………………………… 070
　　任务一　增值税纳税申报 ……………………………………………………… 070
　　任务二　企业所得税纳税申报 ………………………………………………… 078
　　任务三　个人所得税纳税申报 ………………………………………………… 083

　工作领域五　一般纳税人税收申报 ……………………………………………… 090
　　任务一　增值税纳税申报 ……………………………………………………… 090
　　任务二　企业所得税纳税申报 ………………………………………………… 091

第二部分　初级外包实务 …………………………………………………………… 095

　工作领域一　采购业务核算实训 ………………………………………………… 097
　　任务一　采购业务核算 ………………………………………………………… 097
　　任务二　生产成本核算 ………………………………………………………… 121
　　任务三　销售业务核算 ………………………………………………………… 154

　工作领域二　纳税申报、工资及社保外包 ……………………………………… 160
　　任务一　纳税申报服务 ………………………………………………………… 160
　　任务二　工资及社保业务 ……………………………………………………… 166

第三部分　初级企业管家 ·· 171

工作领域一　企业设立、变更和信息公示 ································· 173
　　任务一　企业设立登记 ··· 173
　　任务二　企业信息公示填制申报管理 ······································ 185

工作领域二　税务管理 ··· 194
　　任务一　税务登记 ··· 194
　　任务二　发票管理 ··· 206

工作领域三　人力资源与"五险一金"管理 ································· 209
　　任务一　首次参保人员社保登记 ·· 209
　　任务二　单位住房公积金网上开户 ··· 213

第一部分

初级代理实务

工作领域一　中小微企业发票代理开具

技能目标

1. 了解《中华人民共和国发票管理办法实施细则》《网络发票管理办法》等相关法律法规并能在实际业务中应用。
2. 能够合理选择并正确使用准备代开发票所需要的设备、材料。
3. 熟悉各种代开发票的操作流程。
4. 能够正确在智能化票据操作平台上录入开票票面数据信息并准确对税控信息进行匹配。
5. 能够准确对开具发票的信息进行复核并完成发票的开具。

任务一　为具有开票资格的纳税人代开纸质发票

业务一　代开增值税普通纸质发票

一、任务场景

票据处理岗：接受委托开具发票。
领取增值税普通发票(税控盘密码：88888888，领购日期：2022年12月1日)。
根据以下任务信息，为北京陈鸿商贸有限责任公司(以下简称陈鸿公司)代理开具普通发票。
业务：2022年12月1日，代理开具普通发票：
销售商品：糖心苹果400箱×90元/箱＝36 000(元)不含税(9%)，型号：红富士；
客户名称：北京爱佳生活超市有限公司；
纳税人类型：一般纳税人；
纳税人识别号：91110105567900000Y；
地址、电话：北京市朝阳区北沙滩31号院 010-58761111；
开户行及账号：中国工商银行股份有限公司北京玛丽安路支行 0200025111920003000066①。
(发票校验码系统随机生成)

二、任务布置

共享中心按要求为陈鸿公司开具有效增值税普通纸质发票，具体要求如下：

---

① 开户行账号均为虚拟账号。

（1）对开票信息进行认真核查。
（2）导入发票信息。
（3）填写买方信息。
（4）填写商品信息。
（5）完善票面信息。
（6）审核开票信息并开具发票。

三、业务流程

为具有开票资格的纳税人代开有效增值税普通纸质发票业务处理流程，如图1-1-1所示。

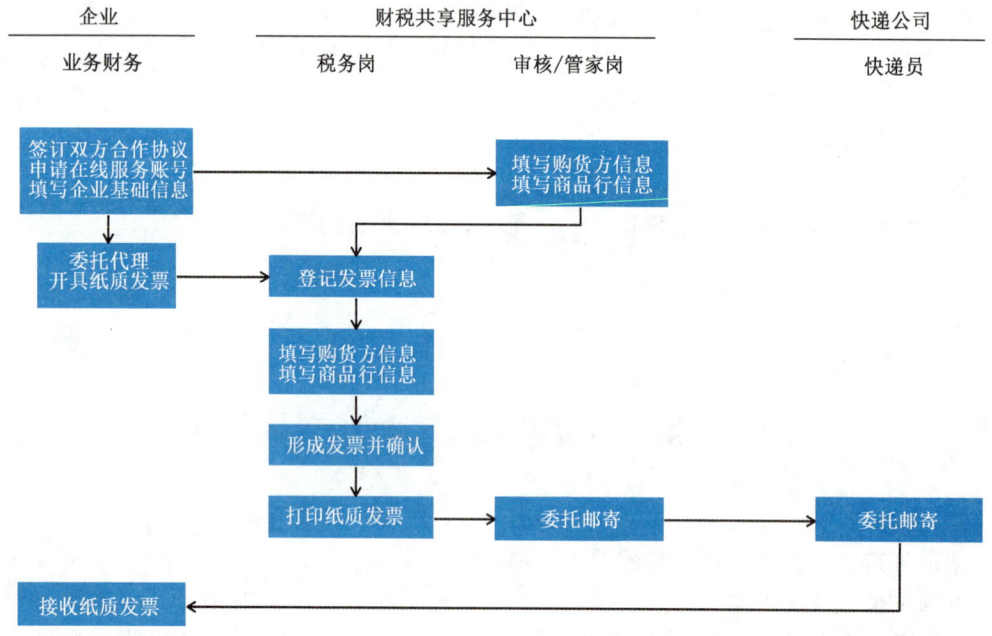

图1-1-1　为具有开票资格的纳税人代开有效增值税普通纸质发票业务处理流程图

四、业务操作

代理记账公司税务岗管理人员需要登录"票天下云平台"智能财税系统（以下简称"票天下"）。根据委托公司（纳税主体）提供的信息建立对应的客户（纳税主体）档案，建档完成后，由负责委托公司开票业务的人员完成相关工作。

具体操作步骤如下：

（一）查阅纳税主体基本信息

在实训题下单击"开始练习"按钮，进入"票天下"，单击系统左侧"基础设置"菜单，选择"纳税主体管理"，在纳税主体管理界面，单击开票公司名称"北京陈鸿商贸有限责任公司"，右侧显示该公司相关信息，如图1-1-2所示。

（二）导入发票

（1）单击系统左侧"云开票"菜单，选择"发票登记"，系统右侧显示发票领购界面，在"开

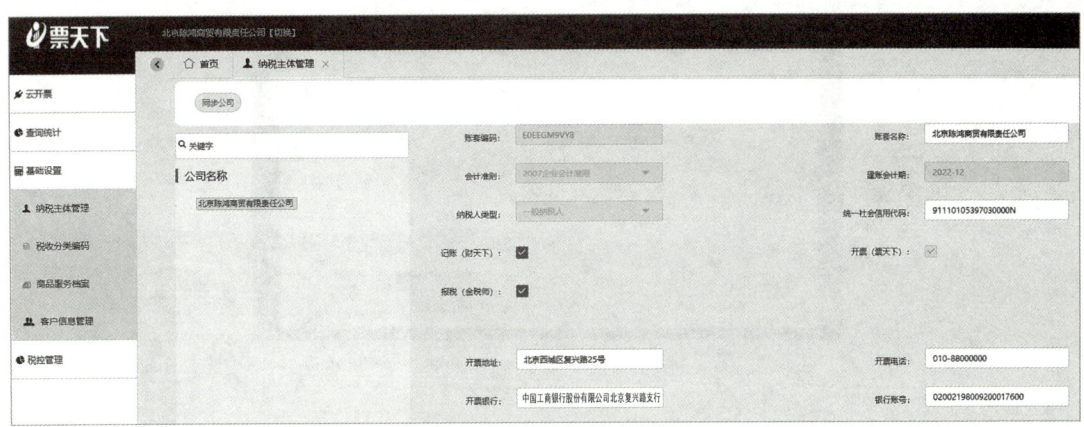

图 1-1-2　纳税主体信息

票终端"选项下拉框中选择该公司对应的开票终端"北京陈鸿商贸有限责任公司",在"发票类型"选项下拉框中选择发票类型为"普通发票",如图 1-1-3 所示。

图 1-1-3　发票领购

（2）单击"领购"按钮,弹出"税控盘密码"窗口,输入密码"88888888",单击"确定"按钮,如图 1-1-4 所示。

图 1-1-4　输入税控盘密码

（3）确定后,系统弹出"数量"窗口,输入本次领用的数量"1",单击"确定"按钮,如图 1-1-5 所示。

（4）输入完成后,在系统界面,可以查看导入的发票信息,如 1-1-6 所示。

图 1-1-5 输入领用数量

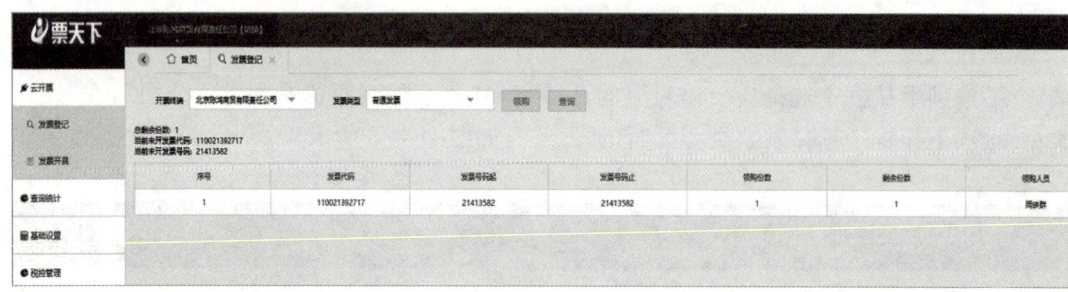

图 1-1-6 发票信息

(三)填写购买方信息

(1)在票据管理系统"票天下"主界面,执行"基础设置—客户信息管理",打开"客户信息管理"界面。

(2)单击"新增"按钮,填写购买方的开票信息,填写完成,如图 1-1-7 所示,单击"保存"按钮。

图 1-1-7 填写购买方信息

(四)填写商品信息

(1)在票据管理系统"票天下"主界面,执行"基础设置—商品服务档案",打开"商品服务档案"界面。

(2)在"税收分类"选择最末级的"苹果"选项。

(3)单击"新增商品"按钮,填写商品服务名称、计量单位、参考单价、税率(%)等商品信息,填写完成,如图 1-1-8 所示,单击"确定"按钮保存。

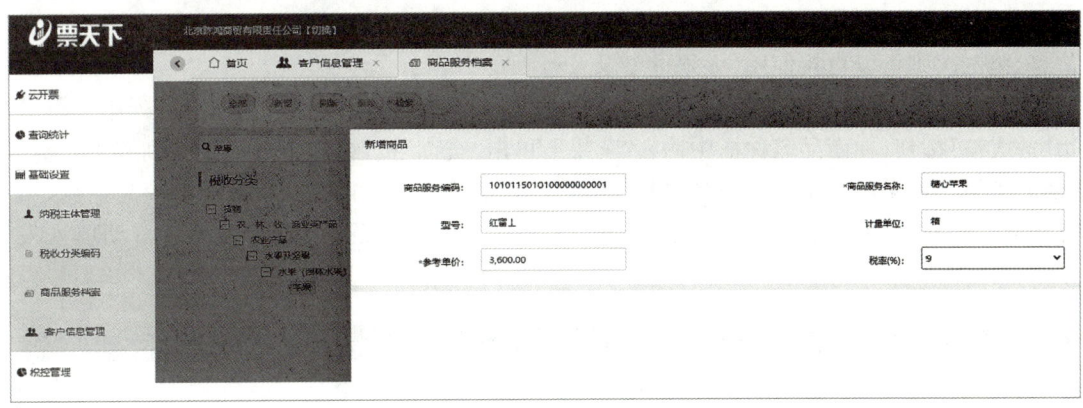

图 1-1-8　填写商品信息

(五) 开具发票

(1) 单击系统左侧"发票开具"菜单,进入发票列表,单击"新增"按钮,如图 1-1-9 所示。

图 1-1-9　进入发票开具界面

(2) 在弹出的界面中,选择所开票据类型为"普票(纸)",系统会自动显示销售信息。

(3) 选择客户信息：单击购买方"名称"行右侧"放大镜"按钮,弹出"选择客户"窗口,在"客户名称"选项中输入"北京爱佳",系统会在已预置的客户中筛选出该客户信息,列示在下方,选择确定后,系统会自动将已预置的客户信息填入发票的购买方,如图 1-1-10 所示。

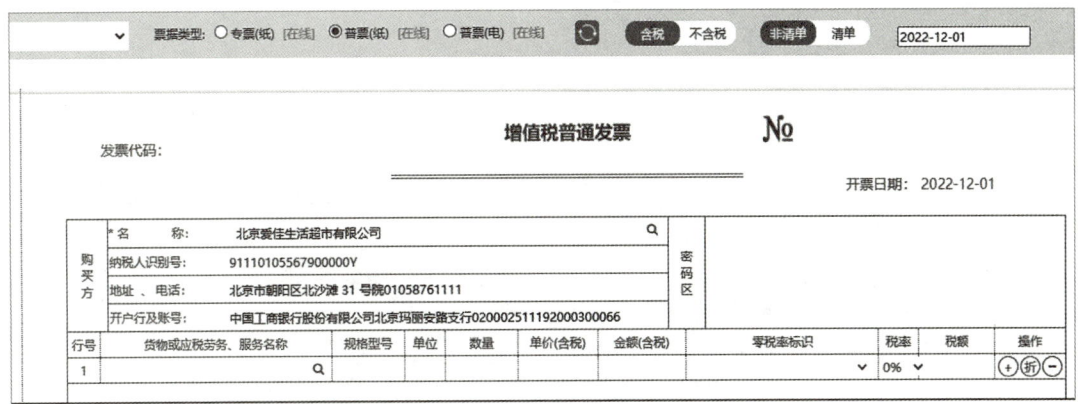

图 1-1-10　选择客户信息

（如果第一次使用"票天下"系统为购方客户开票，需要先在"客户信息管理"菜单中维护客户信息，第二次则可以直接使用，无须重复录入。）

（4）选择商品信息：填写商品行信息时，单击"货物或应税劳务、服务名称"列第一行旁边"放大镜"按钮，在商品名称框中输入"苹果"，单击"查询"按钮，在下方显示的列表中，选择"糖心苹果"（如果第一次使用商品名称，需要先在"商品服务档案"菜单中维护商品信息，第二次可直接使用，无须重复录入），如图1-1-11所示。选择后，该商品名称会自动填入发票中。

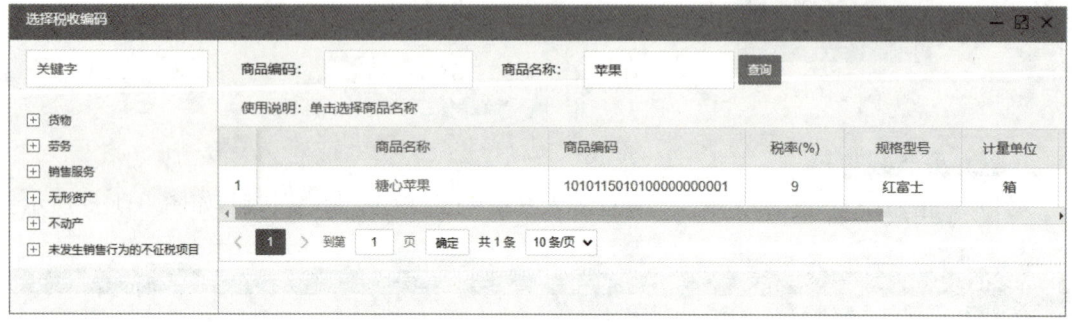

图1-1-11　选择商品名称

（5）填写商品信息：确认商品名称后，输入数量为"400"；单价（不含税）为"90"；系统会自动计算金额和税款。

（6）确认发票信息无误后，单击"发票开具"按钮。等待开具成功后，最终列表页面第一条数据就是刚刚开具的发票信息，单击旁边"放大镜"按钮，会显示已开具的发票，如图1-1-12所示。

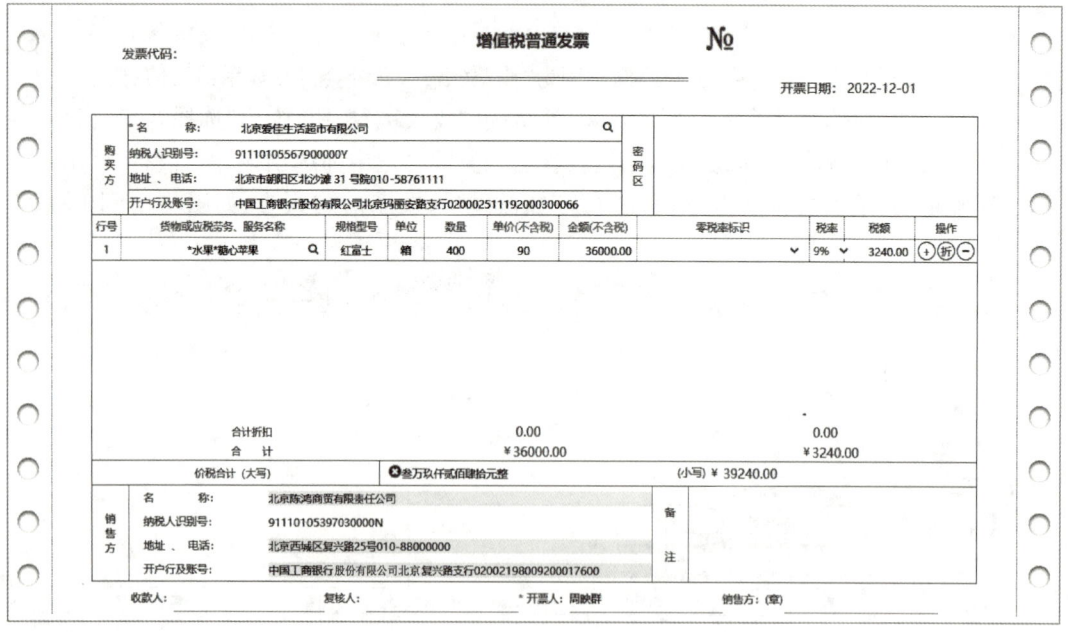

图1-1-12　发票开具完成页面

发票委托开具对于中小微企业的开票业务是一种实质性的协助，以低成本、高效率、高准确率的方式帮助中小微企业实现发票的快速开具和管理。

业务二　代开有效增值税专用纸质发票

一、任务场景

票据处理岗：接受委托开具发票。
领取增值税专用发票（税控盘密码：88888888，领购日期：2022年12月1日）。
根据以下任务信息，为陈鸿公司代理开具专用发票。
业务：2022年12月1日，代理开具专用发票：
销售商品：矿泉水2 000箱×30元/箱＝60 000(元)不含税(13%)，型号：嘻哈哈；
客户名称：北京味道全餐饮有限公司；
纳税人类型：一般纳税人；
纳税人识别号：91110111MA01EH600P；
地址、电话：北京市房山区南京北路58号 010-60381111；
开户行及账号：中国银行股份有限公司北京朝阳支行 345464918970。

二、任务布置

共享中心按要求为陈鸿公司开具有效增值税专用纸质发票，具体要求如下：
(1) 对开票信息进行认真核查。
(2) 导入发票信息。
(3) 填写买方信息。
(4) 填写商品信息。
(5) 完善票面信息。
(6) 审核开票信息并开具发票。

三、业务流程

为具有开票资格的纳税人代开有效增值税专用纸质发票业务处理流程与前面任务一中图1-1-1为具有开票资格的纳税人代开有效增值税普通纸质发票业务处理流程相同。

四、业务操作

代理记账公司税务岗管理人员需要登录"票天下"，根据委托公司（纳税主体）提供的信息建立对应的客户（纳税主体）档案，建立完成后，由负责委托公司开票业务的人员完成相关工作。

单击"开始练习"按钮，进入"票天下"，具体操作请参照上述开具普通发票的步骤，注意发票登记和领购发票时选"专用发票"，开具发票的类型选择"专票（纸）"，其他操作步骤与开具普通发票的业务相同。

任务二　为具有电子发票开票资格的纳税人代开电子发票

一、任务场景

票据处理岗：接受委托开具发票。

领取增值税电子普通发票(税控盘密码：88888888，领购日期：2022年12月1日)。

根据以下任务信息，为陈鸿公司代理开具电子发票。

业务：2022年12月2日，代理开具电子发票：

销售商品：方便面200箱×60元/箱=12 000(元)不含税(13%)；

客户名称：北京味道全餐饮有限公司；

纳税人识别号：91110111MA01EH600P；

地址、电话：北京市房山区南京北路58号 010-60381111；

开户行及账号：中国银行股份有限公司北京朝阳支行 345464918970；

接收人电话：15911002231，接收人邮箱：bjwdq@163.com。

(发票校验码由系统随机生成)

二、任务布置

共享中心按要求为陈鸿公司开具有效的增值税普通电子发票，具体要求如下：

(1) 对开票信息进行认真核查。

(2) 导入发票。

(3) 填写商品信息。

(4) 填写电子发票的接收手机号或邮箱。

(5) 审核开票信息并开具发票。

三、业务流程

为具有开票资格的纳税人代开电子发票业务处理流程，如图1-1-13所示。

四、业务操作

下面以"票天下"作为实例来讲解电子发票开具的操作过程。事实上，使用"票天下"开具电子发票与委托开具增值税专用(普通)发票的操作基本相同，本书仅将不同之处总结如下，以供学习者参考。

(一) 选择开票类型

新增填写发票信息前，选择开票据类型时，选择"普票(电)"，如图1-1-14所示。

(二) 填写开票信息及接收信息

按照提示填写电子发票的接收手机号或者邮箱(至少填写一项)，如图1-1-15所示。

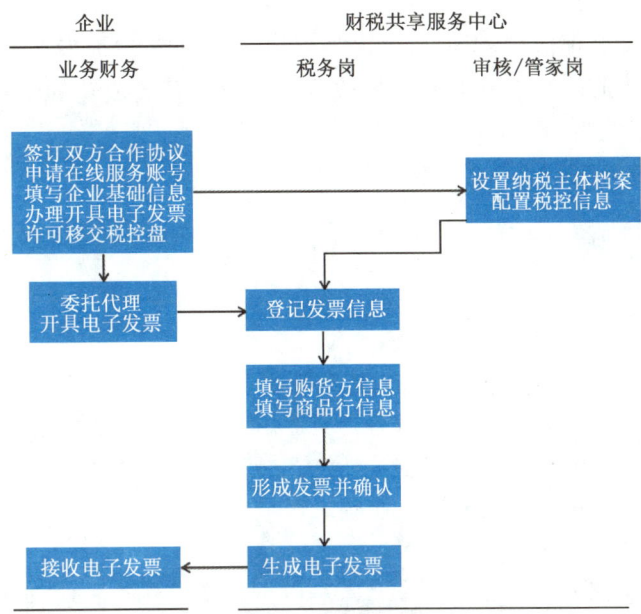

图 1-1-13　为具有开票资格的纳税人代开电子发票业务处理流程

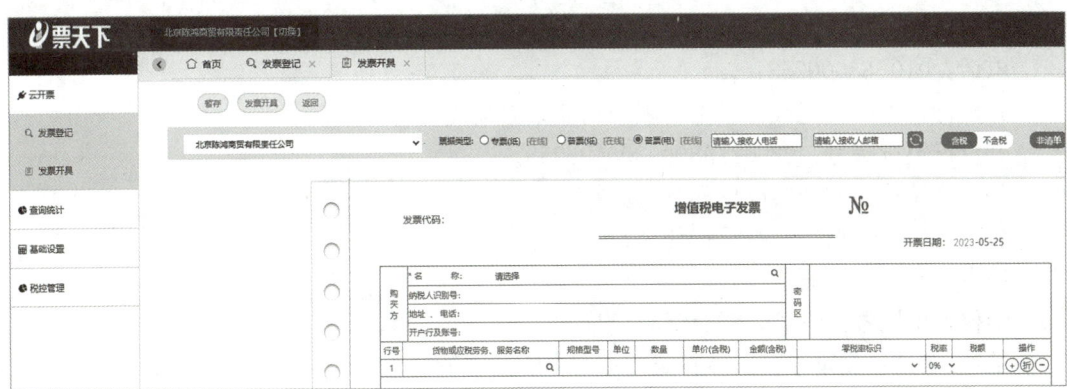

图 1-1-14　选择所开票据类型

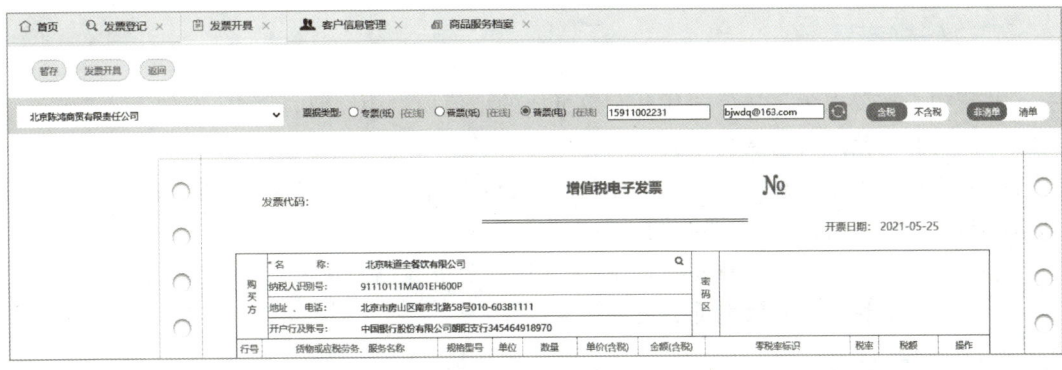

图 1-1-15　填写联系方式

（三）发票开具

审核发票开具的各项信息，无误后单击"发票开具"按钮，完成发票开具。开具成功后，在填写的手机号或者邮箱中会在几秒钟后收到电子发票开具成功的信息，也可以在"票天下"中按需下载电子发票。

任务三　为无开票资格的纳税人代开纸质发票

一、任务场景

票据处理岗：为无开票资格的纳税人代开纸质发票。
业务：2022年12月3日，税务局代理开具专用发票（网上预缴税款后开具）：
销售商品：平板电脑10台×3 000元/台＝30 000（元）不含税（3%）；
国家税务总局北京市电子税务局企业登录账号：北京飞扬数码科技有限公司（以下简称飞扬公司），密码：123456；
销售方开票信息如下：
公司名称：北京飞扬数码科技有限公司；
统一社会信用代码（纳税人识别号）：911101087364811111；
经营地址：北京市大兴区康庄路甲23号；
电话：010-88000258；
开户行：中国工商银行股份有限公司北京兴大支行；
开户行银行账号：02002198009300098765。
华润公司购买方开票信息如下：
公司名称：北京华润有限责任公司；
纳税人类型：一般纳税人；
纳税人识别号：91110562346554811B；
地址、电话：北京丰台区体育路甲5号 010-88002366；
开户行及账号：中国工商银行北京市体育路支行 02006553929600008286。
（开票地址即为邮寄地址）

二、任务布置

共享中心按要求为飞扬公司代开有效纸质的增值税专用发票，具体要求如下：
（1）对开票信息进行认真核查。
（2）登录国家税务总局北京市电子税务局网站，根据客户提供的合同及相关开票信息认真填写"代开增值税专用发票缴纳税款申报单"。
（3）填写发票票面信息并复核，审核无误后提交税务机关并于网上缴纳税款。
（4）填写快递邮寄发票地址。

三、业务流程

为无票资格的纳税人代开纸质发票业务处理流程，如图1-1-16所示。

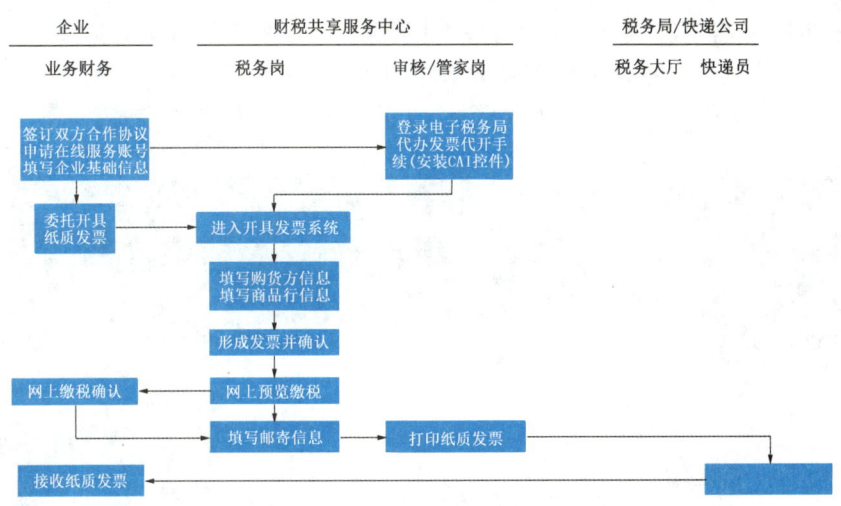

图 1-1-16　为无开票资格的纳税人代开纸质发票业务处理流程

四、业务操作

下面以北京电子税务局代理开具增值税专用发票为例，介绍增值税专用发票的代开操作流程。

具体操作步骤如下：

（一）登录北京市电子税务局

（1）单击"开始练习"按钮，进入国家税务总局北京市税务局界面，如图 1-1-17 所示。然后单击"电子税务局（网页版）"，再单击"我要办税"进入登录界面。

图 1-1-17　国家税务总局北京市税务局界面

（2）根据企业需求在登录界面选择一种登录方式，按要求输入对应登录信息，单击"登录"按钮，完成登录。系统提供了4种不同的登录方式以满足不同企业的登录需求，如图1-1-18所示，分别为账号登录、CA登录、电子证照登录、授权人登录。

图1-1-18　登录方式选择界面

（3）选择CA登录方式，输入企业账号和密码，如图1-1-19所示。

图1-1-19　输入企业账号和密码

（二）提交代开增值税专用发票申请

（1）单击"登录"按钮，提交代开增值税专用发票申请，选择"专用发票代开（邮寄配送）"，如图1-1-20所示，这里以"专用发票代开（邮寄配送）"为例展开说明。

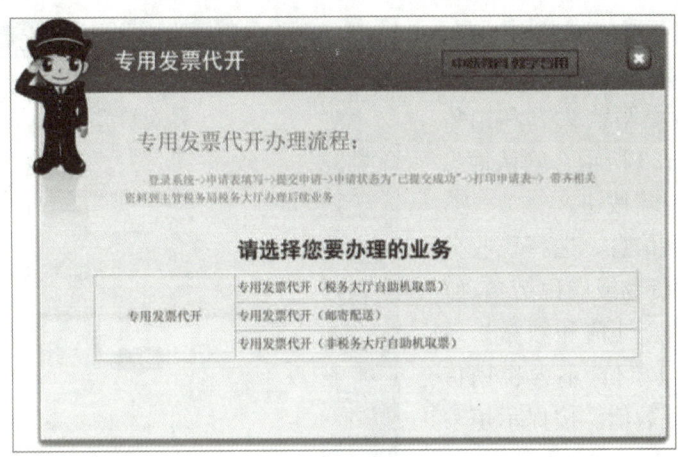

图 1-1-20　选择办理业务

（2）单击"专用发票代开（邮寄配送）"按钮，进入国家税务总局北京市电子税务局业务选择界面，单击左侧一级菜单"代开发票"按钮，进入二级菜单"代开增值税专用发票"，如图 1-1-21 和图 1-1-22 所示。

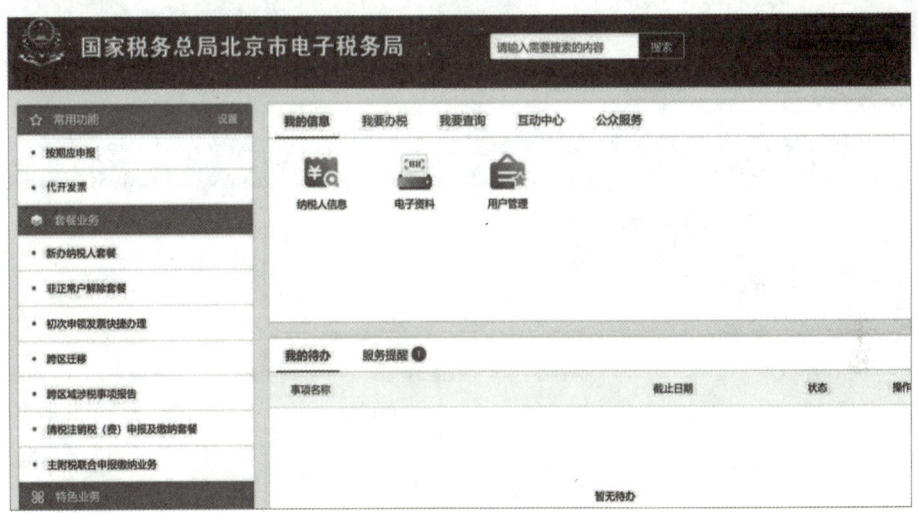

图 1-1-21　选择代开发票

图 1-1-22　选择代开增值税专用发票

（3）单击"代开增值税专用发票"按钮，进入"代开发票|代开申请"界面，按照系统提示填写购买方和销售方信息，如图1-1-23所示。确认信息无误后单击"下一步"按钮。

（4）填写商品信息。选择税收分类及明细表，填写货物或应税劳务、服务名称，填写价税合计值和数量。系统会自动计算相应单价、不含税销售额、征收率、税额等数值。按提示填写商品信息，如图1-1-24所示。

（5）确认征收项目对应的应纳税额、减免税额及税额合计是否正确，确保无误后单击"提交"按钮提交申请（申请单提交后无法修改，务必确认信息无误后再提交）。

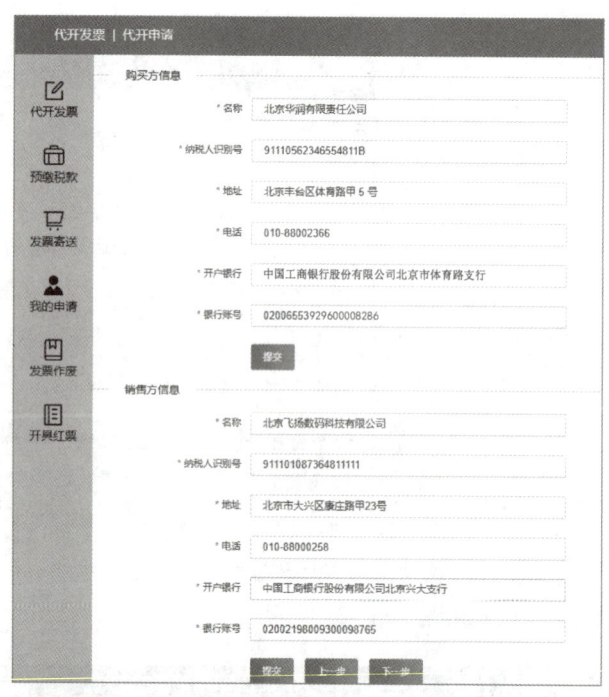

图1-1-23　按提示填写购买方和销售方信息

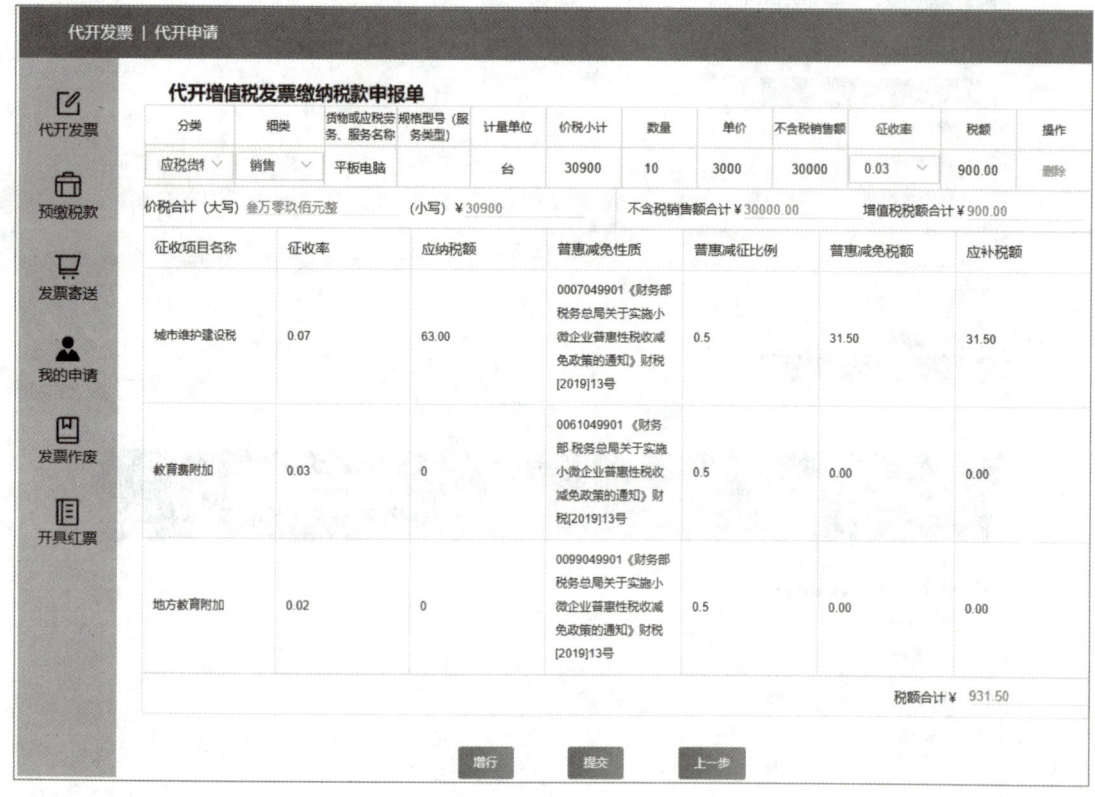

图1-1-24　按提示填写商品信息

第一部分 初级代理实务 017

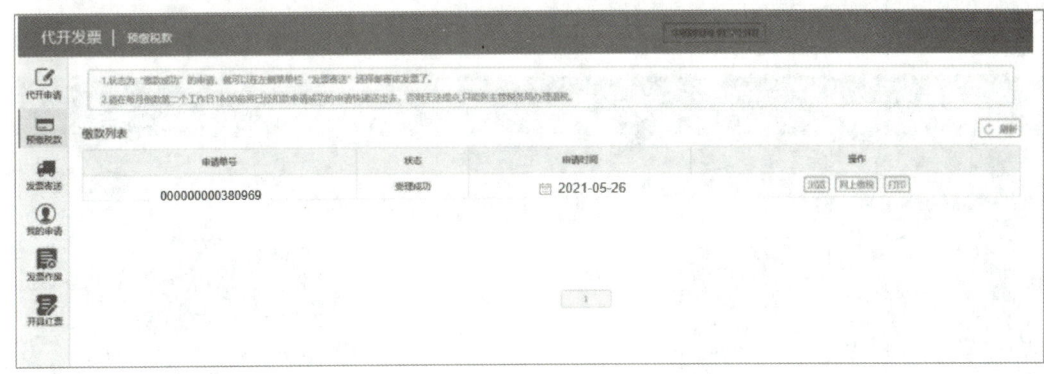

图 1-1-25　按提示办理网上预缴税款

(三) 网上预缴税款

(1) 单击左侧"预缴税款"菜单,找到上一步操作提交的代开增值税发票缴纳税款申报单,如图 1-1-25 所示。

(2) 单击"网上缴税"按钮,然后单击"确定"按钮,显示扣款中,如图 1-1-26 所示。待扣款结束后,完成缴税。

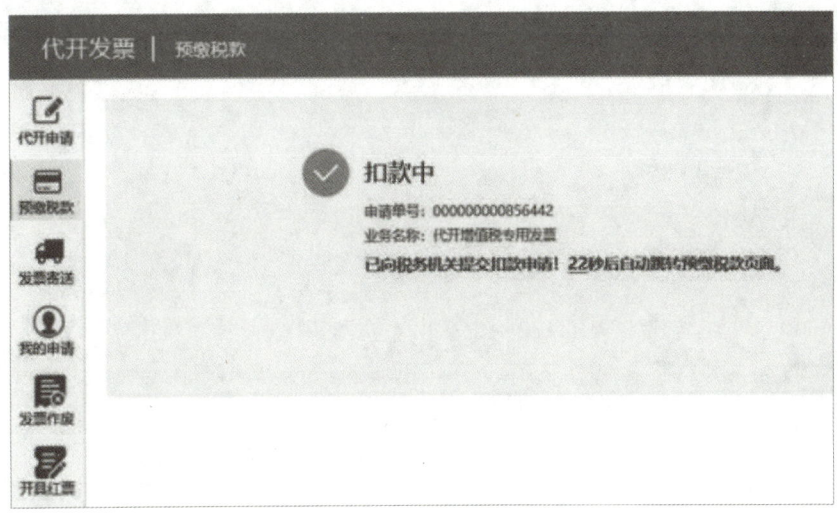

图 1-1-26　完成网上扣缴税款

(四) 选择快递寄送发票

(1) 单击左侧"发票寄送"按钮,新增收货地址后单击"保存收货地址"按钮(若已有收货地址信息,则不需要新增填写),如图 1-1-27 所示。

(2) 选中新增的收货地址,在下方业务列表中选中上一步已缴纳过税款的代开增值税发票缴纳税款申报单,确认信息无误,单击"快递寄送"按钮后,完成提交发票快递寄送订单,如图 1-1-28 所示。

增值税专用发票代开是中小微企业在经营过程中经常会遇到的一个开票场景,财务人员需要掌握

图 1-1-27　新增发票寄送地址界面

代开发票的条件。

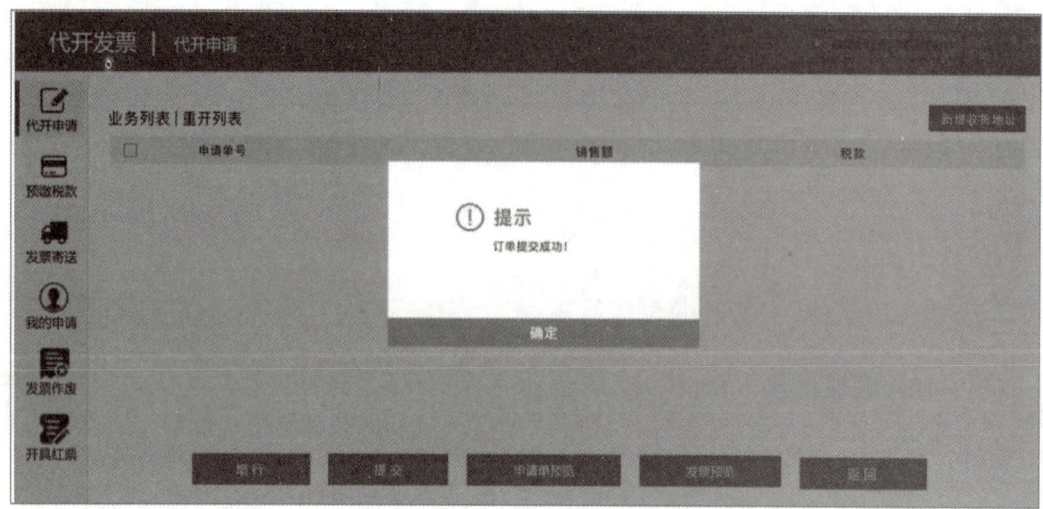

图 1-1-28 提交发票快递寄送

工作领域二　中小微企业票据整理与制单

技能目标

1. 了解《中华人民共和国发票管理办法实施细则》《支付结算办法》和《企业银行结算账户管理办法》等法律法规的相关内容,并能在实际业务中应用。
2. 能够正确对销售类、成本类、费用类发票资料的完整性和正确性进行核查并准确对发票进行分类归档整理。
3. 能够准确对纸质和电子版银行对账单进行核查并与收支核对,能够依据业务内容将银行单据与发票单据进行对接。
4. 能够按照业务类型划分票据的种类,准确记入会计科目并生成记账凭证。
5. 熟悉在智能化操作平台批量制单的流程并能一键生成记账凭证。

任务一　销售类票据整理与制单

一、任务场景

票据处理岗:根据以下任务信息,对陈鸿公司、飞扬公司的销售类票据进行识别、查验、制单。

2022年12月3日后,由陈鸿公司自行给其客户开票,然后发送到财税共享中心。

业务1:收到2022年12月3日销售商品专用发票:

销售商品:嘻哈哈矿泉水 3 000 箱×30 元/箱=90 000(元)不含税(13%),方便面 500 箱×60 元/箱=30 000(元)不含税(13%);

客户名称:北京味道全餐饮有限公司;

纳税人识别号:91110111MA01EH600P;

地址、电话:北京市房山区南京北路58号 010-60381111;

开户行及账号:中国银行股份有限公司北京朝阳支行 345464918970;

原始凭证如图1-2-1所示。

业务2:收到2022年12月9日销售商品普通发票:

销售商品:方便面 300 箱×60 元/箱=18 000(元)不含税(13%);糖心苹果 1 600 箱×90 元/箱=144 000(元)不含税(9%);

客户名称:北京爱佳生活超市有限公司;

纳税人识别号:91110105567900000Y;

1100151140

北京 增值税专用发票

№ 45487102 1100151140 45487102

此联不作报销、扣税凭证使用

机器编号：982888812312 开票日期：2022年12月03日

购买方	名 称：北京味道全餐饮有限公司 纳税人识别号：91110111MA01EH600P 地 址、电 话：北京市房山区南京北路58号010-60381111 开户行及账号：中国银行股份有限公司北京朝阳支行345464918970	密码区	172312-4-275＜1+46*54* 82*59* 181321＞＜8182*59*09618153＜/ ＜4＜3*2702-9＞9*+153＜/0 ＞2-3 *08/4＞*＞＞2-3*0/9/＞＞25-275＜1

货物或应税劳务、服务名称	规格型号	单位	数量	单价	金额	税率	税额
*软饮料*矿泉水	嘻哈哈	箱	3000	30.00	90 000.00	13%	11 700.00
*方便食品*方便面		箱	500	60.00	30 000.00	13%	3 900.00
合 计					¥120 000.00		¥15 600.00
价税合计（大写）	⊗壹拾叁万伍仟陆佰元整				（小写）¥135 600.00		

销售方	名 称：北京陈鸿商贸有限责任公司 纳税人识别号：91110105397030000N 地 址、电 话：北京西城区复兴路25号010-88000000 开户行及账号：中国工商银行股份有限公司北京复兴路支行0200219800920001760	备注	校验码 52118 02917 08248 65121

收款人：孔捷 复核：张大彪 开票人：孔捷 销售方：（章）

税总函[2016]××号××××公司

第一联：记账联 销售方记账凭证

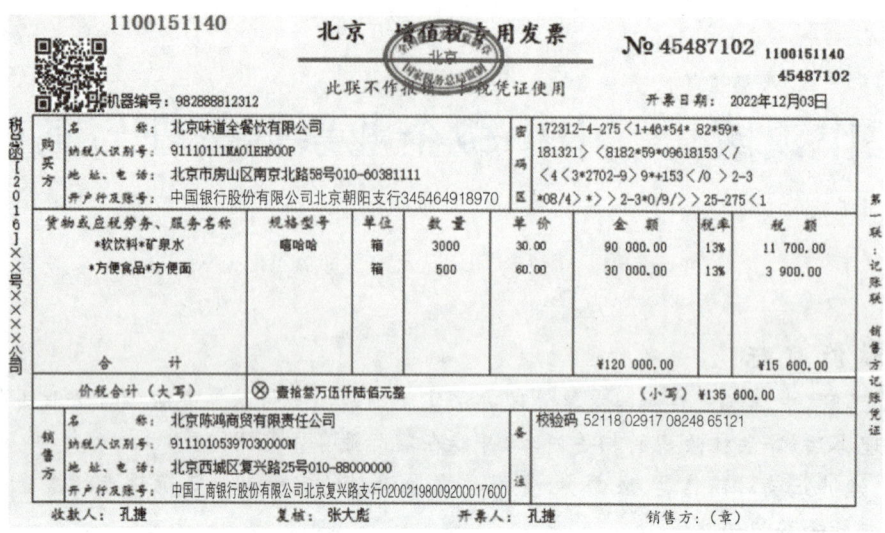

图 1-2-1 增值税专用发票

地址、电话：北京市朝阳区北沙滩 31 号院 010-58761111；

开户行及账号：中国工商银行股份有限公司北京玛丽安路支行 0200025111192000300066。

原始凭证如图 1-2-2 所示。

011002000104

北京 增值税普通发票

№ 35681672 011002000104 35681672

记账联

机器编号：182888813563 开票日期：2022年12月09日

购买方	名 称：北京爱佳生活超市有限公司 纳税人识别号：91110105567900000Y 地 址、电 话：北京市朝阳区北沙滩31号院010-58761111 开户行及账号：中国工商银行股份有限公司北京玛丽安路支行	密码区	172312-4-275＜1+46*54* 82*59* 181321＞＜8182*59*09618153＜/ ＜4＜3*2702-9＞9*+153＜/0 ＞2-3 *08/4＞*＞＞2-3*0/9/＞＞25-275＜1

货物或应税劳务、服务名称	规格型号	单位	数量	单价	金额	税率	税额
*水果*糖心苹果	红富士	箱	1600	90.00	144 000.00	9%	12 960.00
*方便食品*方便面		箱	300	60.00	18 000.00	13%	2 340.00
合 计					¥162 000.00		¥15 300.00
价税合计（大写）	⊗壹拾柒万柒仟叁佰元整				（小写）¥177 300.00		

销售方	名 称：北京陈鸿商贸有限责任公司 纳税人识别号：91110105397030000N 地 址、电 话：北京西城区复兴路25号010-88000000 开户行及账号：中国工商银行股份有限公司北京复兴路支行0200219800920001760	备注	校验码 06238 02917 08248 65120

收款人：孔捷 复核：张大彪 开票人：孔捷 销售方：（章）

税总函[2018]××号××××公司

第一联：记账联 销售方记账凭证

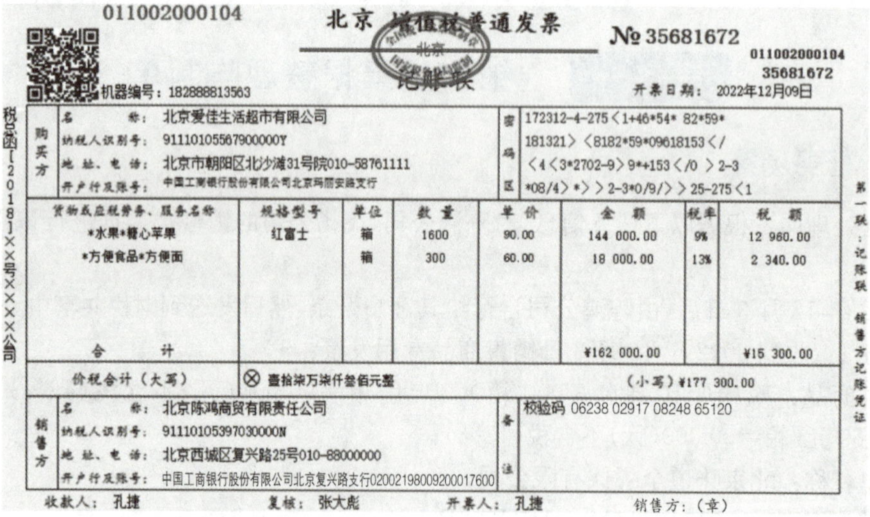

图 1-2-2 增值税普通发票

业务 3：收到 2022 年 12 月 12 日销售商品专用发票：

销售商品：嘻哈哈矿泉水 5 000 箱×30 元/箱＝150 000(元)不含税(13%)；

客户名称：北京爱佳生活超市有限公司；

纳税人识别号：91110105567900000Y；

地址、电话：北京市朝阳区北沙滩 31 号院 010-58761111；

开户行及账号：中国工商银行股份有限公司北京玛丽安路支行 0200025111192000300066。

原始凭证如图 1-2-3 所示。

图 1-2-3　增值税专用发票

业务 4：收到 2022 年 12 月 5 日销售商品普通发票：

销售商品：平板电脑 5 台×3 000 元/台＝15 000(元)不含税(3％)；移动硬盘 40 台×800 元/台＝32 000(元)不含税(3％)；

客户名称：北京中益商贸有限公司；

纳税人识别号：91110108MA005AGH0G；

地址、电话：北京市海淀区嘉园一里 1 号院 010-85000000；

开户行及账号：中国工商银行股份有限公司北京嘉园路支行 020002510210188007599。

原始凭证如图 1-2-4。

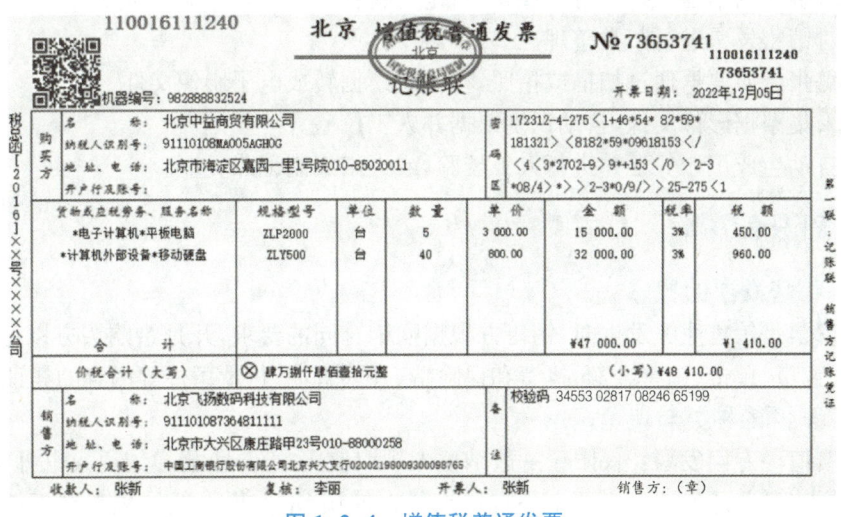

图 1-2-4　增值税普通发票

业务 5：收到 2022 年 12 月 16 日销售商品普通发票：

销售商品：平板电脑 15 台×3 000 元/台＝45 000(元)不含税(3％)；

客户名称：北京中益商贸有限公司；

纳税人识别号：91110108MA005AGH0G；

地址、电话：北京市海淀区嘉园一里1号院010-85000000；

开户行及账号：中国工商银行股份有限公司北京嘉园路支行02000251021018 8007599；

原始凭证如图1-2-5所示。

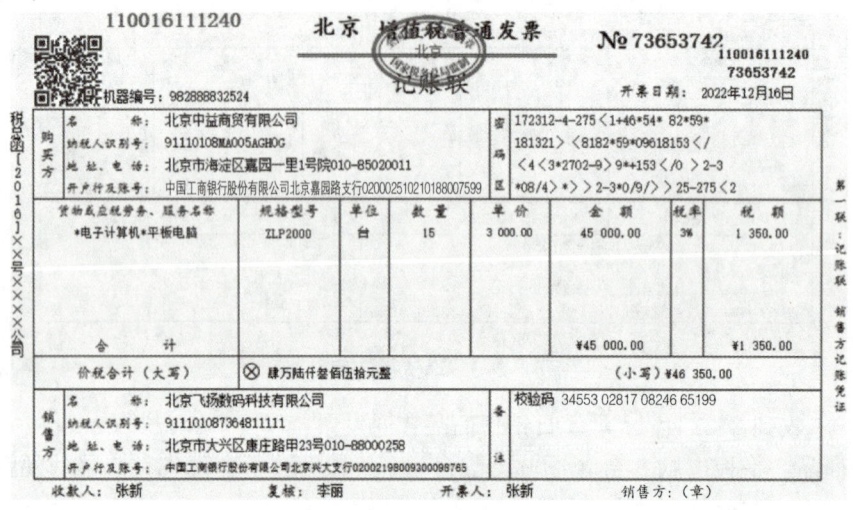

图1-2-5 增值税普通发票

二、任务布置

共享中心员工周明按照合同业务要求分别为陈鸿公司、飞扬公司整理票据并进行记账，具体要求如下：

（1）对签收的销售发票进行检查，核对是否完整。

（2）对销售发票进行归类整理。

（3）每张纸质票据通过扫描或拍照，将纸质票据转成电子影像文件。

（4）采集票据影像文件，自动识别票据并人工校验。

（5）自动生成记账凭证并进行人工校验，或人工编制记账凭证。

三、知识点讲解

（一）销售发票的概念

销售发票是销售业务发生时，销售方根据购销合同的要求，开具给购买方以记录销售商品的规格、数量、单价、销售金额、运费和保险费、开票日期、付款条件等内容的凭证。

（二）发票的种类与使用范围

（1）增值税专用发票：仅限于一般纳税人领取使用，部分小规模纳税人也可领取使用。

（2）增值税普通发票：主要由小规模纳税人使用，增值税一般纳税人在不能开具增值税专用发票的情况下也可以使用增值税普通发票。

（3）行业专业发票：指仅适用于特殊行业的特殊经营业务，如金融、保险企业的存货、汇兑、转账凭证、保险凭证，国有邮政、电信企业的邮票、话务、电报收据等。

（三）发票内容

发票内容一般包括票头、发票号码、发票代码、联次及用途、客户名称、银行开户账号、商

(产)品名称或经营项目、计量单位、数量、单价、大小写金额、经手人、单位印章、开票日期等。实行增值税的单位所使用的增值税专用发票还应有税种、税率、税额等内容。

(四) 发票联次

发票的基本联次包括存根联、发票联、记账联。存根联由收款方或开票方留存备查；发票联由付款方或受票方作为付款原始凭证；记账联由收款方或开票方作为记账原始凭证。

(五) 业务要领

销售类发票整理工作相对简单清晰，考虑到销售类发票构成增值税纳税申报表中收入的主要项目，因此在整理时应把握如下三点：

（1）要求委托企业提供从税控盘导出的全部开票记录的电子版文件，与企业提供的纸质发票和电子发票信息进行核对，检查是否完整。

（2）根据发票上注明的增值税税率不同分别整理，即相同税率的发票作为一个工作单元。

（3）增值税专用发票的联次是否准确，企业应保留记账联等联次。

四、业务操作

（1）登录财天下共享平台（以下简称"财天下"），在界面左上角先选择公司名称，如图 1-2-6 所示。

图 1-2-6　登录"财天下"

（2）在左侧菜单栏中选择"票据"选项，单击"票据采集"按钮，进入票据采集界面，如图 1-2-7 和图 1-2-8 所示。

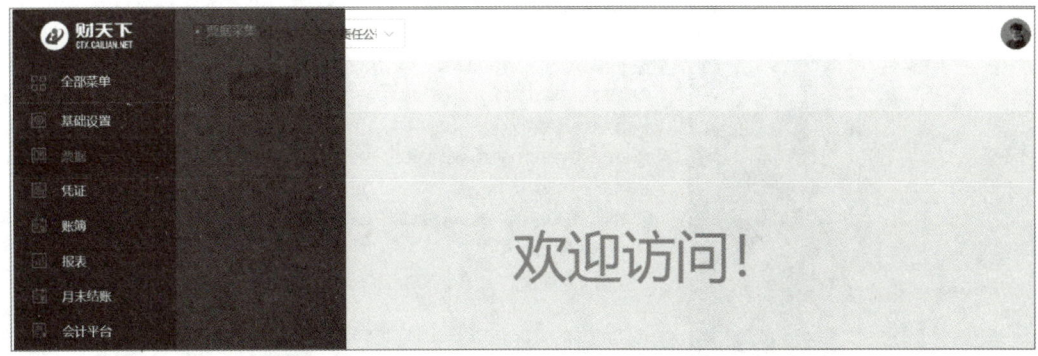

图 1-2-7　单击"票据采集"按钮

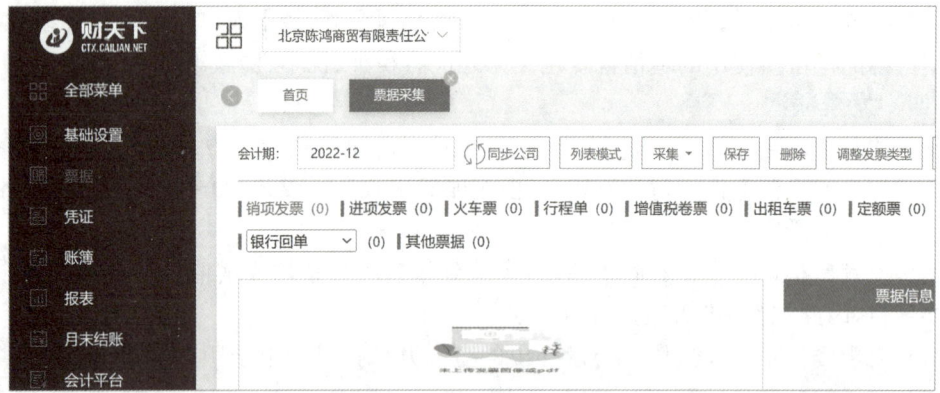

图 1-2-8　票据采集页面

（3）进行发票采集并上传。点击"采集"按钮，选择"本地图片/PDF 上传图片"选项，单击"确定"按钮，如图 1-2-9 所示。单击后系统显示上传成功，如图 1-2-10 所示。

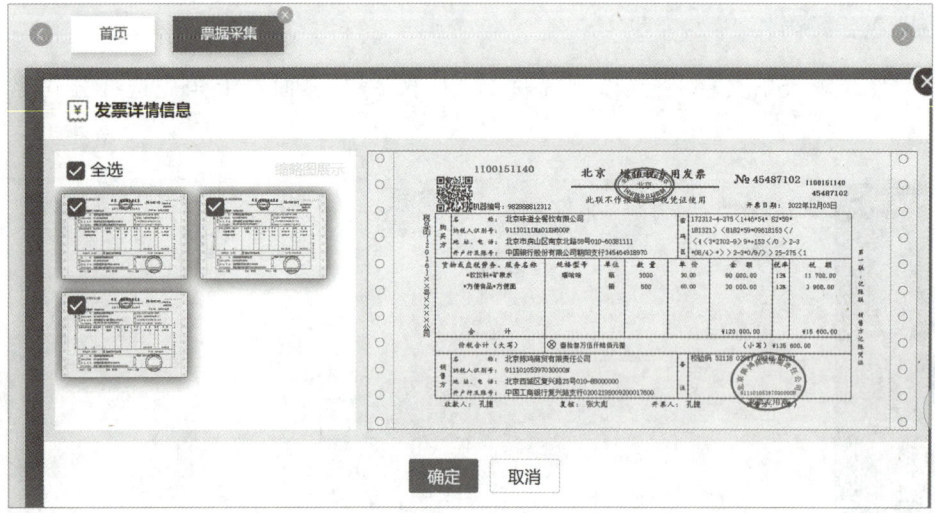

图 1-2-9　选择本地图片上传页面

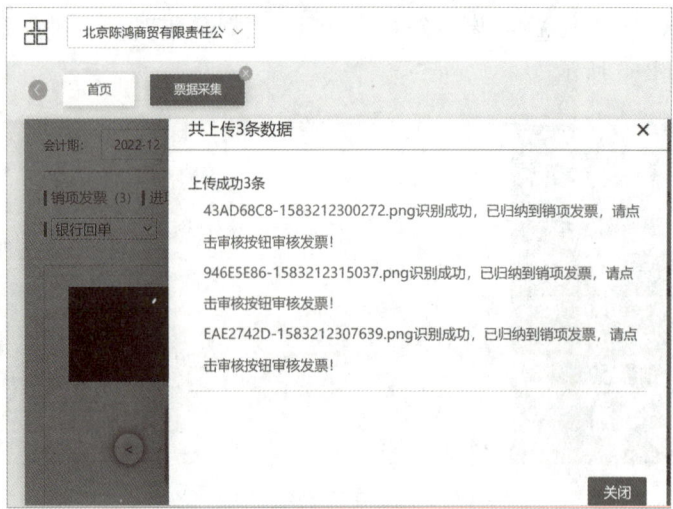

图 1-2-10　票据上传成功页面

（4）核对信息及查验。票据上传结束需要进行信息核对,单击"查验"按钮,票据查验页面如图1-2-11和图1-2-12所示。若出现票面不清晰等错误情况,需要核对右侧自动识别的票据信息。可以利用放大功能,对电子版票据进行局部放大和缩小,重点关注票面信息中票面金额等信息是否采集正确,与行信息是否一致。若查验中数据与票面信息不一致,可以手动修改行信息及票据信息。若采集的票面信息经核对无误,单击"保存"按钮即可。信息核对无误后,输入校验码,单击"查验"按钮,如图1-2-13至图1-2-15所示。

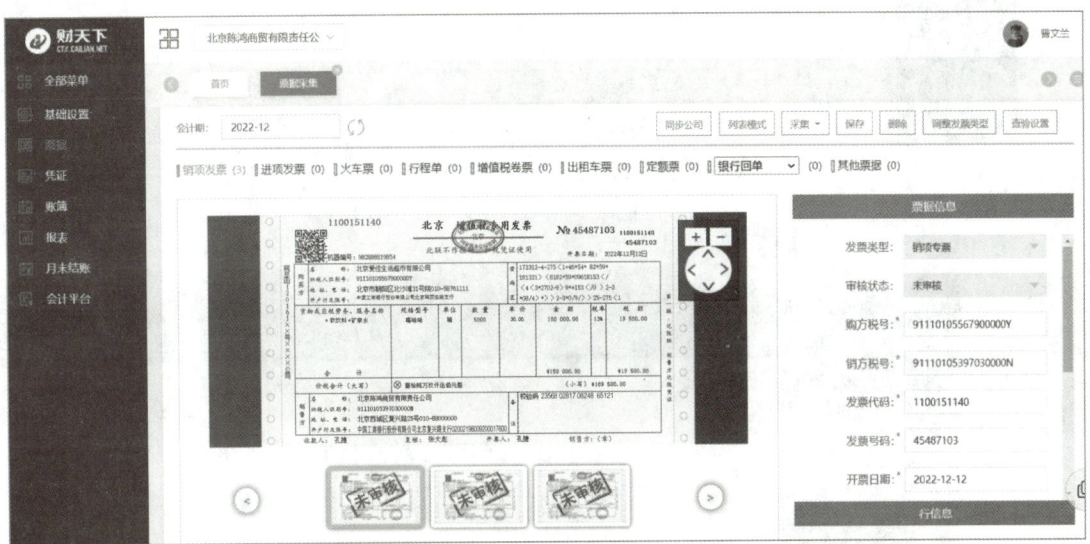

图1-2-11　票据查验页面(1)

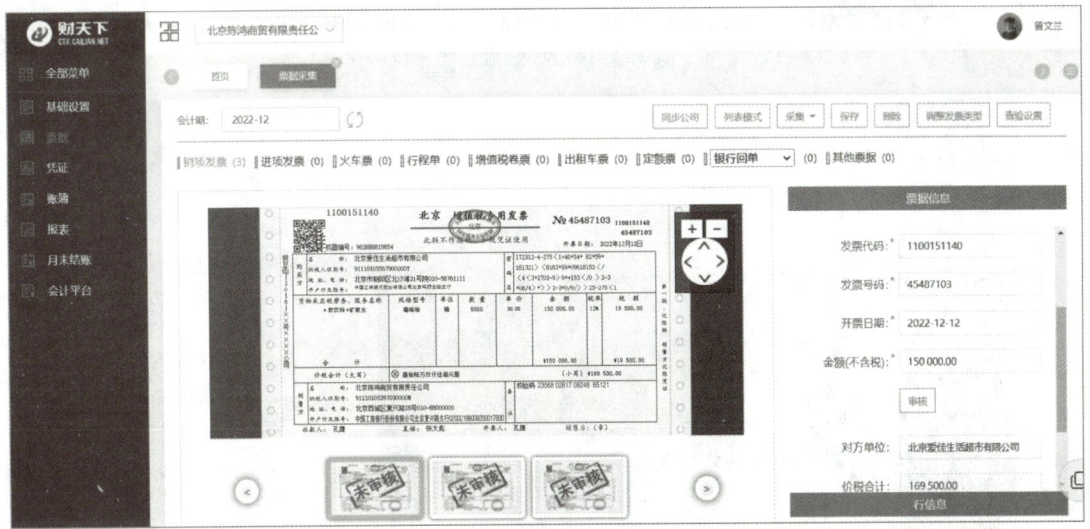

图1-2-12　票据查验页面(2)

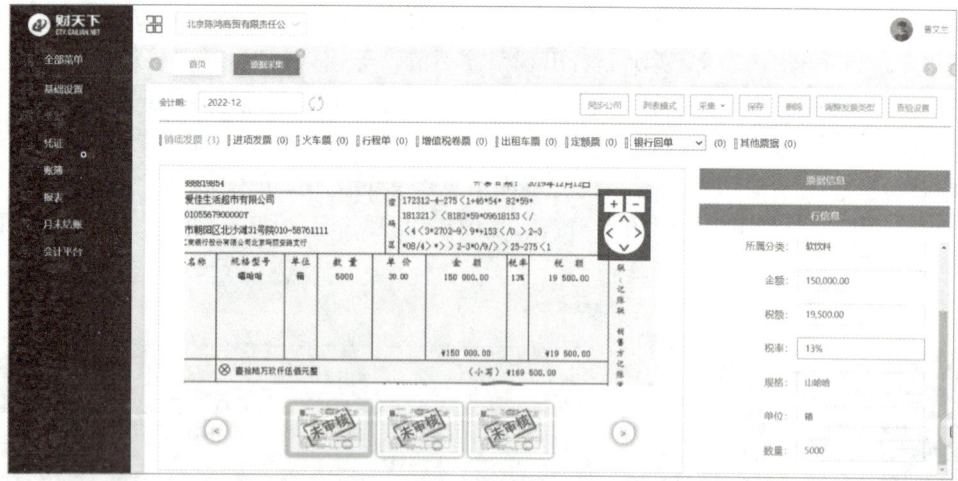

图 1-2-13　票据信息查验

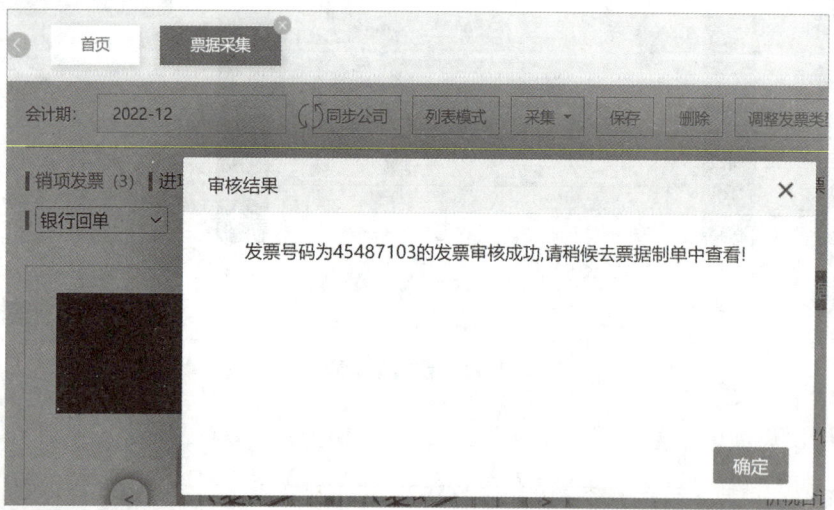

图 1-2-14　查验成功页面

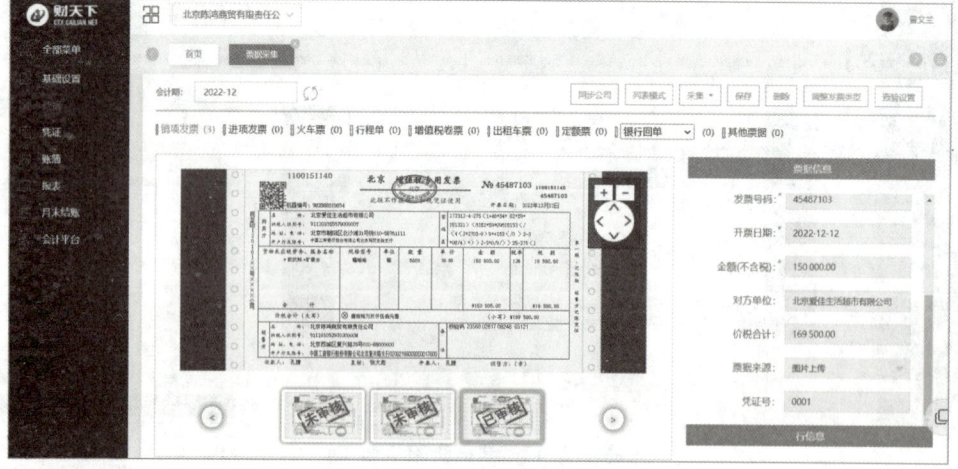

图 1-2-15　查验后保存页面

同时也可以在左侧菜单栏中选择"凭证—票据制单",查看凭证,并对凭证进行审核与管理,如图 1-2-16 和图 1-2-17 所示。

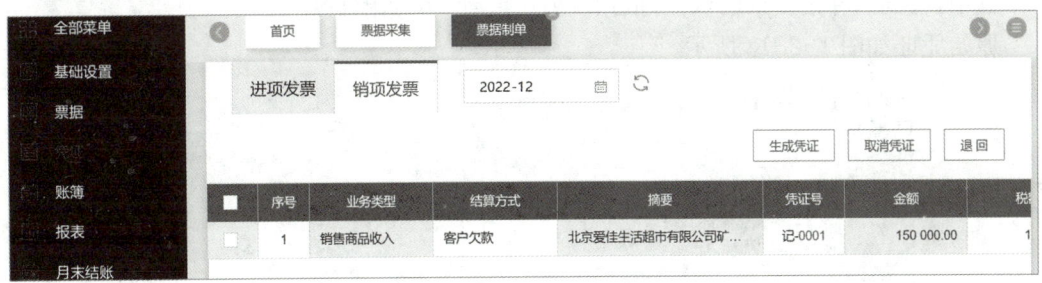

图 1-2-16　选择票据制单

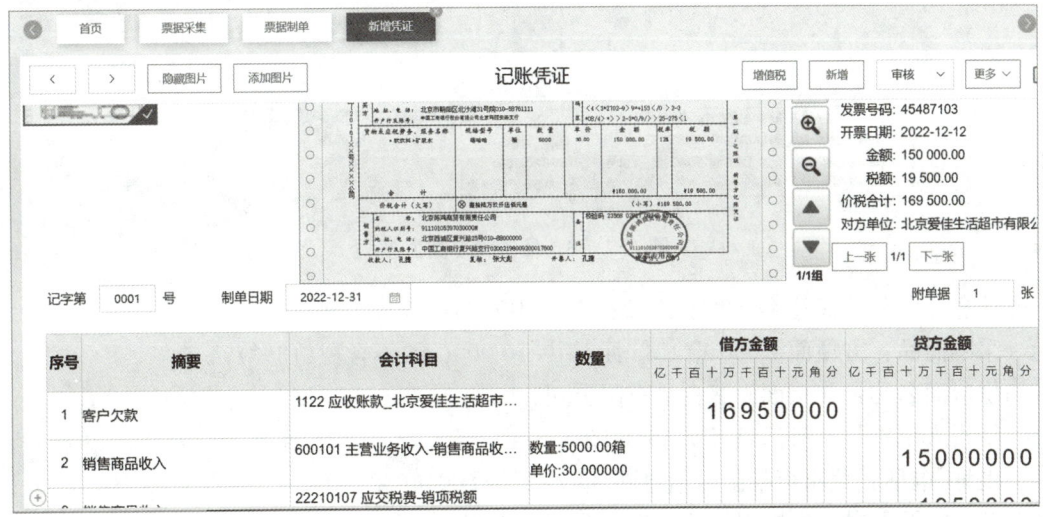

图 1-2-17　凭证管理页面

其中对于无法自动生成凭证或者出现错误,可手动填写或者对记账凭证进行修改。

在"财天下"中,使用扫描软件快速对销售类发票进行扫描,自动识别一键上传系统,抓取全票面信息,实现批量制单、自动生产记账凭证,以提高效率、准确率的方式帮助中小微企业实现发票的查验和制单工作。

任务二　成本类发票整理与制单

一、任务场景

票务处理岗:根据以下任务信息,对陈鸿公司成本类票据进行整理、制单。

业务 1:收到 2022 年 12 月 13 日采购专用发票:

采购商品:嘻哈哈矿泉水 12 000 箱×12 元/箱＝144 000(元)不含税(13%);

供应商名称:北京嘻哈哈饮品有限公司;

纳税人识别号:91110106556688588H;

地址、电话：北京市朝阳区安华西里三区1号楼2-1 010-88032056；
开户行及账号：中国建设银行股份有限公司北京安华北里支行11006022401806662。
其中，收到的专用发票已认证，抵扣联另行保管，不做附件。
原始凭证如图1-2-18所示。

图1-2-18 增值税专用发票

业务2：收到2022年12月17日采购专用发票：

采购商品：方便面 2 000 箱×35元/箱＝70 000(元)不含税(13%)；

供应商名称：北京面面聚食品有限公司；

纳税人识别号：91110105MA01KH6668；

地址、电话：北京市朝阳区信息路33号 010-88016532；

开户行及账号：中国银行股份有限公司北京朝阳支行3454649146663；

其中，收到的专用发票已认证，抵扣联另行保管，不做附件。

原始凭证如图1-2-19所示。

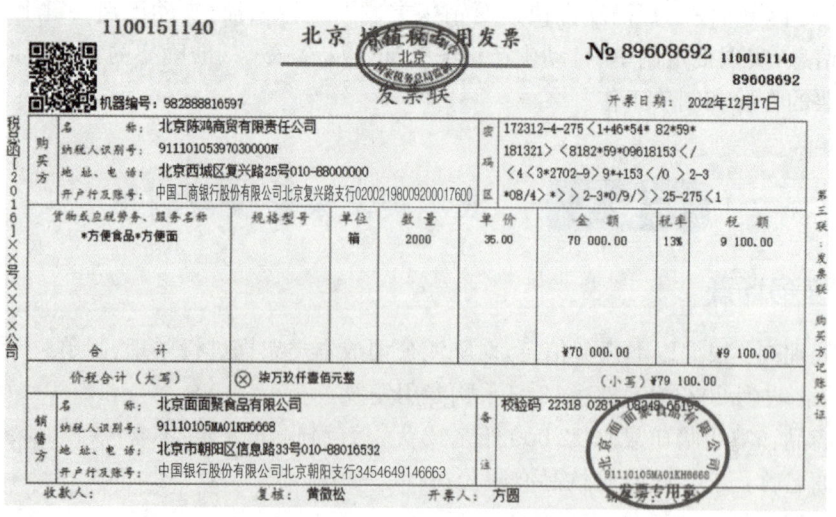

图1-2-19 增值税专用发票

根据以下任务信息,对飞扬公司成本类票据进行整理、制单。

业务 3:收到 2022 年 12 月 18 日采购普通发票:

采购商品:平板电脑 20 台×2 000 元/台＝40 000(元)含税金额(3%);移动硬盘 50 台×500 元/台＝25 000(元)含税金额(3%);

供应商名称:北京顺天科技有限公司;

纳税人识别号:9111010573795WA805;

地址、电话:北京市朝阳区安华西里三区 1 号楼010-85666666;

开户行及账号:中国建设银行股份有限公司北京安华西里支行 11006022401806367。

增值税专用发票如图 1-2-20 所示。

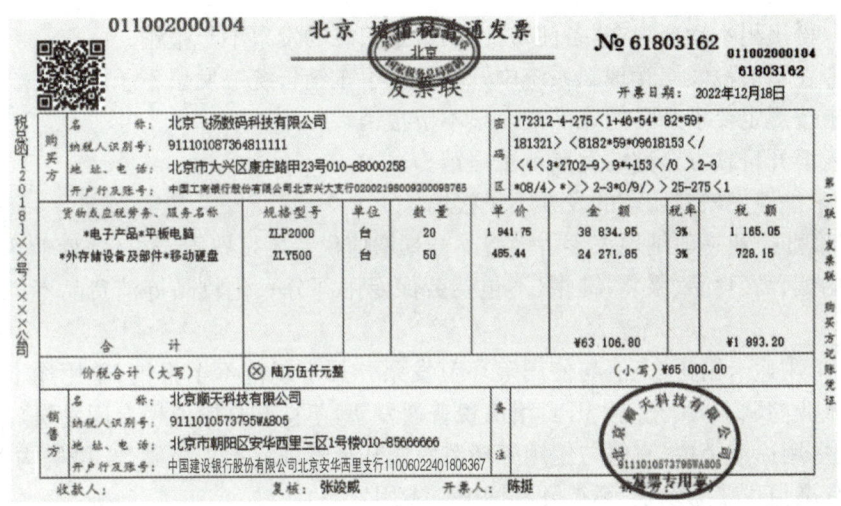

图 1-2-20　增值税普通发票

二、任务布置

共享中心员工周明按照合同业务要求分别为陈鸿公司、飞扬公司整理票据并进行记账,具体要求如下:

(1) 对签收的购进发票进行检查,核对是否完整。

(2) 对购进发票进行归类整理。

(3) 每张纸质票据通过扫描或拍照,将纸质票据转成电子影像文件。

(4) 采集票据影像文件,自动识别票据并人工校验。

(5) 自动生成记账凭证并进行人工校验,或人工编制记账凭证。

三、知识点讲解

(一) 成本及成本票的概念

成本是企业为生产一定数量和种类的产品或为提供一定数量和种类的劳务而发生的各种耗费。成本票是企业从事生产经营过程中,购进用于加工商品或销售商品所需要的原材料、动力或货物等从销售方获得的票据,这些票据是企业计算生产成本或经营成本的主要原始凭证。成本票主要是指直接或间接记入"生产成本""制造费用"等方面的发票和票据。

（二）成本类发票获取时应注意的事项

（1）未填写购买方的纳税人识别号或统一社会信用代码的普通发票不予报销。

（2）填开内容与实际交易不符的发票不予报销。

（3）取得提供货物运输服务未在"备注"栏注明规定信息的发票不予报销。

（4）取得提供建筑服务未在"备注"栏注明规定信息的发票不予报销。

（5）取得销售不动产未按规定要求填开的发票不予报销（销售不动产，纳税人自行开具或者税务机关代开增值税发票时，应在发票"货物或应税劳务、服务名称"栏填写不动产名称及房屋产权证书号码（无房屋产权证书的可不填写），"单位"栏填写面积单位，"备注"栏注明不动产的详细地址）。

（6）取得出租不动产未在"备注"栏注明规定信息的发票不予报销。

（7）未在增值税发票管理新系统中开具的二手车销售统一发票不予报销。

（8）未按规定要求开具的成品油发票不予报销。

（9）未填开付款方全称的发票不予报销。

（10）未加盖发票专用章的发票不予报销。

（11）商业企业一般纳税人零售消费品开具增值税专用发票不予报销〔商业企业一般纳税人零售的烟、酒、食品、服装、鞋帽（不包括劳保专用部分）、化妆品等消费品不得开具专用发票〕。

（12）单用途卡销售、充值与使用等环节发票开具不规范不予报销（单用途卡发卡企业或者售卡企业向购卡人、充值人开具增值税普通发票，不得开具增值税专用发票）。

（13）多用途卡销售、充值与使用等环节发票开具不规范不予报销（支付机构向购卡人、充值人开具增值税普通发票，不得开具增值税专用发票）。

四、业务操作

（1）登录"财天下"，在界面左上角先选择公司名称，如图1-2-21所示。

图1-2-21　登录"财天下"

（2）在左侧菜单栏中选择"票据"选项，单击"票据采集"按钮，进入票据采集界面，如图1-2-22和图1-2-23所示。

图 1-2-22　单击"票据采集"按钮

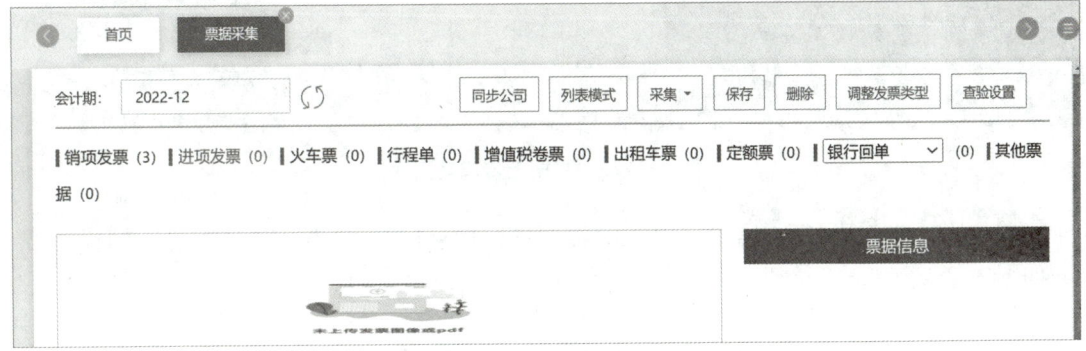

图 1-2-23　票据采集界面

（3）进行发票采集并上传。点击"采集"按钮，选择"本地图片/PDF 上传图片"选项，单击"确定"按钮，如图 1-2-24 所示。单击后系统显示上传成功，如图 1-2-25 所示。

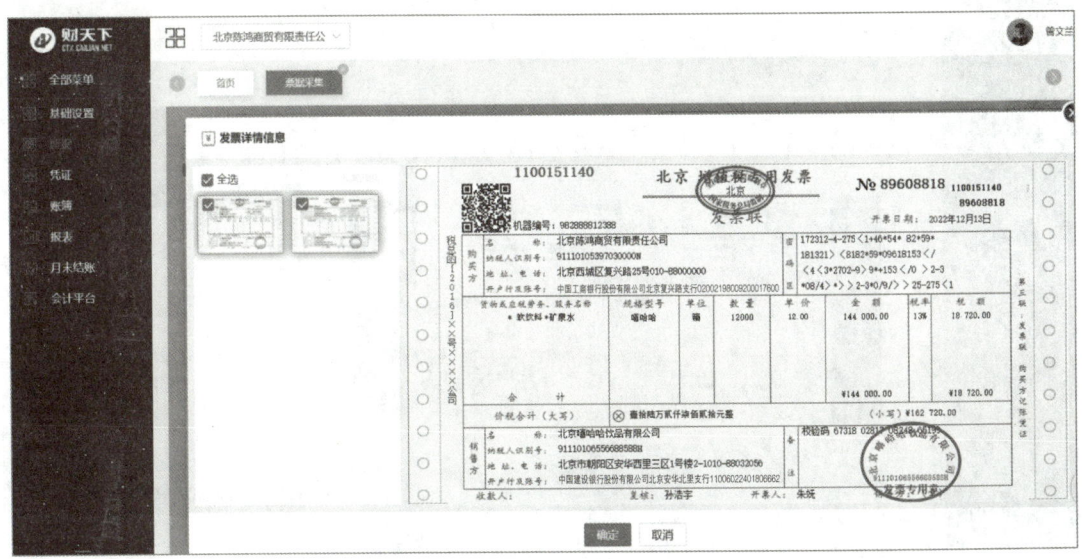

图 1-2-24　选择本地图片上传页面

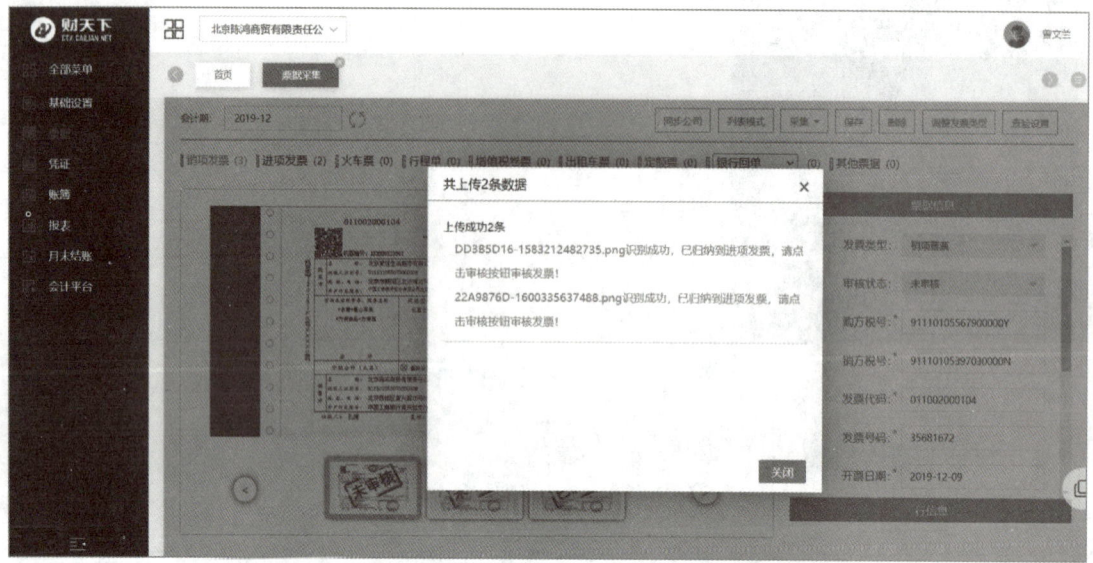

图 1-2-25　票据上传成功页面

（4）核对信息及查验。票据上传结束需要进行信息核对，单击"审核"按钮，票据审核界面如图 1-2-26 和图 1-2-27 所示。若出现票面不清晰等错误情况，需要核对右侧自动识别的票据信息。可以利用放大功能，对电子版票据进行局部放大和缩小，重点关注票面信息中票面金额等信息是否采集正确，与行信息是否一致。若数据与票面信息不一致，可以手动修改行信息及票据信息。若采集的票面信息经核对无误，单击"保存"按钮即可。信息核对无误后，输入校验码，单击"审核"按钮，如图 1-2-28 至图 1-2-30 所示。

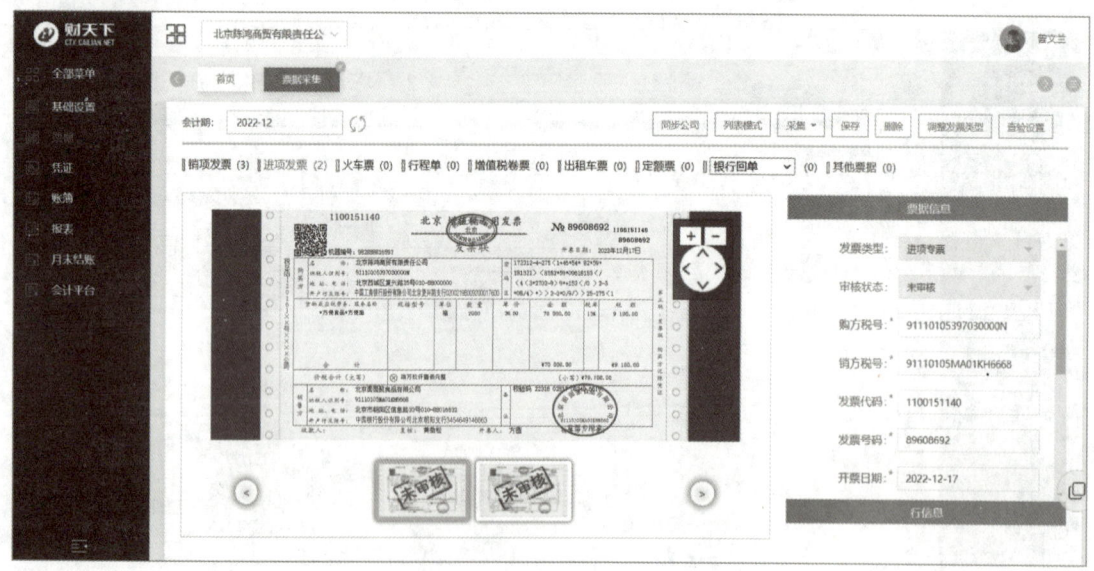

图 1-2-26　票据审核页面(1)

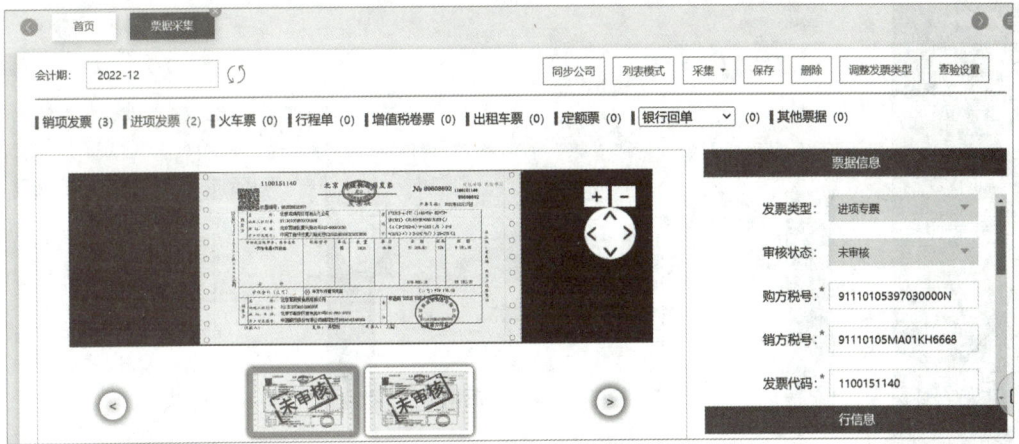

图 1-2-27　票据审核页面(2)

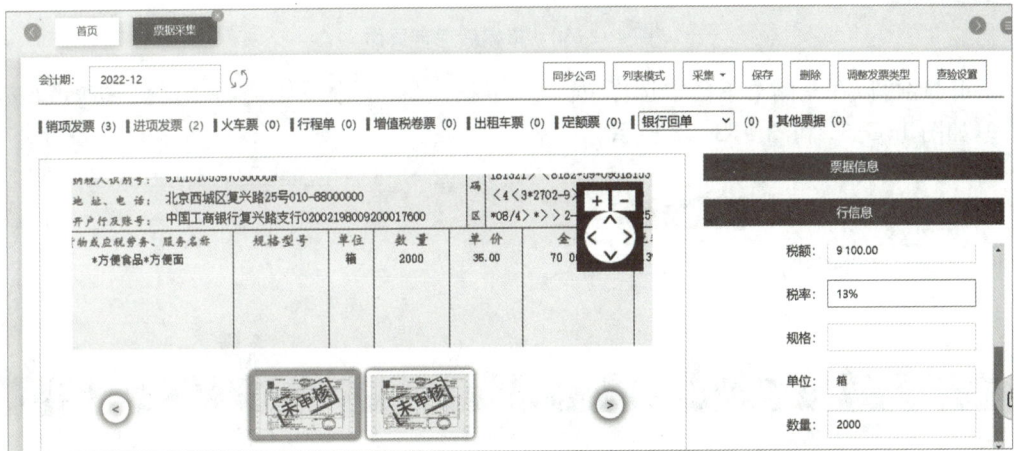

图 1-2-28　票据信息审核

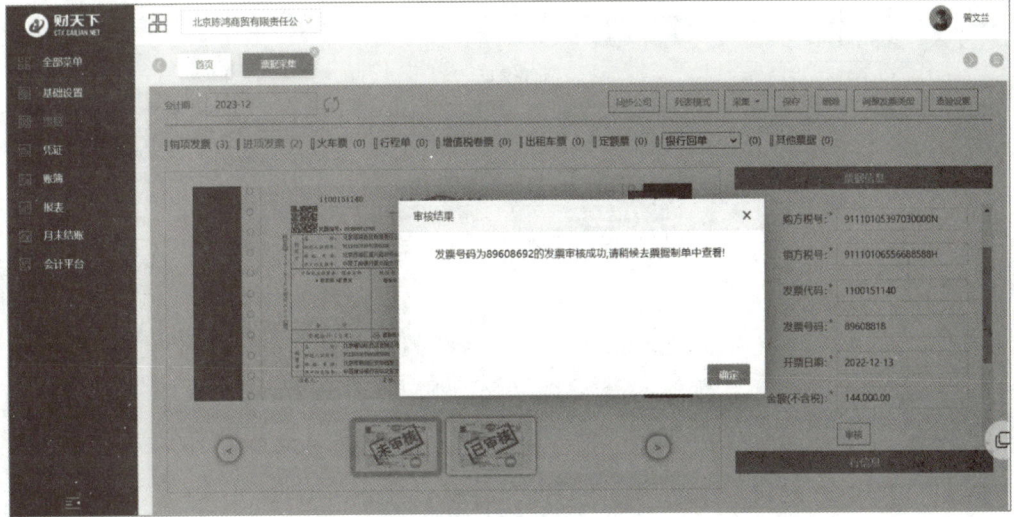

图 1-2-29　查验成功页面

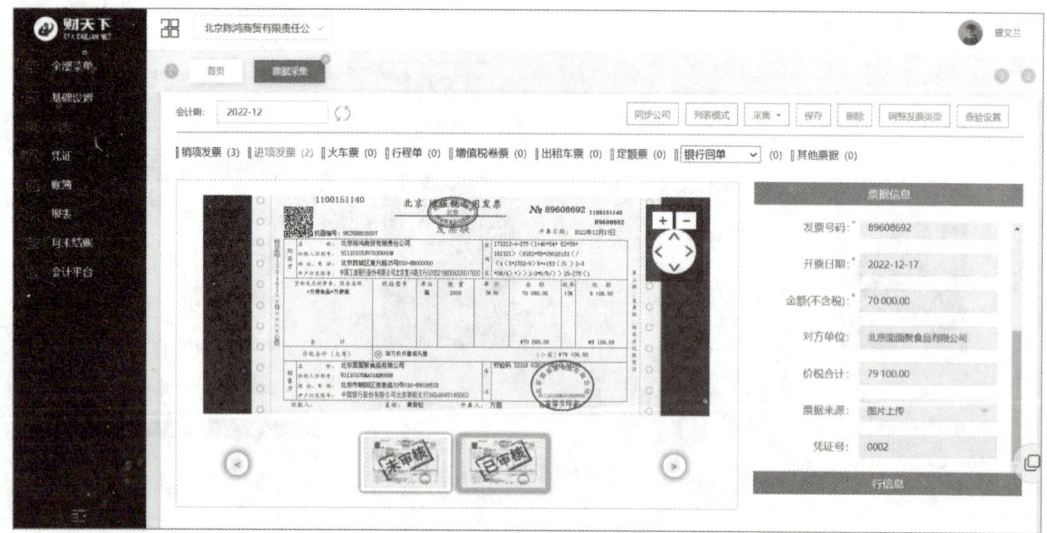

图 1-2-30　审核后保存页面

同时也可以在左侧菜单栏中选择"凭证—票据制单"中查看凭证,并对凭证进行审核与管理,如图 1-2-31 和图 1-2-32 所示。

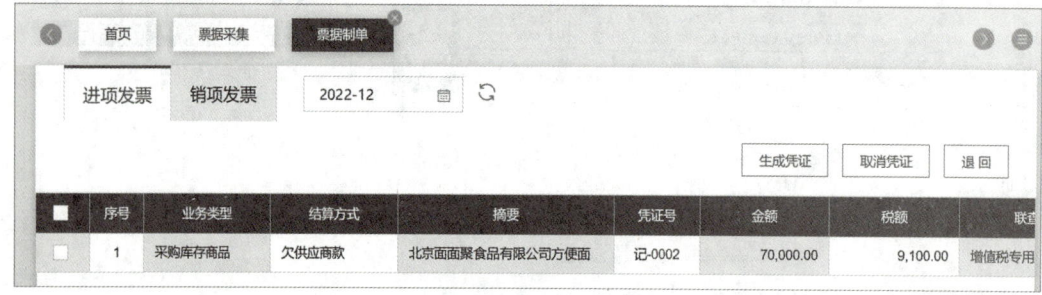

图 1-2-31　选择票据制单

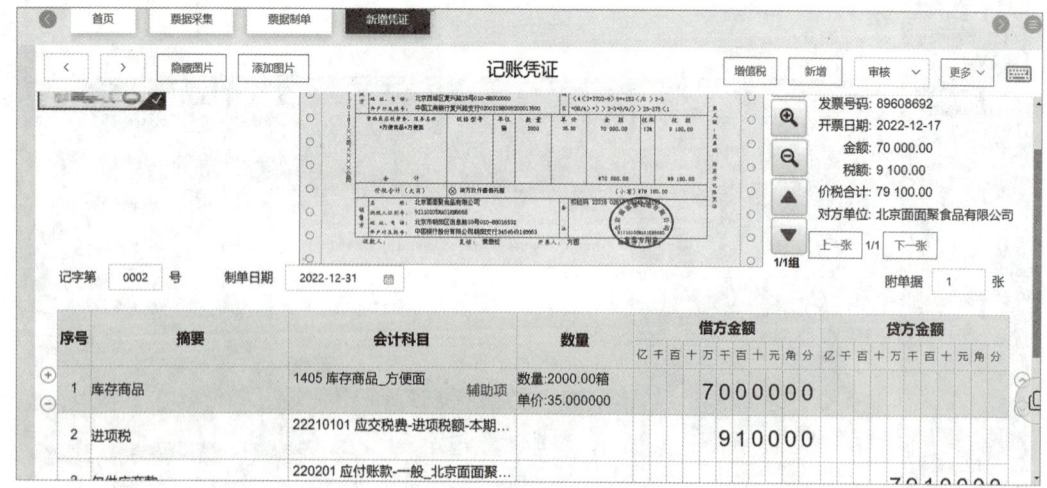

图 1-2-32　凭证管理页面

其中对于无法自动生成凭证或者出现错误,可手动填写或者对记账凭证进行修改。

在"财天下"上,使用扫描软件快速对销售类发票进行扫描,自动识别一键上传系统,抓取全票面信息,实现批量制单、自动生产记账凭证,以提高效率、准确率的方式帮助中小微企业实现发票的查验和制单工作。

任务三　银行结算单据整理与制单

一、任务场景

根据以下任务信息,为陈鸿公司的银行结算单据进行整理与制单。

业务1:收到2022年12月1日北京爱佳生活超市有限公司转账支票1张,当日将转账支票存入银行,如图1-2-33所示。

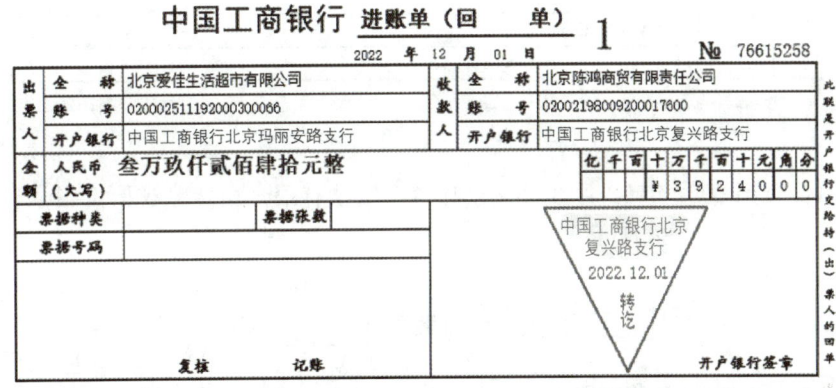

图1-2-33　进账单

业务2:收到2022年12月1日北京味道全餐饮有限公司网银转账,如图1-2-34所示。

图1-2-34　网上银行电子回单

业务3：收到2022年12月2日北京味道全餐饮有限公司网银转账，如图1-2-35所示。

中国工商银行 网上银行电子回单

电子回单号码：11419708432

付款人	户 名	北京味道全餐饮有限公司	收款人	户 名	北京陈鸿商贸有限责任公司
	账 号	345464918970		账 号	02002198009200017600
	开户银行	中国银行北京朝阳支行		开户银行	中国工商银行北京复兴路支行
金 额		人民币(大写)：壹万叁仟伍佰陆拾元整			￥13 560.00
摘 要			业务种类		
用 途					
交易流水号		99971909086698	时间戳		2022-12-02
备 注：					
验证码：31291967					
记账网点	891		记账柜员 479	记账日期	2022年12月02日

打印日期：2022年12月02日

图1-2-35　网上银行电子回单

业务4：收到2022年12月3日北京味道全餐饮有限公司转账支票1张，当日将转账支票存入银行，如图1-2-36所示。

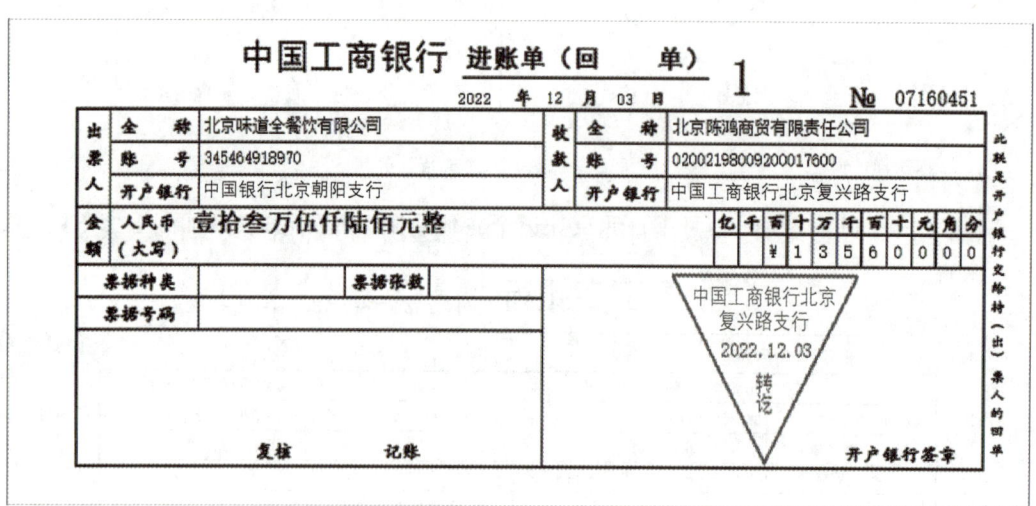

图1-2-36　进账单

业务5：收到2022年12月9日北京爱佳生活超市有限公司网银转账，如图1-2-37所示。

业务6：2022年12月17日以网银转账方式支付北京面面聚食品有限公司货款，如图1-2-38所示。

根据以下任务信息，为飞扬公司的银行结算单据进行整理与制单。

业务7：2022年12月3日收到北京华润有限责任公司网银转账，如图1-2-39所示。

中国工商银行 网上银行电子回单

电子回单号码：67498852243

付款人	户名	北京爱佳生活超市有限公司	收款人	户名	北京陈鸿商贸有限责任公司
	账号	0200025111920003000066		账号	02002198009200017600
	开户银行	中国工商银行北京玛丽安路运行		开户银行	中国工商银行北京复兴路支行
金额		人民币(大写)：壹拾柒万柒仟叁佰元整			￥177 300.00
摘要			业务种类		
用途		支付货款			
交易流水号		20478112229123	时间戳		2022-12-09
备注					
验证码：78381228					
记账网点	633	记账柜员	212	记账日期	2022年12月09日

打印日期：2022年12月09日

图 1-2-37 网上银行电子回单

中国工商银行 网上银行电子回单

电子回单号码：67498852243

付款人	户名	北京陈鸿商贸有限责任公司	收款人	户名	北京面面聚食品有限公司
	账号	02002198009200017600		账号	3454649146663
	开户银行	中国工商银行北京复兴路支行		开户银行	中国银行北京朝阳支行
金额		人民币(大写)：柒万玖仟壹佰元整			￥79 100.00
摘要			业务种类		
用途					
交易流水号		81302861580718	时间戳		2022-11-02
备注					
验证码：50875953					
记账网点	458	记账柜员	872	记账日期	2022年12月17日

打印日期：2022年12月17日

图 1-2-38 网上银行电子回单

中国工商银行 网上银行电子回单

电子回单号码：11419708662

付款人	户名	北京华润有限责任公司	收款人	户名	北京飞扬数码科技有限公司
	账号	020065538888		账号	02002198009300098765
	开户银行	中国工商银行北京体育路支行		开户银行	中国工商银行北京兴大支行
金额		人民币(大写)：叁万零玖佰元整			￥30 900.00
摘要			业务种类		
用途					
交易流水号		99971909087131	时间戳		2022-12-03
备注					
验证码：31292341					
记账网点	639	记账柜员	523	记账日期	2022年12月03日

打印日期：2022年12月03日

图 1-2-39 网上银行电子回单

业务8：2022年12月16日收到北京中益商贸有限公司网银转账，如图1-2-40所示。

中国工商银行 网上银行电子回单

电子回单号码：67498851267

付款人	户　名	北京中益商贸有限公司	收款人	户　名	北京飞扬数码科技有限公司
	账　号	020002510210188007599		账　号	02002198009300098765
	开户银行	中国工商银行北京嘉园路支行		开户银行	中国工商银行北京兴大支行
金　额	人民币(大写)：肆万陆仟叁佰伍拾元整			￥46 350.00	
摘　要			业务种类		
用　途	支付货款				
交易流水号	20478112229256		时间戳	2022-12-16	
备　注：					
验证码：78381228					
记账网点	631	记账柜员	212	记账日期	2022年12月16日

（中国工商银行北京兴大支行 电子回单专用章）

打印日期：2022年12月16日

图1-2-40　网上银行电子回单

业务9：2022年12月17日以转账支票方式支付北京顺天科技有限公司货款，如图1-2-41所示。

二、任务布置

共享中心员工周明按照合同业务要求分别为陈鸿公司、飞扬公司整理票据并进行记账，具体要求如下：

（1）对签收的银行单据进行检查，核对是否完整。

（2）对银行单据与相对应的发票单据进行对接，按照业务类型归类整理。

（3）每张纸质票据通过扫描或拍照，将纸质票据转成电子影像文件。

（4）采集票据影像文件，自动识别票据并人工校验。

（5）自动生成记账凭证并进行人工校验，或人工编制记账凭证。

中国工商银行 转账支票存根

10201120
65618787

附加信息

出票日期　2022年12月17日
收款人：北京顺天科技有限公司
金　额：￥65 000.00
用　途：支付货款
单位主管　刘洋　　会计　李丽

图1-2-41　转账支票存根

三、知识点讲解

（一）银行结算

银行结算是指通过银行账户的资金转移所实现收付的行为，即银行接受客户委托代收代付、从付款单位存款账户划出款项，转入收款单位存款账户，以此完成经济单位之间债权债务的清算或资金的调拨。目前国内银行结算方式主要有银行汇票、商业汇票、银行本票、支票、汇兑、委托收款、托收承付、信用卡、信用证等。

(二)银行结算单据

银行结算单据就是收付款双方办理银行转账结算的书面凭证。它是银行结算的重要组成内容,也是会计核算的依据。

四、业务操作

(1)登录"财天下",在界面左上角选择公司名称,如图1-2-42所示。

图1-2-42 登录"财天下"

(2)在左侧菜单栏中选择"票据"选项,单击"票据采集"按钮,进入票据采集界面,如图1-2-43和图1-2-44所示。

图1-2-43 单击"票据采集"按钮

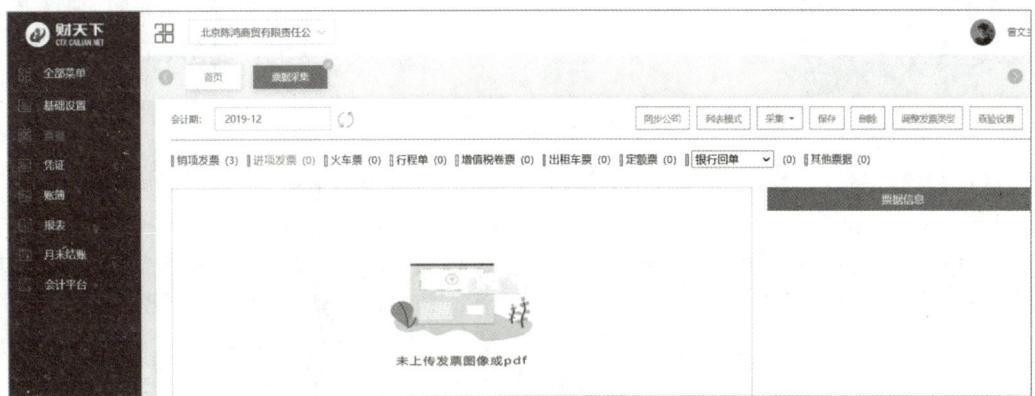

图1-2-44 票据采集页面

（3）进行发票采集并上传。点击"采集"按钮，选择"本地图片/PDF 上传图片"选项，如图 1-2-45 所示。单击后系统显示上传成功，如图 1-2-46 所示。

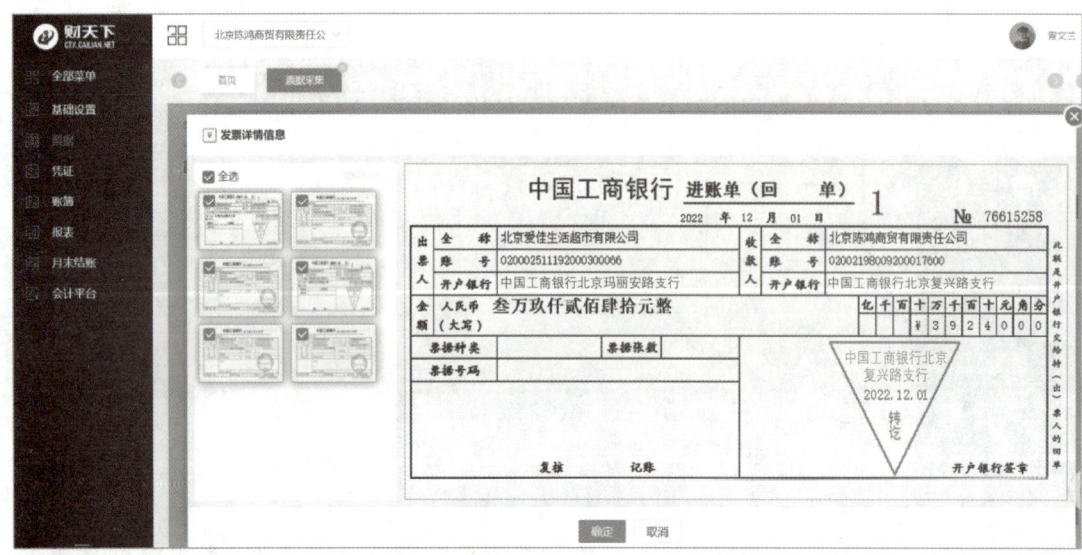

图 1-2-45　选择本地图片上传页面

图 1-2-46　票据上传成功页面

（4）核对信息及查验。票据上传结束需要进行信息核对，单击"审核"按钮，票据审核界面如图 1-2-47 和图 1-2-48 所示。若出现票面不清晰等错误情况，需要核对右侧自动识别的票据信息。可以利用放大功能，对电子版票据进行局部放大和缩小，重点关注票面信息中票面金额等信息是否采集正确，与行信息是否一致。若数据与票面信息不一致，可以手动修改行信息及票据信息。若采集的票面信息经核对无误，单击"保存"按钮即可。信息核对无误后，输入校验码，单击"审核"按钮，如图 1-2-49 和图 1-2-50 所示。

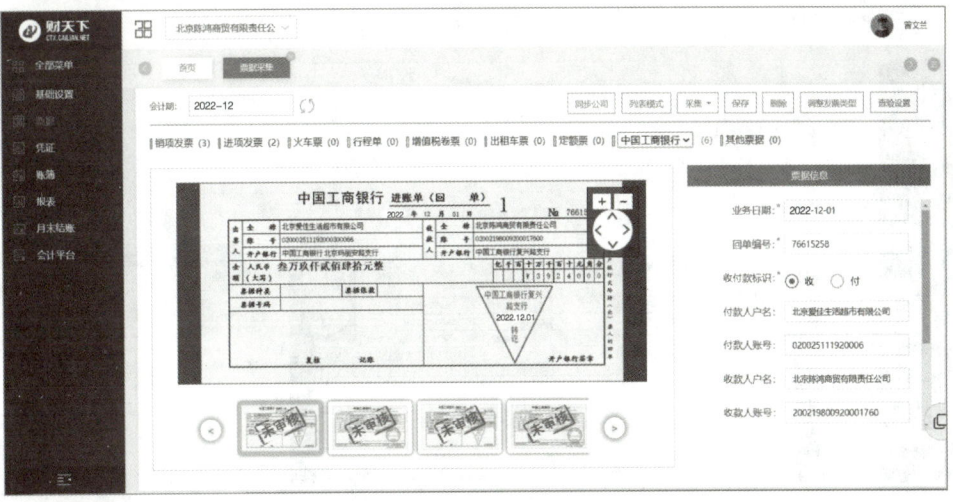

图 1-2-47　票据审核页面(1)

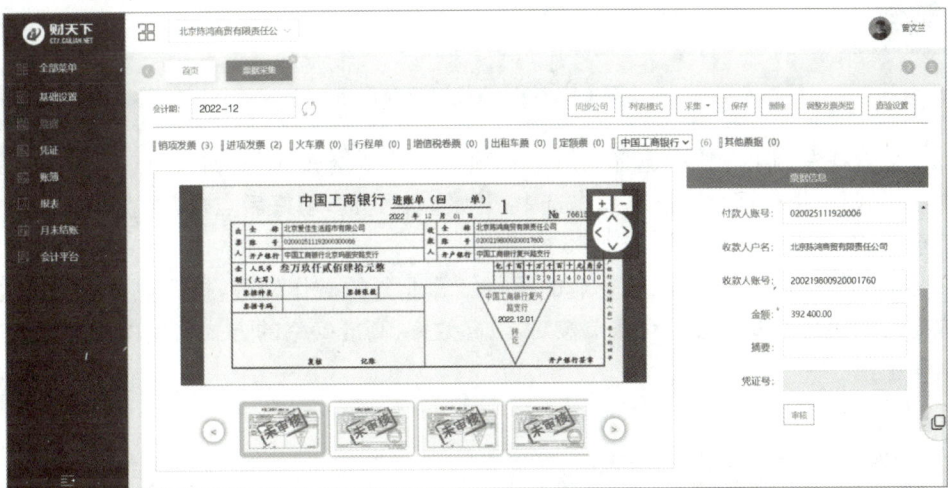

图 1-2-48　票据审核页面(2)

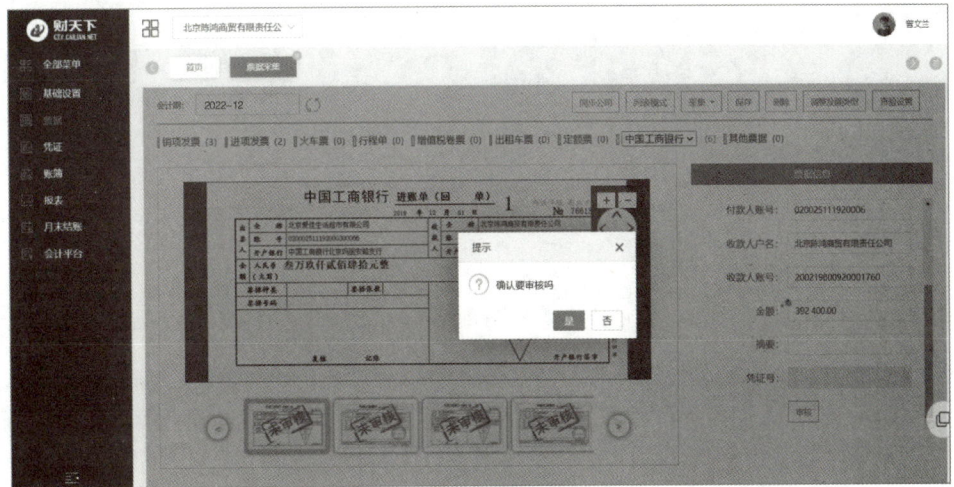

图 1-2-49　审核成功页面

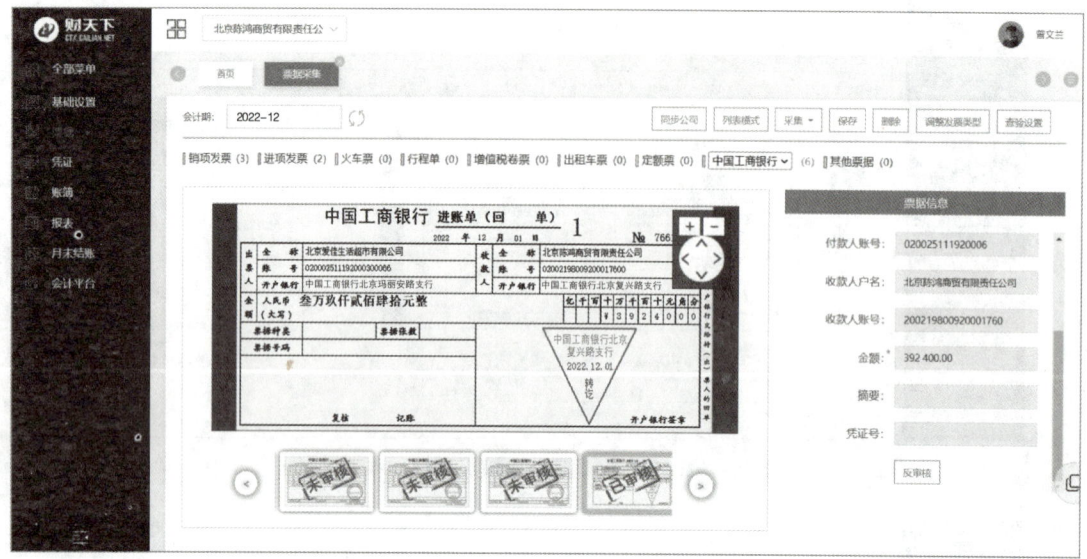

图 1-2-50 审核后保存页面

（5）接着在左侧菜单栏中选择"凭证"选项，单击"新增凭证"按钮，再点击单据图片，在发票类型栏选择"银行回单"选项，双击选中，开始填制凭证，填好后点击"保存"按钮，并对凭证进行审核，如图 1-2-51 至图 1-2-56 所示。

在"财天下"上，可实现中小微企业的银行结算业务的操作处理，按照业务类型分类，企业客户提供的银行单据与银行对账单核对，以高效率、高准确率的方式帮助中小微企业实现银行对账工作。

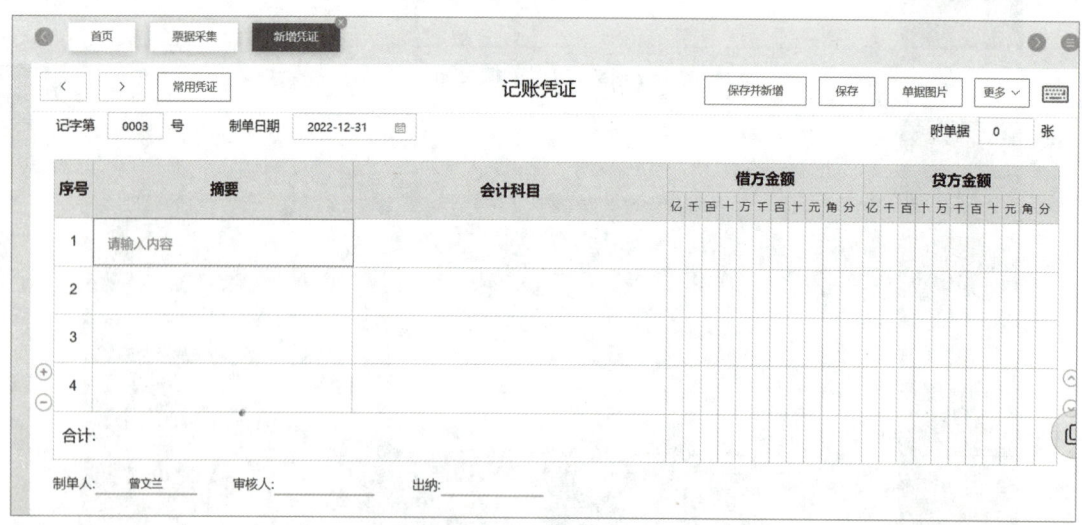

图 1-2-51 选择新增凭证

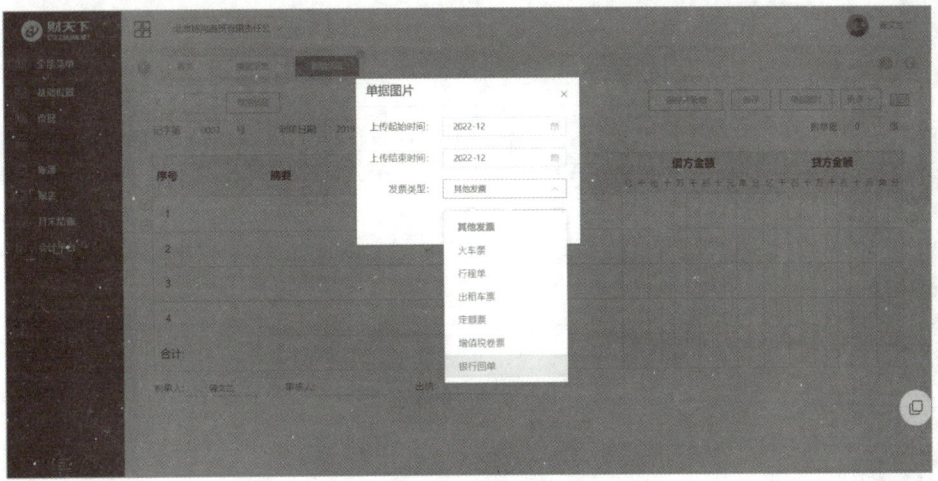

图 1-2-52　选择发票类型

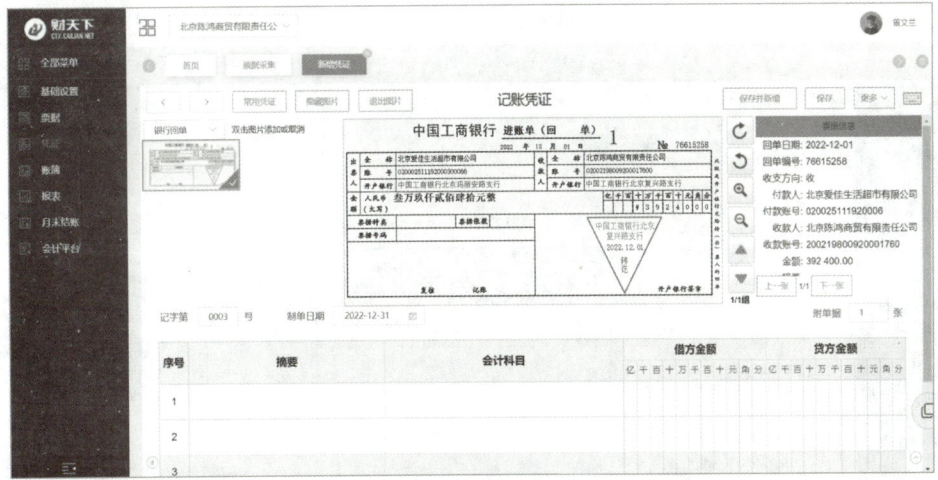

图 1-2-53　双击选中

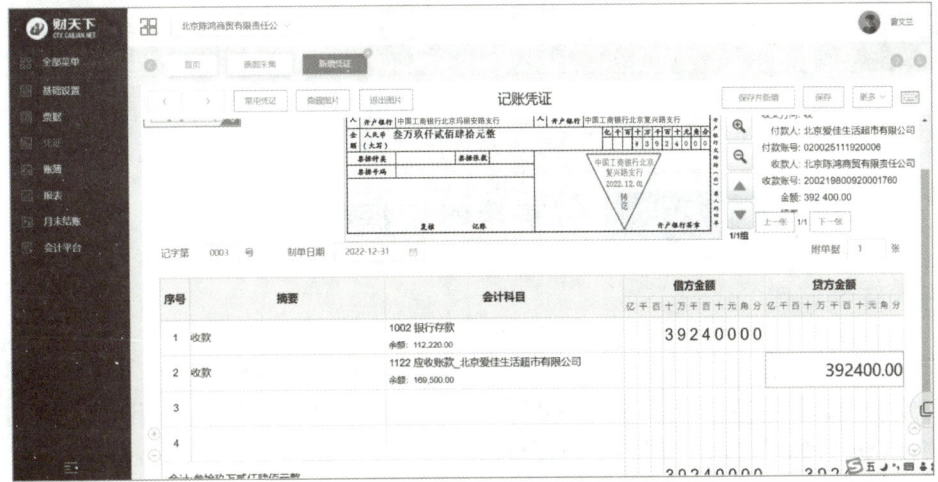

图 1-2-54　填制凭证

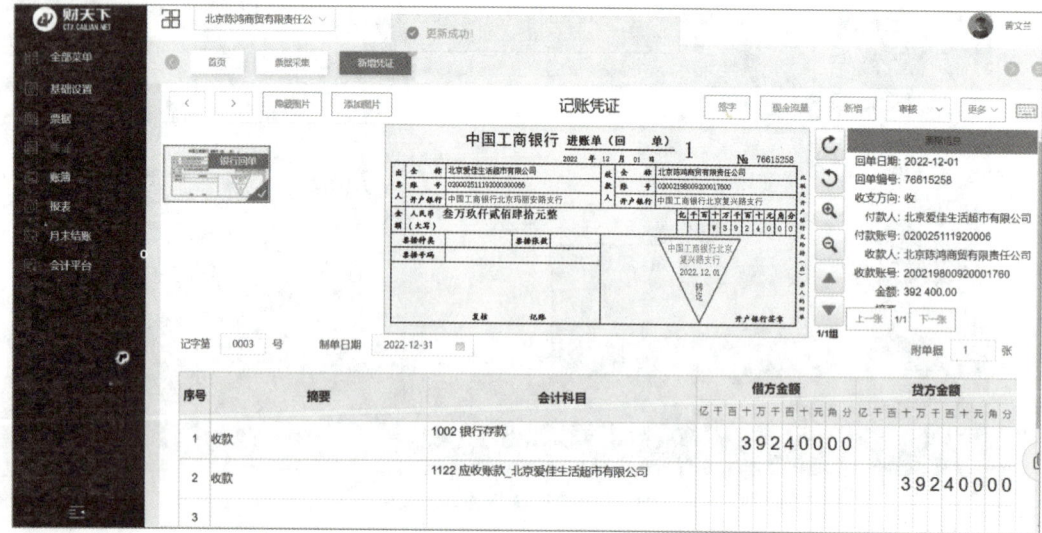

图 1-2-55　新增凭证

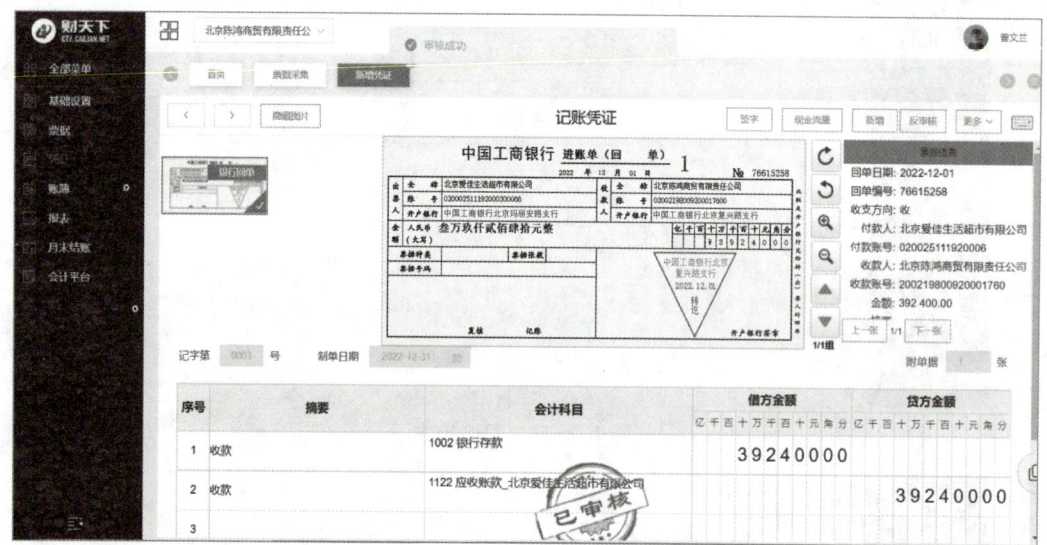

图 1-2-56　审核凭证

任务四　费用类票据整理与制单

一、任务场景

根据以下任务信息，为陈鸿公司的费用类票据进行整理与制单。

业务1：2022年12月2日，行政部取得一张房屋租金普通发票并以转账支票支付：

物业公司名称：北京祥盛物业有限公司；

纳税人识别号：91110105786521093Y；

地址、电话：北京市朝阳区甜水园街3号院 010-65876658；

开户行及账号：中国工商银行股份有限公司北京甜水园街支行01000567439200336548；

不含税金额：3 000元；税率：5%；税额：150元。

原始凭证如图1-2-57和图1-2-58所示。

图1-2-57　增值税普通发票

业务2：2022年12月3日，行政部购入办公用品取得一张普通发票并以现金支付，原始凭证如图1-2-59所示。

销售方名称：北京爱佳生活超市有限公司；

纳税人识别号：91110105567900000Y；

地址、电话：北京市朝阳区北沙滩31号院010-58761111；

开户行及账号：中国工商银行股份有限公司北京玛丽安路支行02000251119200300066；

金额：600元；税率：3%；税额：18元；

原始凭证如图1-2-60所示。

业务3：2022年12月9日，销售部报销业务招待费并以现金支付。

餐厅信息：北京齐野家快餐有限公司；

纳税人识别号：91110000600065O191；

地址、电话：北京市西城区新街口南大街28号010-65225566；

开户行及账号：中国工商银行股份有限公司北京新世界支行02000804090024507121；

金额：888.68元；税率：6%；税额：53.32元；总额：942元；

原始凭证如图1-2-61所示。

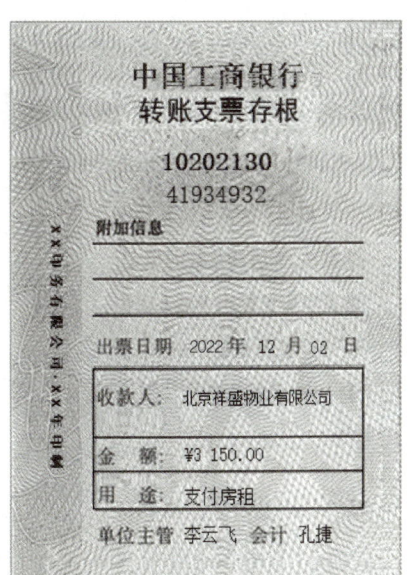

图1-2-58　转账支票存根

办公用品明细表 金额单位：元

商品名称	规格型号	数量	单位	单价	不含税金额	税额	价税合计
订书机	得力	2	个	30.00	60.00	1.80	61.80
打印纸	A4	5	箱	100.00	500.00	15.00	515.00
中性笔	得力	2	盒	20.00	40.00	1.20	41.20
合计					600.00	18.00	618.00

图 1-2-59　办公用品明细表

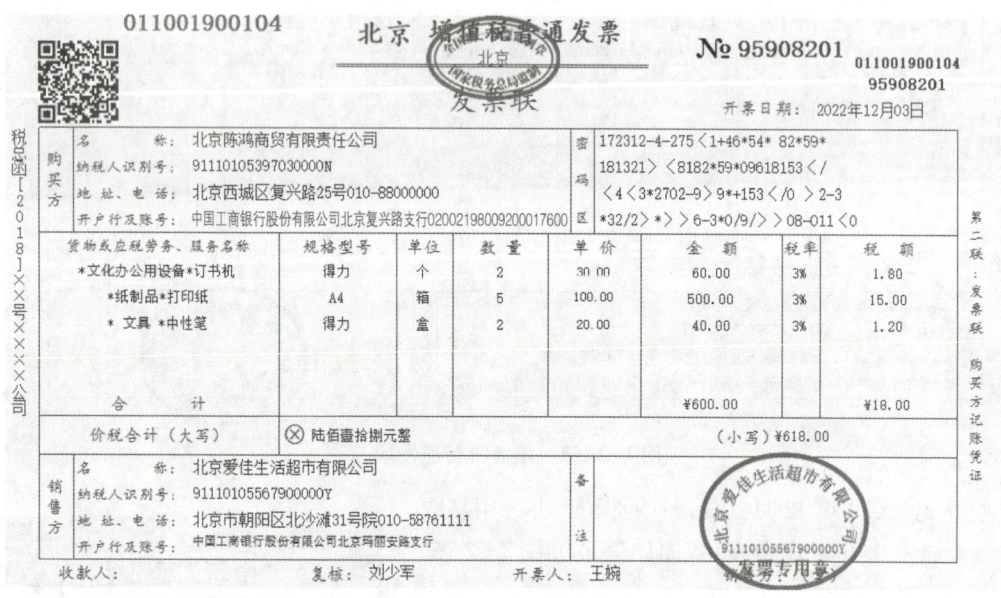

图 1-2-60　增值税普通发票

图 1-2-61　增值税电子普通发票

业务 4：2022 年 12 月 23 日，行政部报销差旅费并以网上银行支付：
酒店信息：成都便程旅行社有限公司；
纳税人识别号：915101007978018408；
地址、电话：成都市新都区天府四街 188 号 C 栋 101 室 028-65338866；
开户行及账号：招商银行股份有限公司成都小天支行 281083478710001；
其中，住宿费不含税金额为 215.09 元，税额为 12.91 元，总额为 228 元；
原始凭证如图 1-2-62 至图 1-2-65 所示。

航空运输电子客票行程单
ITINERARY/RECEIPT OF E-TICKET FOR AIR TRANSPORT

印刷序号：SERIAL NUMBER: 08187224697

旅客姓名 NAME OF PASSENGER	有效身份证件号码 ID.NO.	签注 ENDORSEMENTS/RESTRICTIONS (CARBON)
李云飞	341221198112081313	不得签转

	承运人 CARRIER	航班号 FLIGHT	座位等级 CLASS	日期 DATE	时间 TIME	客票级别/客票类别 FARE BASIS	客票生效日期 NOTVALID BEFORE	有效截止日期 NOTVALID AFTER	免费行李 ALLOW
自 FROM 首都国际机场	T2	CA1415	X	2022-12-22	09：55	X			20K
至 TO 成都双流机场									
至 TO									
至 TO									
至 TO									

票价 FARE	机场建设费 AIRPORT TAX	燃油附加费 FUEL SURCHARGE	其他税费 OTHER TAXES	合计 TOTAL
CNY ¥800.00	CN ¥396.00	YQ ¥50.00		CNY ¥1 246.00

电子客票号码 E-TICKETNO. 880-2124815111　验证码 CK. 2341　提示信息 INFORMATION　保险费 INSURANCE

销售单位代号 AGENTCODE. PEK6678　填开单位 ISSUEDBY 成都航空服务有限公司　填开日期 DATE OF ISSUE 2022年12月22日

验真网址：WWW.TRAVELSKY.COM　服务热线：400-815-8888　短信验真：发送JP至10669018

付款凭证 RECEIPT　手写无效 INVALID IN HANDWRITING

（印章：中国民航电子客票行程单 发票专用章）

图 1-2-62　行程单(1)

航空运输电子客票行程单
ITINERARY/RECEIPT OF E-TICKET FOR AIR TRANSPORT

印刷序号：SERIAL NUMBER: 28084700915

旅客姓名 NAME OF PASSENGER	有效身份证件号码 ID.NO.	签注 ENDORSEMENTS/RESTRICTIONS (CARBON)
李云飞	341221198112081313	不得签转

	承运人 CARRIER	航班号 FLIGHT	座位等级 CLASS	日期 DATE	时间 TIME	客票级别/客票类别 FARE BASIS	客票生效日期 NOTVALID BEFORE	有效截止日期 NOTVALID AFTER	免费行李 ALLOW
自 FROM 成都双流机场	T1	CZ9921	X	2022-12-23	12：15	X			20K
至 TO 首都国际机场									
至 TO									
至 TO									
至 TO									

票价 FARE	机场建设费 AIRPORT TAX	燃油附加费 FUEL SURCHARGE	其他税费 OTHER TAXES	合计 TOTAL
CNY ¥800.00	CN ¥396.00	YQ ¥50.00		CNY ¥1 246.00

电子客票号码 E-TICKETNO. 880-2124888909　验证码 CK. 1178　提示信息 INFORMATION　保险费 INSURANCE

销售单位代号 AGENTCODE. PEK1818　填开单位 ISSUEDBY 成都航空服务有限公司　填开日期 DATE OF ISSUE 2022年12月23日

验真网址：WWW.TRAVELSKY.COM　服务热线：400-815-8888　短信验真：发送JP至10669018

付款凭证 RECEIPT　手写无效 INVALID IN HANDWRITING

（印章：中国民航电子客票行程单 发票专用章）

图 1-2-63　行程单(2)

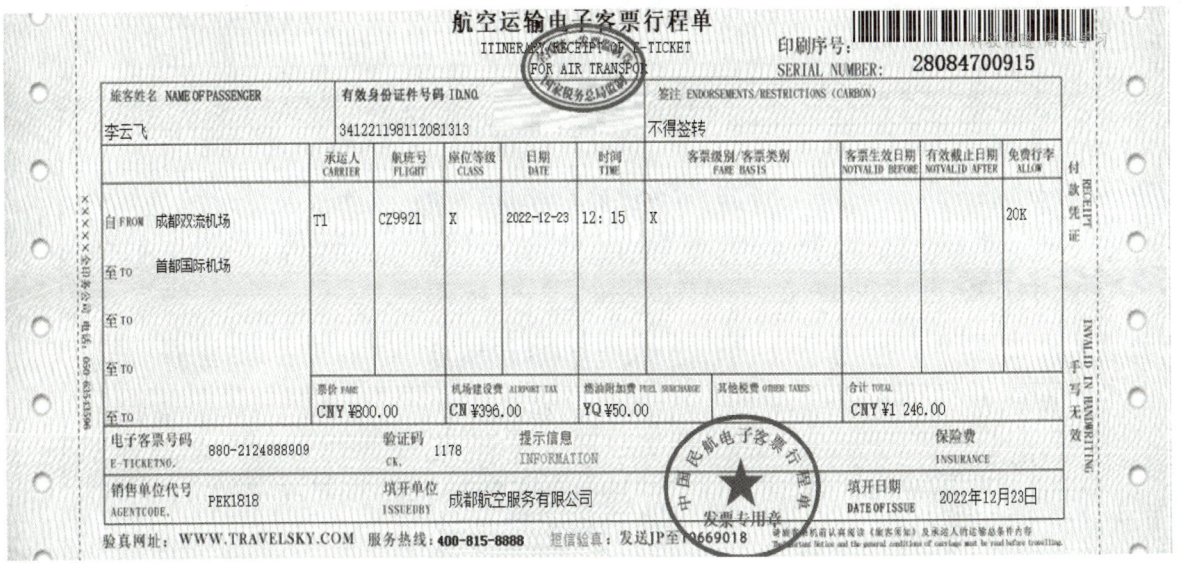

图 1-2-64　增值税普通发票

图 1-2-65　网上银行电子回单

业务 5：2022 年 12 月 30 日，计提折旧。货车 100 000 元折旧年限为 4 年，残值率为 5%，月折旧额为 1 979.17 元。原始凭证如图 1-2-66 所示。

陈鸿公司固定资产折旧明细表　　　金额单位：元

使用部门	固定资产名称	月初原值	使用年限(年)	列值率	本月应提折旧额
行政部	货车	100 000	4	5%	1 979.17

图 1-2-66　固定资产折旧明细

业务 6：2022 年 12 月 30 日，计提工资、社保，发放工资。原始凭证如表 1-1、表 1-2 和图 1-2-67 所示。

表1-1　工资表

工号	*姓名	*部门	*证件类型	*证件号码	收入信息 基本工资	岗位津贴	绩效奖金	扣款信息 缺勤扣款	请假扣款	迟到扣款	应发合计	专项扣除 基本养老保险	基本医疗保险	失业保险费	住房公积金	其他扣除	税前合计	个人所得税	实发合计	备注
20190001	李云飞	行政部	居民身份证	341221198112081313	5 000.00	200.00					5 200.00	400.00	100.00	10.00	600.00		4 090.00		4 090.00	
20190002	张大彪	行政部	居民身份证	341221198311230949	3 500.00	200.00			100.00		3 600.00	280.00	70.00	7.00	420.00		2 823.00		2 823.00	
20190003	孔捷	行政部	居民身份证	251321198804031216	3 500.00	200.00					3 700.00	280.00	70.00	7.00	420.00		2 923.00		2 923.00	
20190004	赵刚	采购部	居民身份证	521221198912081317	3 000.00	200.00					3 200.00	240.00	60.00	6.00	360.00		2 534.00		2 534.00	
20190005	楚静	库管部	居民身份证	211101198408110330	3 000.00	200.00					3 200.00	240.00	60.00	6.00	360.00		2 534.00		2 534.00	
20190006	魏尚	销售部	居民身份证	121521199006210629	3 200.00	200.00	300.00				3 700.00	256.00	64.00	6.40	384.00		2 989.60		2 989.60	
20190007	田雨	销售部	居民身份证	110121198812081 12X	3 200.00	200.00	300.00		200.00		3 500.00	256.00	64.00	6.40	384.00		2 789.60		2 789.60	
20190008	李斯	销售部	居民身份证	281221199312081861	3 200.00	200.00	300.00				3 700.00	256.00	64.00	6.40	384.00		2 989.60		2 989.60	
合计					27 600.00	1 600.00	900.00	0.00	300.00	0.00	29 800.00	2 208.00	552.00	55.20	3 312.00	0.00	23 672.80	0.00	23 672.80	

表1-2 "五险一金"计提表

工号	*姓名	部门	*证件类型	*证件号码	计提基数	企业承担部分					
						基本养老保险	基本医疗保险	失业保险费	工伤保险费	生育保险费	住房公积金
20190001	李云飞	行政部	居民身份证	341221198112081313	5 000.00	800.00	500.00	40.00	10.00	40.00	600.00
20190002	张大彪	行政部	居民身份证	341221198311230949	3 500.00	560.00	350.00	28.00	7.00	28.00	420.00
20190003	孔 捷	行政部	居民身份证	251321198804031216	3 500.00	560.00	350.00	28.00	7.00	28.00	420.00
20190004	赵 刚	采购部	居民身份证	521221198912081317	3 000.00	480.00	300.00	24.00	6.00	24.00	360.00
20190005	楚 静	库管部	居民身份证	211101198408110330	3 000.00	480.00	300.00	24.00	6.00	24.00	360.00
20190006	魏 尚	销售部	居民身份证	121521199006210629	3 200.00	512.00	320.00	25.60	6.40	25.60	384.00
20190007	田 雨	销售部	居民身份证	11012119881208112X	3 200.00	512.00	320.00	25.60	6.40	25.60	384.00
20190008	李 斯	销售部	居民身份证	281221199312081861	3 200.00	512.00	320.00	25.60	6.40	25.60	384.00
	合计				27 600.00	4 416.00	2 760.00	220.80	55.20	220.80	3 312.00

中国工商银行 网上银行电子回单

电子回单号码：08375021078

付款人	户 名	北京陈鸿商贸有限责任公司	收款人	户 名	北京陈鸿商贸有限责任公司
	账 号	02002198009200017600		账 号	02002198009200017600
	开户银行	中国工商银行北京复兴路支行		开户银行	中国工商银行北京复兴路支行

金 额　人民币（大写）：贰万叁仟陆佰柒拾贰元捌角整　　￥23 672.80

摘 要

用 途　支付工资　　业务种类

交易流水号　77837222652127　　时间戳　2022-12-30

备 注：

验证码：35649228

记账网点　835　　记账柜员　413　　记账日期　2022年12月30日

打印日期：2022年12月30日

图1-2-67 网上银行电子回单

二、任务布置

共享中心员工周明按照合同业务要求分别为陈鸿公司整理票据并进行记账,具体要求如下:

(1) 对签收的费用单据进行检查,核对是否完整。
(2) 对费用票据进行归类整理、粘贴。
(3) 对每张纸质票据通过扫描或拍照,将纸质票据转成电子影像文件。
(4) 采集票据影像文件,自动识别票据并人工校验。
(5) 自动生成记账凭证并进行人工校验,或人工编制记账凭证。

三、知识点讲解

(一) 期间费用及费用类票据的概念

期间费用是企业日常活动发生的不能计入特定核算对象的成本,而应计入发生当期损益的费用。

费用类票据是指计入企业期间费用的票据,主要是计入管理费用、销售费用、财务费用的发票和票据,如工作人员的电话费、职工通勤费、广告费、防暑降温费和企业一些零星支出等票据。

(二) 费用发票整理注意事项

费用发票在进行整理时,应先划分费用发票业务类型,然后将划分好业务类型的发票进行计数、粘贴并做好标注,最后根据业务内容判断需要记入的费用科目。

1. 划分费用发票业务类型

费用发票包括支出的各种费用,如餐费、办公和日用品费、福利费、服务费等各种支出所开具的发票,按照列支费用的用途进行分类划分。

2. 计入费用科目

按照会计核算制度的要求,根据费用经济业务内容来判断费用所要登记的账户。例如,火车票和机票记入"管理费用——差旅费"账户;出租车发票记入"管理费用——交通费"账户;外地住宿类发票记入"管理费用——差旅费"账户;本地住宿类发票记入"管理费用——业务招待费"账户;餐饮和礼品等记入"管理费用——业务招待费"账户。

3. 业务要领

2022年4月1日开始,一般纳税人取得的国内旅客运输服务,其进项税额允许从销项税额中抵扣。国内旅客运输服务是指客运服务,包括通过陆路运输、水路运输、航空运输为旅客提供的客运服务。具体如下:①取得注明旅客身份信息的公路、水路等客票的按照3%计算进项税额;②取得注明旅客身份信息的航空运输电子客票行程单中的"票价＋燃油附加费"按照9%计算进项税额,机场建设费等不得计算抵扣进项税额;③取得注明旅客身份信息的铁路车票的按照9%计算进项税额;④对于取得未注明旅客身份信息的出租票、公交车票等,不得计算抵扣进项税额。

四、业务操作

(1) 登录"财天下",在界面左上角先选择公司名称,如图1-2-68所示。

图 1-2-68 登录"财天下"

（2）在左侧菜单栏中选择"票据"选项，单击"票据采集"按钮，进入票据采集界面，如图 1-2-69 和图 1-2-70 所示。

图 1-2-69 单击"票据采集"按钮

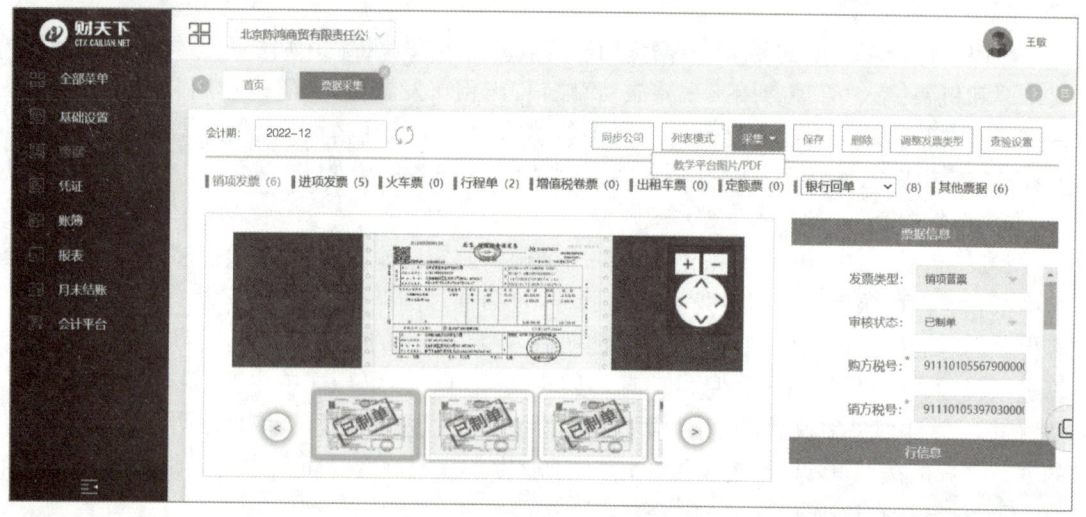

图 1-2-70 票据采集页面

（3）进行发票采集并上传。点击"采集"按钮，选择"本地图片/PDF 上传图片"选项，如图 1-2-71 所示。单击后系统显示上传成功，如图 1-2-72 所示。

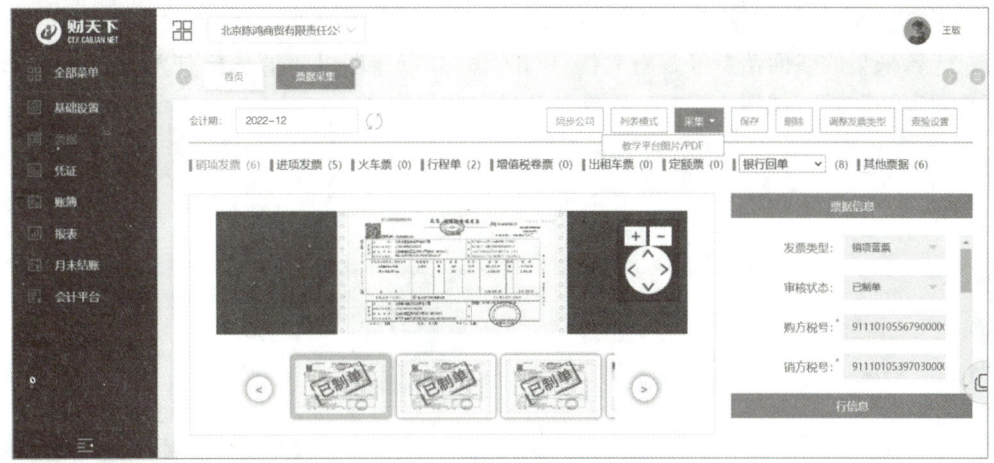

图1-2-71　选择本地图片上传页面

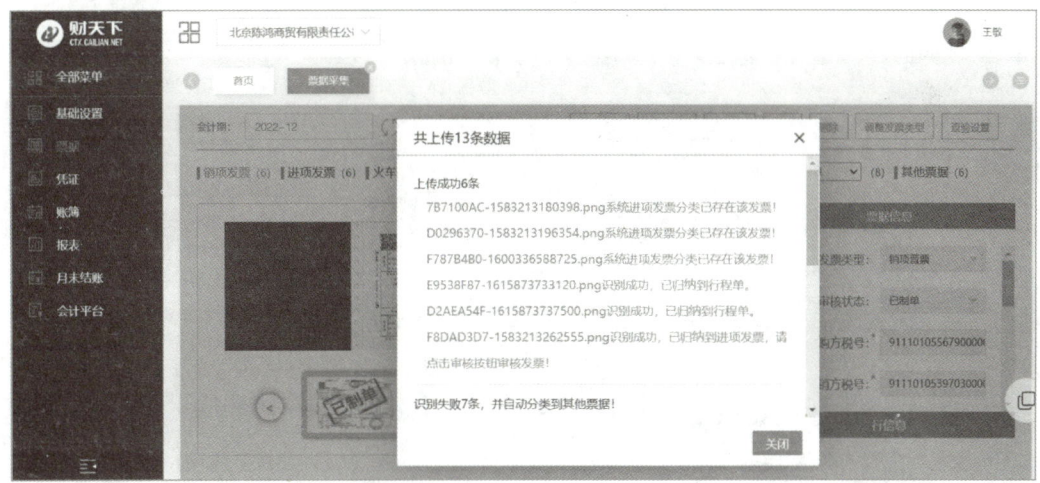

图1-2-72　票据上传成功页面

（4）核对信息及查验。票据上传结束需要进行信息核对，票据审核界面如图1-2-73和图1-2-74所示。若出现票面不清晰等错误情况，需要核对右侧自动识别的票据信息。其中可以利用放大功能，对电子版票据进行局部放大和缩小，重点关注票面信息中票面金额等信

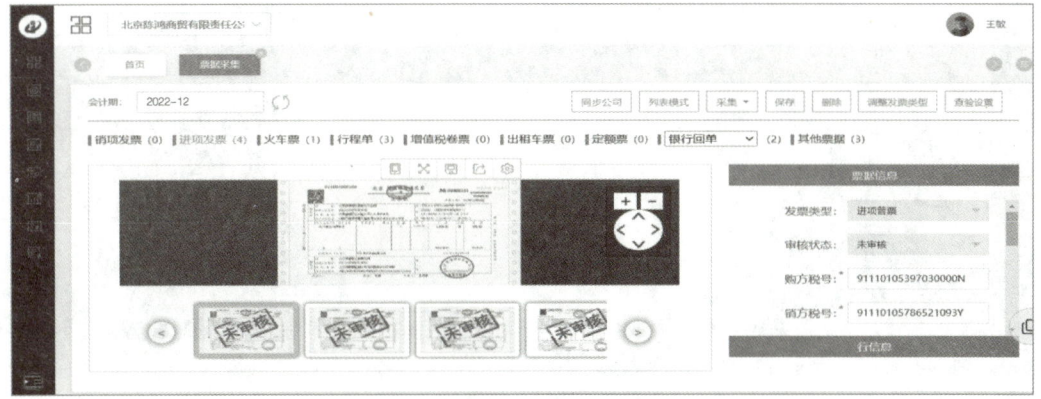

图1-2-73　票据审核页面(1)

息是否采集正确,与行信息是否一致。若数据与票面信息不一致,可以手动修改行信息及票据信息。若采集的票面信息经核对无误,单击"保存"按钮即可。信息核对无误后,输入校验码,单击"审核"按钮,如图1-2-75至图1-2-77所示。

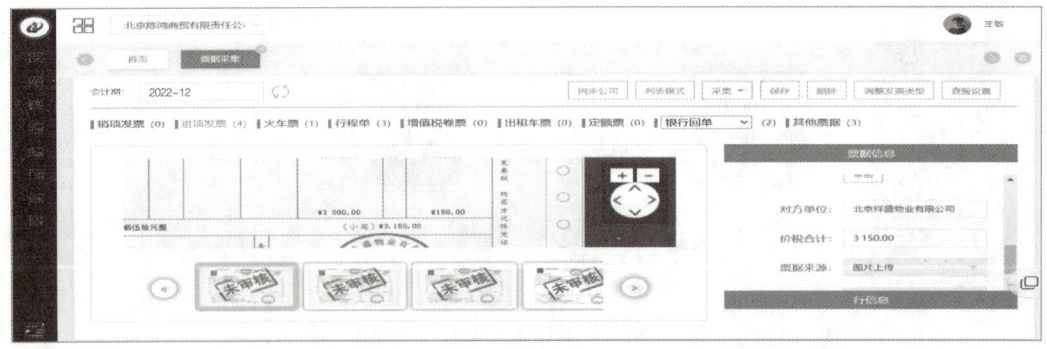

图1-2-74　票据审核页面(2)

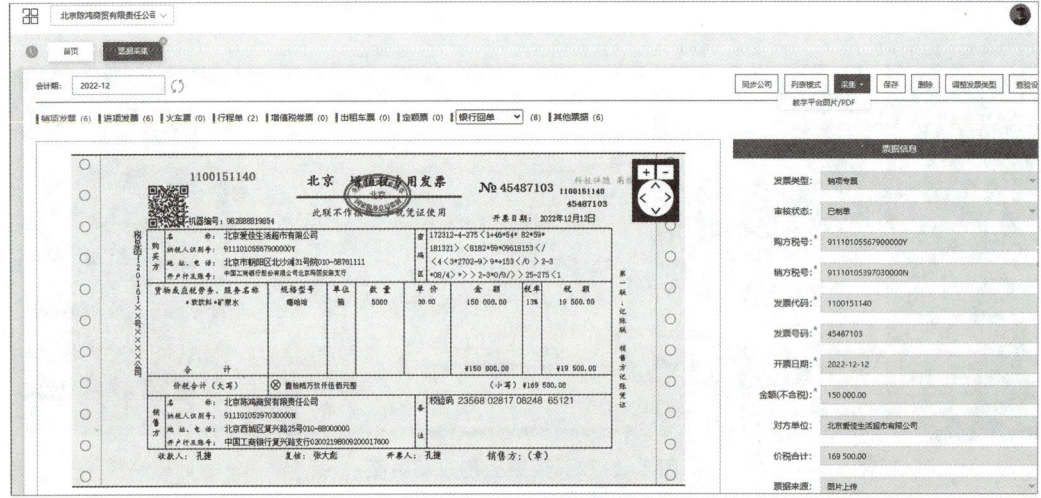

图1-2-75　票据信息审核

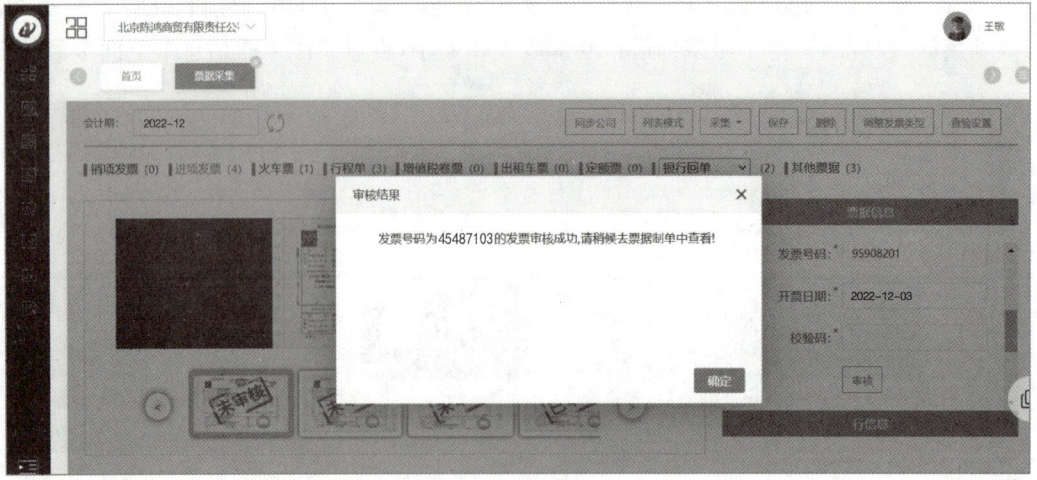

图1-2-76　查验成功页面

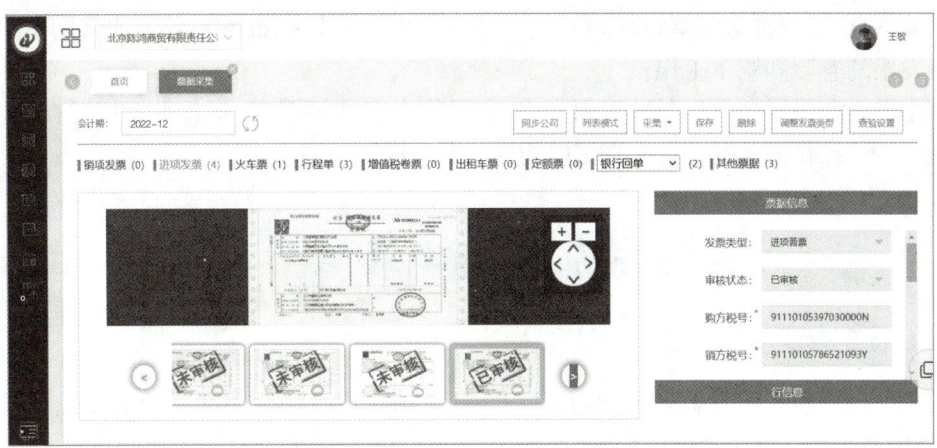

图 1-2-77 审核后保存页面

同时也可以在左侧菜单栏中选择"凭证—票据制单"中查看凭证,并对凭证进行审核与管理,如图 1-2-78 和图 1-2-79 所示。

图 1-2-78 选择票据制单

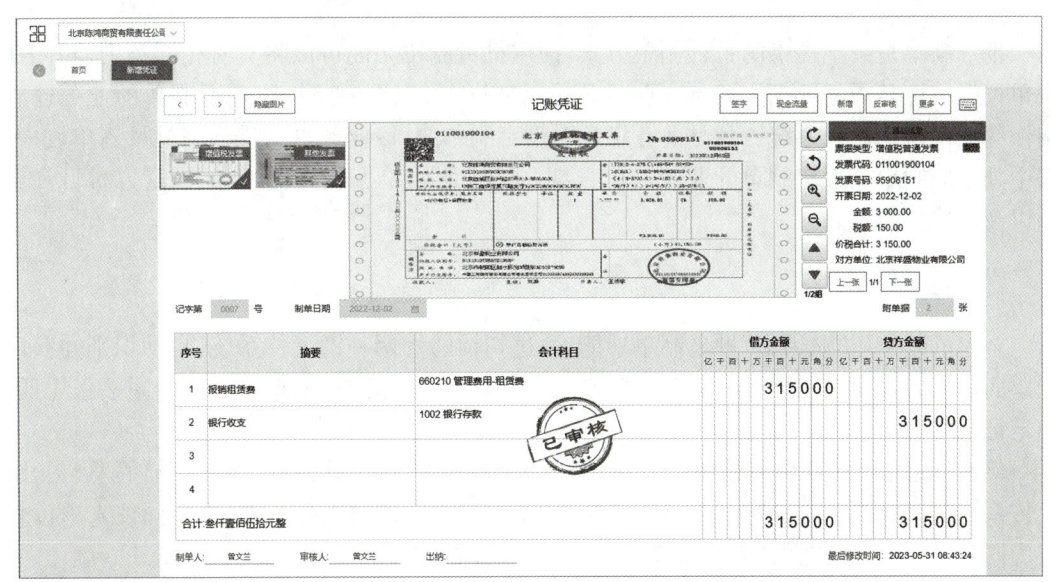

图 1-2-79 凭证管理页面

其中对于无法自动生成凭证或者出现错误的情况,可手动填写或者对记账凭证进行修改。在"财天下"上,使用扫描软件快速对费用类发票进行扫描,自动识别一键上传系统,抓取全票面信息,实现批量制单、自动生产记账凭证,以提高效率、准确率的方式帮助中小微企业实现发票的查验和制单工作。

中小微企业每天会发生各种费用支出,会取得众多费用票据,将各类费用票据整理好,使用"财天下"操作简单、快捷,实现记账凭证一键生成。

任务五　批量制单

一、任务场景

共享中心理票员周明于 2022 年 12 月 25 日接到客户飞扬公司交来的大量应收账款票据(示例图略),经认真审核无误后签收。

二、任务布置

共享中心员工周明按照合同业务要求对飞扬公司的票据进行整理并进行批量制单,具体要求如下:

(1) 对签收的应收账款票据进行检查,核对是否完整。
(2) 对应收账款票据进行汇总。
(3) 每张纸质票据通过扫描或拍照,将纸质票据转换成电子影像文件。
(4) 采集票据影像文件,自动识别票据并人工校验。
(5) 使用批量制单功能自动生成记账凭证并进行人工校验,或人工修改记账凭证。

三、知识点讲解

批量制单是系统提供的一种制单方式,使用批量制单功能可以将具有相同类别、相同往来单位等属性相同的单据合并到一张凭证上,该功能可以同时将一批需要制单的业务连续制作凭证传递到总账系统。凡是业务发生时没有制单的,该业务自动排列到批量制单表中,表中列示应制单而没有制单的业务发生日期、类型、原始单据编号,默认的借贷方科目和金额以及制单选择标志。

四、业务操作

企业可以使用"财天下"批量制单功能,通过扫描的发票一键上传系统,自动识别并获取全票面信息后,单击"票据—票据制单",确认会计日期,将相同往来单位合并为同一张凭证,确定记账凭证的过程。

例如:北京陈鸿商贸有限责任公司,使用"财天下"平台票据模板,通过扫描的发票一键上传系统,自动识别并获取全票面信息,单击"票据制单",确认会计日期,将相同往来单位合并为同一张凭证,具体批量制单操作流程如下:

(1) 登录"财天下",在全部菜单中选择"凭证"选项,单击"票据制单"按钮,选择需要批量制单的选项(可全选),如图 1-2-80 所示。

(2) 单击右上方"生成凭证"按钮,选择"相同往来单位合并成一张凭证"或者其他选项,确认入账时间,单击"确定"按钮,完成批量制单,如图 1-2-81 所示。

图 1-2-80 票据制单

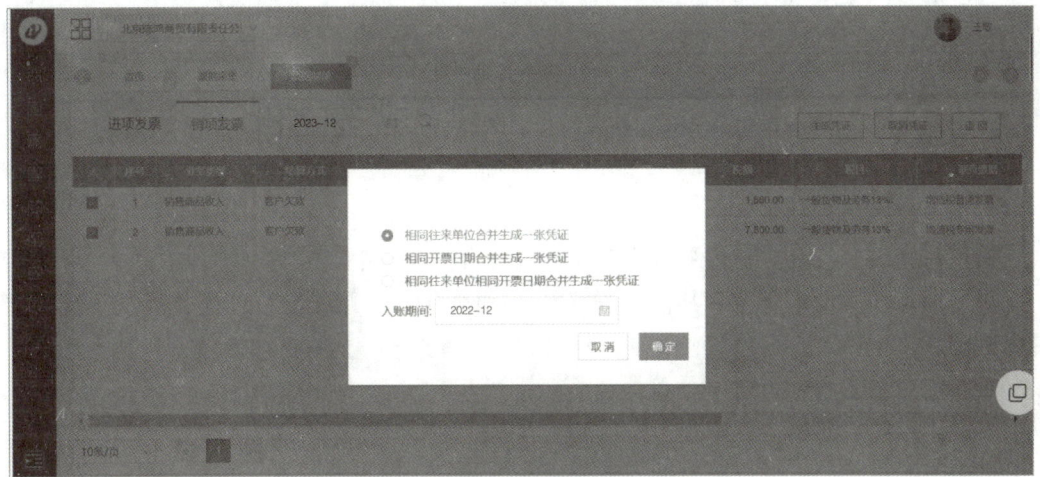

图 1-2-81 完成批量制单

由计算机完成单据制单,可以极大地减轻了制单人员的劳动强度。批量制单也是计算机制单的一种方式,可以将具有相同类别、相同往来单位等相同属性的单据生成到一张凭证上,简化了制单过程,加快了制单速度。

工作领域三　中小微企业财税规范性审核

技能目标

1. 能够熟练掌握企业日常会计核算和企业账务处理方法。
2. 能够掌握原始票据、记账凭证、科目余额表及财务报表的审核方法。
3. 熟悉掌握季度财税业务的审核。
4. 能够对年度财税业务进行审核。
5. 能够对年度所得税汇算清缴进行复核。

任务一　日常财务业务审核

一、任务场景

对工作领域二任务一至任务五中陈鸿公司日常票据所生成的凭证进行审核。

温馨提示：假设本月没有其他业务发生，请对公司本月账务进行计提、结转各项税费等月末处理。

二、任务布置

共享中心员工郑晓波按照合同业务要求对陈鸿公司财税业务进行审核，具体要求如下：
（1）审核原始票据。
（2）审核记账凭证。
（3）审核科目余额表。
（4）审核财务报表。

三、知识点讲解

（一）原始票据审核

原始票据审核是按照规定结合日常财务工作对原始凭证进行的审查与核实。会计人员要对自制或外来的原始凭证进行审核，通过审核原始凭证，检查企业执行国家的方针、政策、法规和制度的情况，加强资金管理，保证会计核算的质量，防止发生贪污、舞弊等违法行为。企业会计原始票据审核的内容主要包括真实性审核、完整性审核和合法性审核三个方面。

1. 真实性审核

真实性是指原始票据上反映的应当是经济业务的本来面目，不得掩盖、歪曲和颠倒真实情况。

(1) 经济业务双方当事单位和当事人必须是真实的。

(2) 经济业务发生的时间、地点、填制凭证的日期必须是真实的。

(3) 经济业务的内容必须是真实的。

(4) 经济业务的"量"必须是真实的。

(5) 单价、金额必须是真实的。

2. 完整性审核

完整性是指原始票据应具备的要素要完整、手续要齐全。

3. 合法性审核

合法性是要按照会计法规、会计制度(包括本单位制定的正在使用的内部会计制度)和计划预算等法律法规进行会计业务核算。在实际工作中,违法的原始票据主要有三种情况,审核时要加以注意:

(1) 明显的假发票、假车票。

(2) 虽是真实的发票,但制度规定不允许报销的票据。

(3) 虽能报销,但制度对报销的比例或金额有明显限制的票据,超过比例和限额的不能报销。

(二) 记账凭证审核

为了保障会计信息的质量,在记账之前应由有关稽核人员对记账凭证进行严格的审核。审核的主要内容包括以下几点。

1. 内容是否真实

审核记账凭证是否有原始凭证为依据,所附原始凭证的内容与记账凭证的内容是否一致,记账凭证汇总表的内容与其所依据的记账凭证的内容是否一致等。

2. 项目是否齐全

审核记账凭证各项目的填写是否齐全,如日期、凭证编号、摘要、会计科目、金额、所附原始凭证张数及有关人员签章。

3. 科目是否正确

审核记账凭证的应借、应贷科目是否正确,是否有明细账户对应关系,所使用的会计科目是否符合企业会计准则等规定。

4. 金额是否正确

审核记账凭证所记录的金额与原始凭证的有关金额是否一致,计算是否正确,记账凭证汇总表的金额与记账凭证的金额合计是否相符等。

5. 书写是否规范

审核记账凭证中的记录是否文字工整、数字清晰,是否按规定进行更正等。

6. 手续是否完备

审核出纳人员在办理收款或付款业务后,是否已在原始凭证上加盖"收讫"或"付讫"的标记。

(三) 科目余额表复核

1. 会计科目余额

对于库存现金、银行存款、库存商品、固定资产净值等资产类科目,科目余额一般不能为负数,如果科目余额为负数,则需要审核并查找原因。

损益类科目期末结转后,期末余额应该为 0。如果结转后仍然有余额,其原因可能为:①费用类科目在凭证录入时一般为借方发生额,若出现贷方发生额,则系统将无法结转本年利润,因此以借方负数显示;②在新增损益类二级科目时,若本月有发生额,但在结转本年利润时系统未能将新增二级科目的借方(或贷方)发生额结转,导致期末仍有余额。

2. 新增科目性质

智能财税共享平台新增二级明细会计科目时,只需要输入上级科目以及需要添加的二级明细科目名称即可,余额方向是系统根据上级科目性质自动默认,这样可以避免因新增会计科目余额方向选错,造成报表不平的情况。

(四) 财务报表复核

财务报表复核是保证会计报表质量的一项重要措施。企业财务会计报表编制完成后,在报送之前,必须由单位会计主管和单位负责人进行复核。会计报表复核的内容主要包括以下几个方面:

(1) 报表所列金额与账簿记录是否一致。

(2) 报表的项目是否填列齐全。

(3) 报表的各项数字计算是否正确。

(4) 相关报表之间有关数字的勾稽关系是否正确,衔接一致。

(5) 会计报表的附注是否符合有关要求。

四、业务操作

(1) 登录"财天下",在界面左上角先选择公司名称,在左侧菜单栏中选择"凭证"选项,单击"凭证管理"按钮,进入凭证管理界面,单击"审核"按钮,完成所有记账凭证的审核业务,如图 1-3-1 所示。

图 1-3-1　记账凭证审核

(2) 在左侧菜单栏中选择"报表"选项,单击"财务报表"按钮,进入财务报表界面,单击"审核"按钮,完成所有财务报表的审核业务,如图 1-3-2 所示。

(3) 在左侧菜单栏中选择"月末结账"选项,进入月末结账界面,单击"计算"按钮,单击"生成凭证"按钮,自动生成记账凭证并进行查看记账凭证的操作。完成所有预置结转方案业务的操作,如图 1-3-3 所示。

图 1-3-2 财务报表审核

图 1-3-3 企业月末结转

（4）在左侧菜单栏中选择"月末结账"选项，进入月末结账界面，单击"自定义结转"按钮，进行计提所得税的自定义结转操作，如图 1-3-4 所示。单击"计算"按钮，生成记账凭证，完成查看记账凭证的操作。

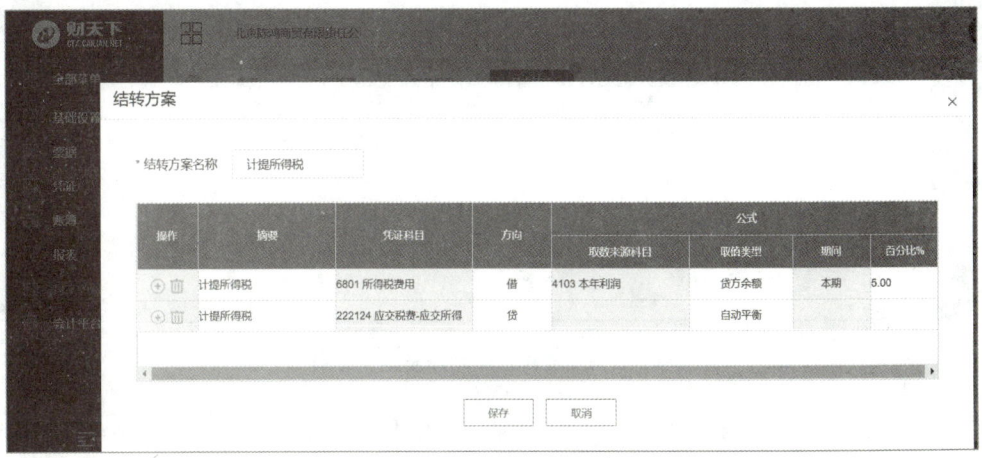

图 1-3-4 计提所得税自定义结转

（5）在左侧菜单栏中选择"月末结账"选项，进入月末结账界面，单击"自定义结转"按钮，进行结转所得税的自定义结转操作，如图1-3-5所示。单击"计算"按钮，生成记账凭证，完成查看记账凭证的操作。

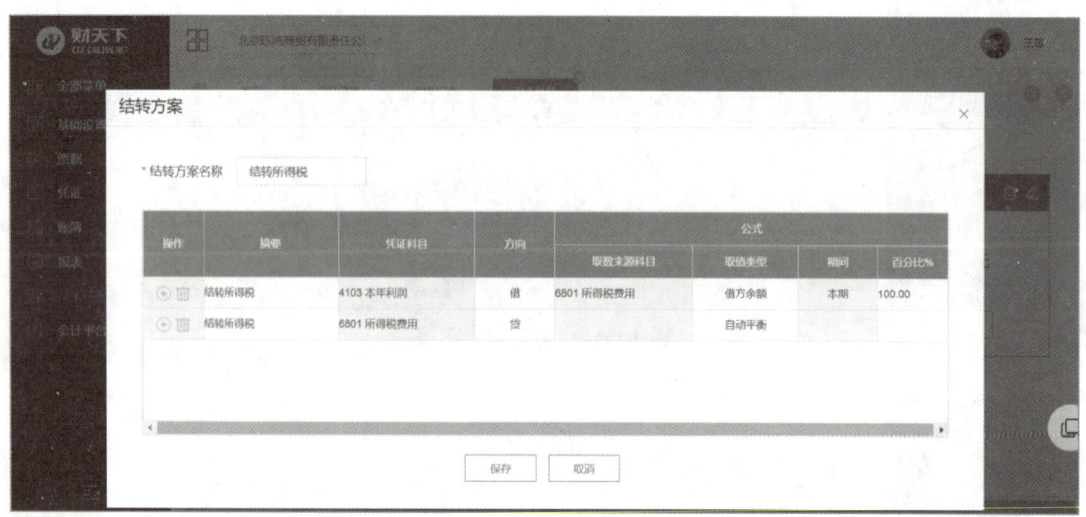

图1-3-5　结转所得税自定义结转

（6）在左侧菜单栏中选择"月末结账"选项，进入月末结账界面，单击"自定义结转"按钮，进行结转本年利润的自定义结转操作，如图1-3-6所示。单击"计算"按钮，生成记账凭证，完成查看记账凭证的操作。

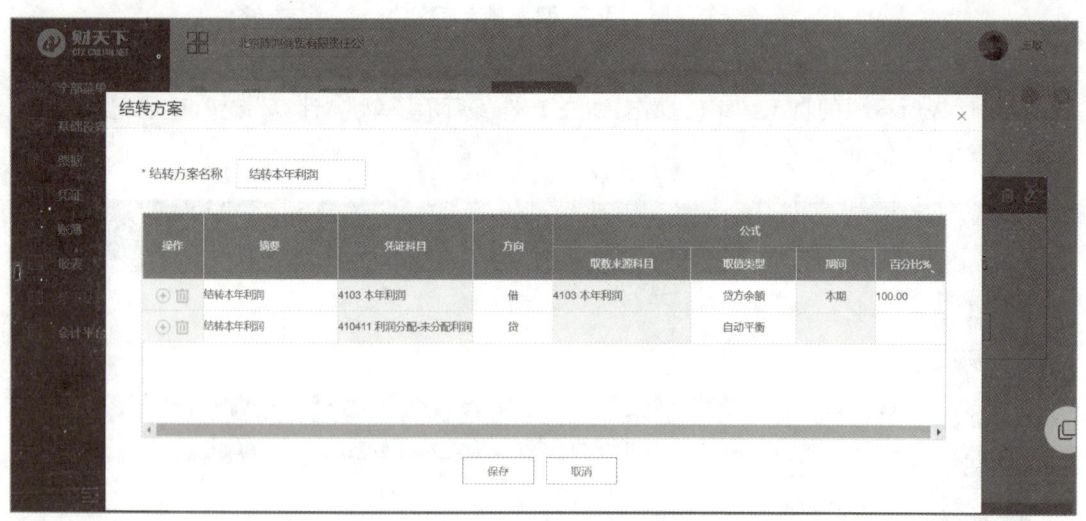

图1-3-6　结转本年利润自定义结转

（7）在左侧菜单栏中选择"月末结账"选项，进入月末结账界面，选择本次结账的会计期间（2023年1月），单击"月末检查结转"按钮，进行月末结账的业务操作，显示已完成，表明该月已顺利完成结账操作，如图1-3-7和图1-3-8所示。

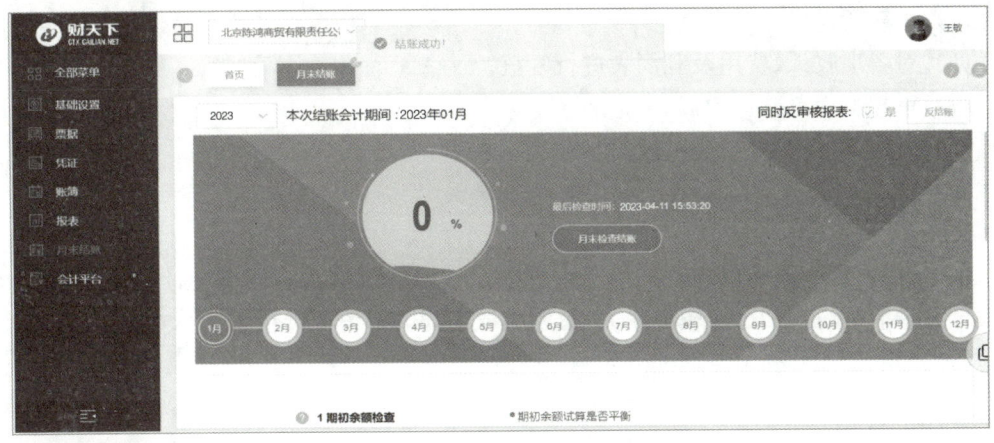

图 1-3-7　月末结账操作界面

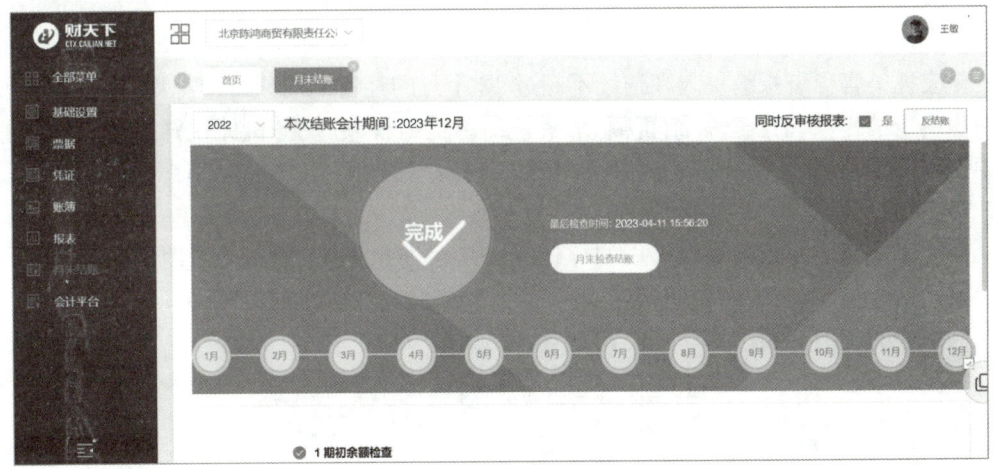

图 1-3-8　月末结账操作成功界面

任务二　季度财税业务审核

一、任务场景

共享中心财务管家郑晓波于 2023 年 1 月 5 日对陈鸿公司的增值税申报表和企业所得税月(季)预缴纳税申报表进行审核。

二、任务布置

财税共享中心员工郑晓波按照合同业务要求对陈鸿公司的增值税和企业所得税纳税申报进行审核,一般纳税人月度增值税审核具体要求如下:

(1) 审核会计科目余额。
(2) 审核销售收入金额、审核增值税进项税金额。
(3) 审核增值税减免税额。
(4) 审核增值税月度申报表。

(5) 季度所得税业务审核。
(6) 对各项收入、费用及利润表进行复核。
(7) 审核所得税减免税额。
(8) 对所得税季度申报表进行复核。

三、知识点讲解

依据《增值税一般纳税人资格认定管理办法》，增值税纳税人按照会计核算水平和经营规模分为一般纳税人和小规模纳税人，分别采取不同的增值税计税方法。

（一）增值税纳税人类别的认定

1. 一般纳税人认定标准及计税方法

1) 认定标准

一般纳税人是指年应征增值税销售额（以下简称年应税销售额）超过财政部规定的小规模纳税人标准的企业和企业性单位。

年应税销售额是指纳税人在连续不超过 12 个月的经营期内累计应征增值税销售额，包括纳税申报销售额、稽查查补销售额、纳税评估调整销售额、税务机关代开发票销售额和免税销售额。经营期，是指在纳税人存续期内的连续经营期间，含未取得销售收入的月份。

2) 计税方法

我国目前对于一般纳税人采用的计税方法是购进扣税法，即先按当期销售额和适用税率计算出销项税额，然后对当期购进项目已经缴纳的税款进行抵扣，从而间接计算出对当期增值额部分的应纳税额。其计算公式如下：

$$当期应纳税额 = 当期销项税额 - 当期进项税额$$

2. 小规模纳税人认定标准及计税方法

1) 认定标准

小规模纳税人是指年销售额在规定标准以下，并且会计核算不健全，不能按规定报送有关税务资料的增值税纳税人。会计核算不健全是指不能正确核算增值税的销项税额、进项税额和应纳税额。自 2018 年 5 月 1 日起，销售货物或者加工、修理修配劳务，销售服务、无形资产、不动产的增值税纳税人，年应税销售额 500 万元及以下的为小规模纳税人。

2) 计税方法

小规模纳税人按简易办法计算应纳税额，按照销售额和规定的征收率计算应纳税额，不得抵扣进项税额。应纳税额计算公式如下：

$$当期应纳税额 = 不含税销售额 \times 征收率$$

（二）小微企业增值税优惠政策

根据《财政部 税务总局关于明确增值税小规模纳税人减免增值税等政策的公告》（财政部 税务总局公告〔2023〕1号），自 2023 年 1 月 1 日至 2023 年 12 月 31 日，对月销售额 10 万元以下（含本数）的增值税小规模纳税人，免征增值税。自 2023 年 1 月 1 日至 2023 年 12 月 31 日，增值税小规模纳税人适用 3% 征收率的应税销售收入，减按 1% 征收率征收增值税；适用 3% 预征率的预缴增值税项目，减按 1% 预征率预缴增值税。

(三) 小型微利企业所得税优惠政策

2022年3月14日,财政部和税务总局联合发布《财政部 税务总局关于进一步实施小微企业所得税优惠政策的公告》(财政部 税务总局公告〔2019〕13号)规定:对小型微利企业年应纳税所得额超过100万元但不超过300万元的部分,减按25%计入应纳税所得额,按20%的税率缴纳企业所得税。

四、业务操作

(1) 登录金税师共享平台(以下简称"金税师"),在首页左侧菜单栏中找到"纳税工作台"选项,单击"纳税工作台"选项,进入纳税工作台界面,选择申报日期(2023年1月),进入到纳税申报界面,如图1-3-9和1-3-10所示。

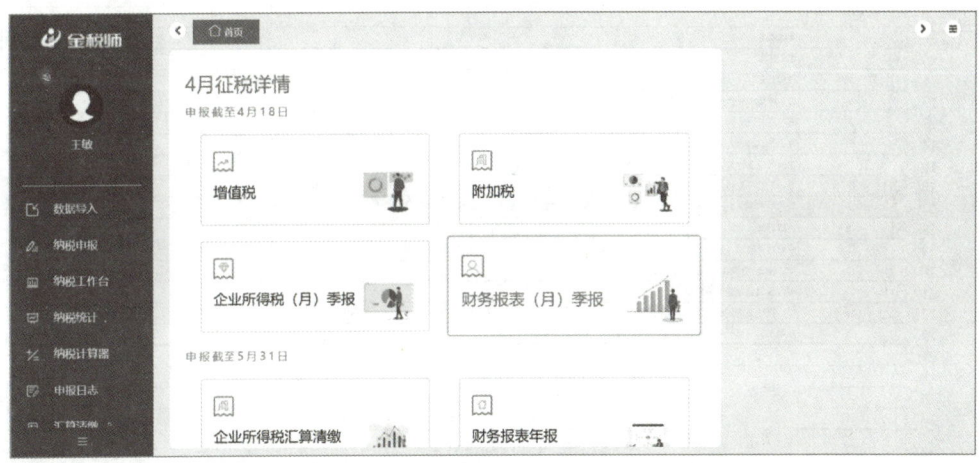

图1-3-9 "金税师"首页

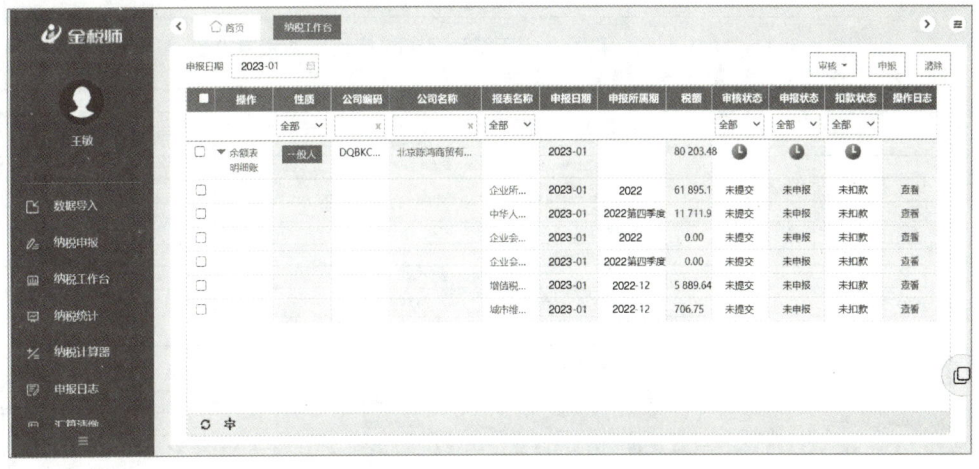

图1-3-10 纳税申报操作页面

(2) 在纳税工作台页面,报表名称选择"中华人民共和国企业所得税月(季)度预缴纳税申报表(A类)"选项,进入企业所得税纳税申报表的填写界面,如图1-3-11所示。完成按季度填报信息,(根据任务情境描述的资料进行填写,判断是否符合小型微利企业标准,进而判定是否享受企业所得税税收优惠政策。)在更多选项中点击"重算"按钮,再点击"审核"按钮,如图 1-3-12 所示。通过审核,最后点击“申报”按钮,确定是否申报,点击“确定”按钮完成企业所得税纳税申报表的申报操作,最后可以在申报日志中进行查看申报记录。

首页 纳税工作台 申报日志

申报成功 申报日期 2023年01月 北京陈鸿商贸有限责任... 中华人民共和国企业所

	A–B	C–F	G–J	K
1	中华人民共和国企业所得税月（季）度预缴纳税申报表（A类）			
2	税款所属时间自 2022 年 10 月 01 日到 2022 年 12 月 31 日			
3	纳税人识别号：	91110105397030000N		
4	纳税人名称：	北京陈鸿商贸有限责任公司		金额单位：人民币元(列至角分)
5	预缴方式	按照实际利润额预缴		
6	企业类型	一般企业		
7	预缴税款计算			
8	行次	项　目		本年累计金额
9	1	营业收入		540000.00
10	2	营业成本		255000.00
11	3	利润总额		234239.65
12	4	加：特定业务计算的应纳税所得额		
13	5	减：不征税收入		
14	6	减：免税收入、减计收入、所得减免等优惠金额（填写A201010）		0.00
15	7	减：固定资产加速折旧（扣除）调减额（填写A201020）		0.00
16	8	减：弥补以前年度亏损		
17	9	实际利润额（3+4-5-6-7-8）\ 按照上一纳税年度应纳税所得额平均额确定的应纳税所得额		234239.65
18	10	税率(25%)		25.00%
19	11	应纳所得税额（9×10）		58559.91
20	12	减：减免所得税额（填写A201030）		46847.93
21	13	减：实际已缴纳所得税额		0.00
22	14	减：特定业务预缴（征）所得税额		
23	15	本期应补（退）所得税额（11-12-13-14）\ 税务机关确定的本期应纳所得税额		11711.98
24	汇总纳税企业总分机构税款计算			
25	16	总机构填报	总机构本期分摊应补（退）所得税额（17+18+19）	0
26	17		其中：总机构分摊应补（退）所得税额（15×总机构分摊比例_25_%）	0
27	18		财政集中分配应补（退）所得税额（15×财政集中分配比例_25_%）	0
28	19		总机构具有主体生产经营职能的部门分摊所得税额（15×全部分支机构分摊比例_50_%×总机构具有主体生产经营职能部门分摊比例__%）	0
29	20	分支机构填报	分支机构本期分摊比例	
30	21		分支机构本期分摊应补（退）所得税额	
31	附　报　信　息			

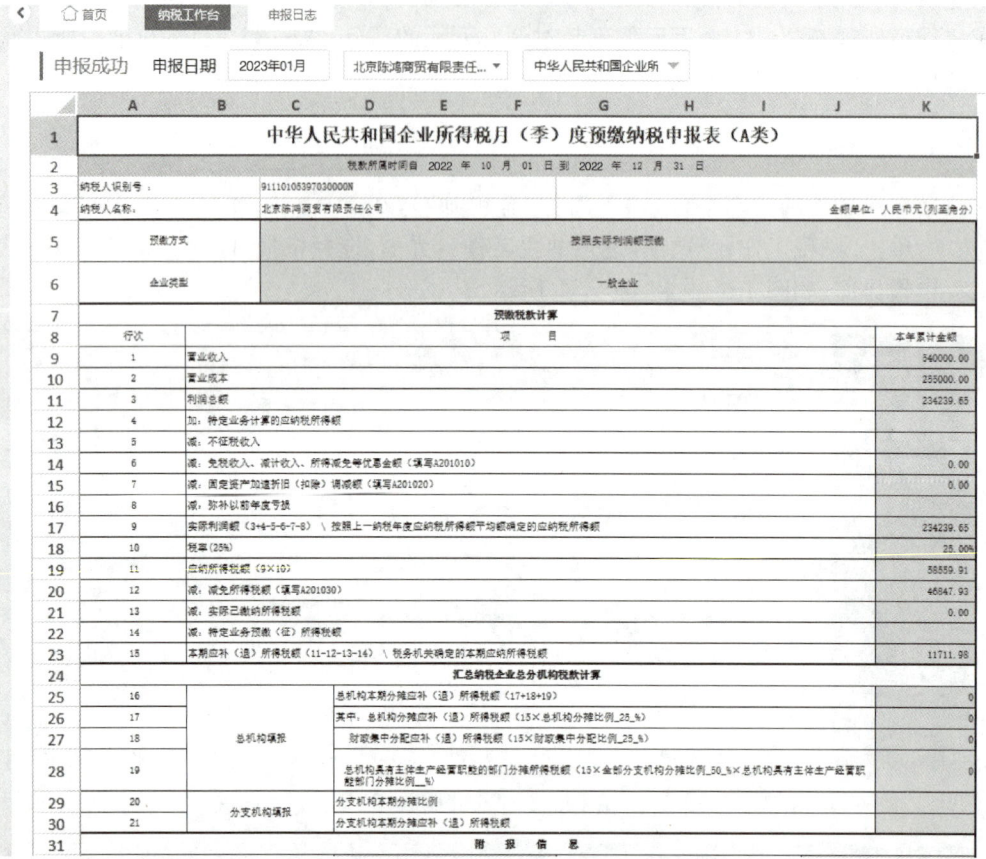

图 1-3-11　中华人民共和国企业所得税月(季)度预缴纳税申报表(A 类)

24	汇总纳税企业总分机构税款计算				
25	16	总机构填报	总机构本期分摊应补（退）所得税额（17+18+19）		0
26	17		其中：总机构分摊应补（退）所得税额（15×总机构分摊比例_25_%）		0
27	18		财政集中分配应补（退）所得税额（15×财政集中分配比例_25_%）		0
28	19		总机构具有主体生产经营职能的部门分摊所得税额（15×全部分支机构分摊比例_50_%×总机构具有主体生产经营职能部门分摊比例__%）		0
29	20	分支机构填报	分支机构本期分摊比例		
30	21		分支机构本期分摊应补（退）所得税额		
31	附　报　信　息				
32	高新技术企业		否	科技型中小企业	否
33	技术入股递延纳税事项		否		
34	按　季　度　填　报　信　息				
35	季初从业人数		8	季末从业人数	8
36	季初资产总额（万元）		88.78	季末资产总额（万元）	92.08
37	国家限制或禁止行业		否	小型微利企业	是
38	谨声明：此纳税申报表是根据《中华人民共和国企业所得税法》《中华人民共和国企业所得税法实施条例》以及有关税收政策和国家统一会计制度的规定填报的，是真实的、可靠的、完整的。				
39			纳税人（签章）：		年　月　日
40	经办人：			受理人：	
41	经办人身份证号：				
42	代理机构签章：			受理税务机关（章）：	
43	代理机构统一社会信用代码：			受理日期：	年　月　日

图 1-3-12　中华人民共和国企业所得税月(季)度预缴纳税申报表(A 类)

（3）在纳税工作台页面，报表名称选择“增值税纳税申报表(适用于一般纳税人)”选项，单击进入增值税纳税申报表的填写界面，如图 1-3-13 所示。完成增值税纳税申报表填报信息[包括增值税纳税申报表附列资料一(本期销售情况明细)，如图 1-3-14 所示；增值税纳税申报表附列资料二(本期进项税额明细)，如图 1-3-15 所示等的填写]。在更多选项中点击“重算”按钮，再点击“审核”按钮，通过审核后点击“申报”按钮。确定是否申报，点击“确定”按钮完成企业增值税纳税申报表的申报操作，最后可以在申报日志中进行查看申报记录。

增值税纳税申报表
（适用于增值税一般纳税人）

根据《中华人民共和国增值税暂行条例》和《交通运输业和部分现代服务业营业税改征增值税试点实施办法》的规定制定本表。纳税人不论有无销售额，均应按主管税务机关核定的纳税期限按期填报本表，并于次月一日起十五日内，向当地税务机关申报。

税款所属时间自 2022 年 12 月 1 日到 2022 年 12 月 31 日　填表日期：　年　月　日　金额单位：元至角分

纳税人识别号：	91110105397030000N	所属行业：	
纳税人名称（公章）	北京陈鸿商贸有限责任公司	法定代表人姓名	
注册地址		生产经营地址	
开户银行及账号		登记注册类型	
电话号码			

项目		栏次	一般项目 本月数	一般项目 本年累计	即征即退项目 本月数	即征即退项目 本年累计
销售额	（一）按适用税率计税销售额	1	540000.00	540000.00	0.00	0.00
	其中：应税货物销售额	2	540000.00	540000.00		0.00
	应税劳务销售额	3	0.00	0.00		0.00
	纳税检查调整的销售额	4	0.00	0.00		0.00
	（二）按简易办法计税销售额	5	0.00	0.00		0.00
	其中：纳税检查调整的销售额	6		0.00		0.00
	（三）免、抵、退办法出口销售额	7	0.00	0.00	—	—
	（四）免税销售额	8	0.00	0.00	—	—
	其中：免税货物销售额	9	0.00	0.00	—	—
	免税劳务销售额	10	0.00	0.00	—	—
税款计算	销项税额	11	63000.00	63000.00	0.00	0.00
	进项税额	12	27960.37	27960.37		0.00
	上期留抵税额	13	29150.00	0.00		—
	进项税额转出	14	0.00	0.00		0.00
	免、抵、退应退税额	15		0.00	—	—
	按适用税率计算的纳税检查应补缴税额	16		0.00	—	—
	应抵扣税额合计	17	57110.37	—	0.00	—
	实际抵扣税额	18	57110.37	0.00	0.00	0.00
	应纳税额	19	5889.63	5889.63	0.00	0.00
	期末留抵税额	20	0.00	0.00	0.00	—
	简易计税办法计算的应纳税额	21	0.00	0.00	0.00	0.00
	按简易计税办法计算的纳税检查应补缴税额	22		0.00	—	—
	应纳税额减征额	23		0.00		0.00

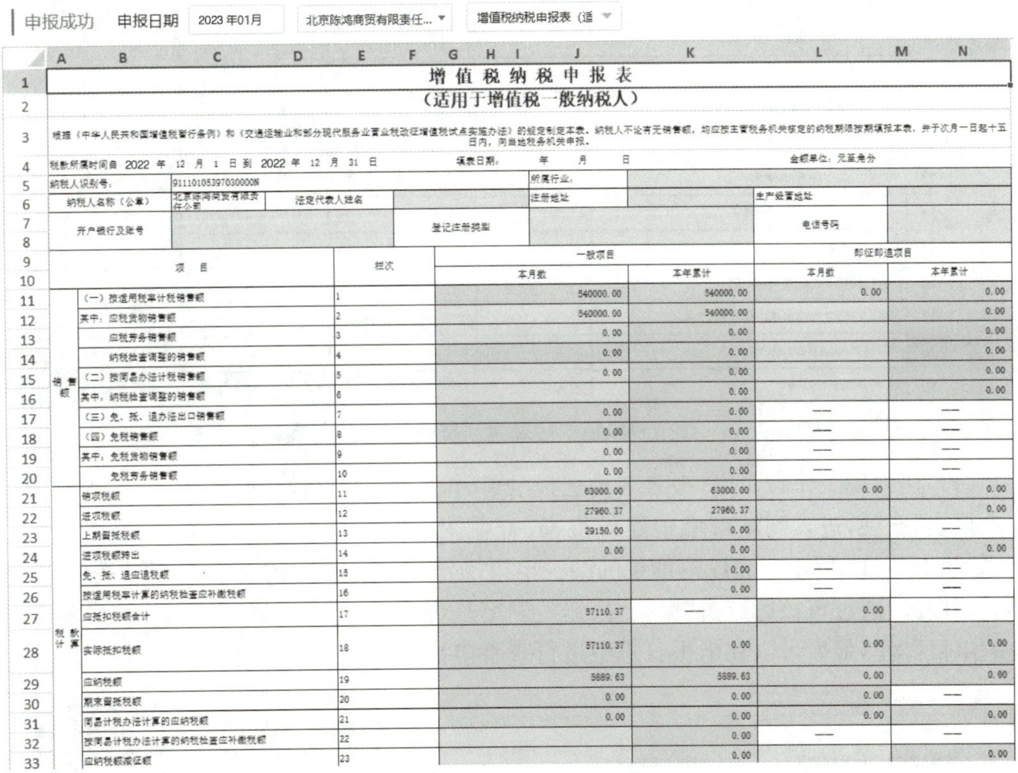

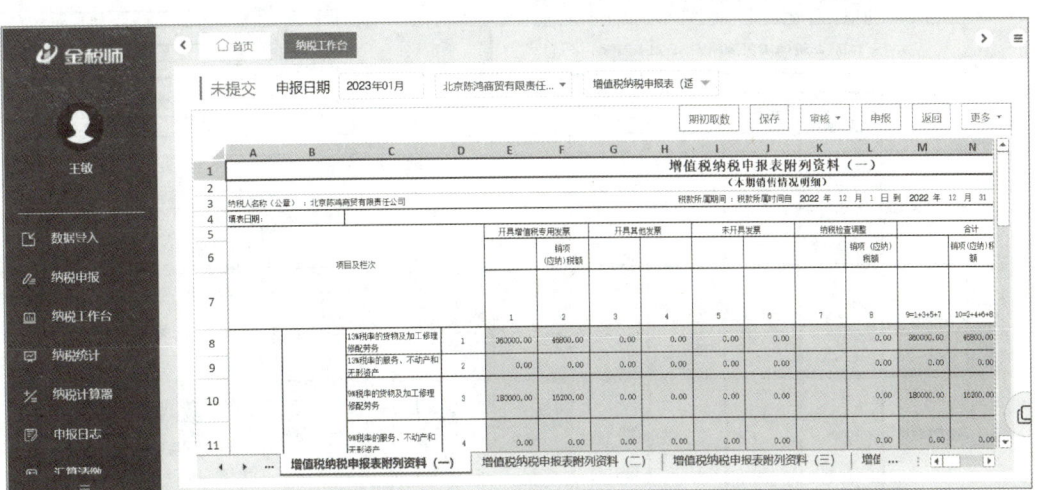

图 1-3-13　企业增值税纳税申报表(适用于一般纳税人)主表

增值税纳税申报表附列资料（一）
（本期销售情况明细）

纳税人名称（公章）：北京陈鸿商贸有限责任公司　税款所属期间：税款所属时间自 2022 年 12 月 1 日到 2022 年 12 月 31

填表日期：

项目及栏次		开具增值税专用发票	开具增值税专用发票 销项(应纳)税额	开具其他发票	开具其他发票	未开具发票	未开具发票	纳税检查调整	纳税检查调整 销项(应纳)税额	合计	合计 销项(应纳)税额
		1	2	3	4	5	6	7	8	9=1+3+5+7	10=2+4+6+8
13%税率的货物及加工修理修配劳务	1	360000.00	46800.00	0.00	0.00	0.00	0.00		0.00	360000.00	46800.00
13%税率的服务、不动产和无形资产	2	0.00	0.00	0.00	0.00	0.00	0.00		0.00	0.00	0.00
9%税率的货物及加工修理修配劳务	3	180000.00	16200.00	0.00	0.00	0.00	0.00		0.00	180000.00	16200.00
9%税率的服务、不动产和无形资产	4	0.00	0.00	0.00	0.00	0.00	0.00		0.00	0.00	0.00

图 1-3-14　增值税纳税申报表附列资料一(本期销售情况明细)

增值税纳税申报表附列资料（二）

（本期进项税额明细）

税款所属时间自 2023 年 12 月 1 日到 2023 年 12 月 31 日

纳税人名称（公章）：北京陈鸿商贸有限责任公司　　　　金额单位：元至角分

一、申报抵扣的进项税额				
项目	栏次	份数	金额	税额
（一）认证相符的增值税专用发票	1=2+3	0	216579.62	27960.27
其中：本期认证相符且本期申报抵扣	2	0	216579.62	27960.27
前期认证相符且本期申报抵扣	3			
（二）其他扣税凭证	4=5+6+7+8	0	0.00	0.00
其中：海关进口增值税专用缴款书	5			
农产品收购发票或者销售发票	6			
代扣代缴税收缴款凭证	7		—	0.00
加计扣除农产品进项税额	8a	—	—	
其他	8b	0	0.00	0.00
（三）本期用于构建不动产的扣税凭证	9	0	0.00	0.00
（四）本期用于抵扣的旅客运输服务扣税凭证	10	0	2579.63	140.27
（五）外贸企业进项税额抵扣证明	11	—	—	0.00
当期申报抵扣进项税额合计	12=1+4+11	0	216579.62	27960.27

图 1-3-15　增值税纳税申报表附列资料二(本期进项税额明细)

（4）在纳税工作台页面，报表名称选择“城市维护建设税、教育费附加、地方教育附加纳税申报表”选项，进入到城市维护建设税、教育费附加、地方教育附加纳税申报表的填写界面，如图 1-3-16 所示。完成附加税的纳税申报操作，在更多选项中点击“重算”按钮，再点击“审核”按钮，通过审核后点击“申报”按钮。确定是否申报，点击“确定”按钮完成其纳税申报表的申报操作，最后可以在申报日志中进行查看申报记录。

城市维护建设税　教育费附加　地方教育附加申报表

税款所属时间自 2023 年 11 月 1 日到 2023 年 11 月 30 日

纳税人识别号（统一社会信用代码）：91110105397030000N

纳税人名称：北京陈鸿商贸有限责任公司

本期是否适用增值税小规模纳税人减征政策(减免性质代码_城市维护建设税：07049901，减免性质代码_教育费附加：61049901，减免性质代码_地方教育附加：99049901)	否	减征比例_城市维护建设税（%）	
		减征比例_教育费附加（%）	
		减征比例_地方教育附加（%）	
本期是否适用试点建设培育产教融合型企业抵免政策		当期新增投资额	
		上期留抵可抵免金额	
		结转下期可抵免金额	

税（费）种	计税（费）依据					税率(征收率)	本期应纳税	本期减免税(费)额	
	增值税		消费税	营业税	合计			减免性质代码	减免税（费）额
	一般增值税	免抵税额							
	1	2	3	4	5=1+2+3+4	6	7=5*6	8	9
城市维护建设税	5889.63	0.00	0.00	0.00	5889.63	7.0000%	412.27	无	0.00
教育费附加	5889.63	0.00	0.00	0.00	5889.63	3.0000%	176.69	0061042802|按月纳税的月销售额或营业额不超过10万元缴纳义务人免征教育费附加|《财政部 国家税务总局关于扩大有关政府性基金免征范围的通知》 财税〔2016〕12号第一条	176.69
地方教育附加	5889.63	0.00	0.00	0.00	5889.63	2.0000%	117.79	0099042802|除小规模纳税人外月（季）销售额小于10（30）万元免征地方教育附加|《财政部 国家税务总局关于扩大有关政府性基金免征范围的通知》 财税〔2016〕12号第一条第（一）款	117.79
合计	—				17668.89	—	706.75	—	294.48

图 1-3-16　城市维护建设费、教育费附加、地方教育附加纳税申报操作页面

(5) 在"金税师"左侧菜单栏中选择"申报日志"选项,单击"申报日志"按钮,进入纳税工作台界面,选择申报日期(2023年1月),进入纳税申报日志查询界面,如图1-3-17所示。

图1-3-17 申报日志查询操作页面

工作领域四　小规模纳税人税收申报

 **技能目标**

1. 能够明确小规模纳税人和小微企业的认定标准并掌握增值税计算方法。
2. 能够掌握小规模纳税人增值税和企业所得税的优惠及减免规定。
3. 能够在智能化操作平台上对增值税和企业所得税进行纳税申报。
4. 能够对个人所得税进行账务处理并能在智能化税务操作平台上对计算扣除专项附加后的个人所得税费用进行正确的复核申报。

任务一　增值税纳税申报

一、任务情境

（一）任务场景

李自健是共享中心报税岗的一名员工，其岗位职责是对纳税客户的各项纳税项目进行纳税申报。2023年1月8日，李自健对飞扬公司小规模纳税人的增值税进行纳税季度申报。

（二）任务布置

共享中心员工李自健按照合同要求为飞扬公司第四季度的增值税进行纳税申报，具体要求如下：

（1）审核销售收入记账凭证。
（2）审核科目余额表。
（3）生成并补充填写增值税纳税申报表，填写增值税减免税额。
（4）增值税季度申报表检查无误后进行纳税申报。

二、工作准备

（一）知识准备

1. 小规模纳税人

关于小规模纳税人的认定标准，在工作领域三中已有描述，可参照前文，这里不再赘述。

2. 小规模纳税人增值税征收率

对小规模纳税人增值税采用简易征收办法，小规模纳税人适用的增值税税率称为征收率。

考虑到小规模纳税人经营规模小，且会计核算不健全，难以按增值税税率计税和使用增值税专用发票抵扣进项税额,因此实行按销售额与征收率计算应纳税额的简易办法征收增值税。自2014年7月1日起,小规模纳税人增值税征收率一律调整为3%。

小规模纳税人(除其他个人外)销售自己使用过的固定资产,减按2%征收率征收增值税,且只能开具普通发票,不得由税务机关代开增值税专用发票。

3. 小规模纳税人增值税的征收方式

小规模纳税人增值税主要有三种征收方式:查账征收、查定征收和定期定额征收。

(1) 查账征收:税务机关按照纳税人提供的账表所反映的经营情况,依照适用税率计算缴纳税款的方式。这种方式一般适用于财务会计制度较为健全,能够认真履行纳税义务的纳税单位。

(2) 查定征收:税务机关根据纳税单位的从业人员、生产设备、采购原材料等因素,对其生产制造的应税产品查定核定产量、销售额并据以征收税款的方式。这种方式一般适用于账册不够健全,但是能够控制原材料或进销货的纳税单位。

(3) 定期定额征收:税务机关通过典型调查、逐户确定营业额和所得额并据以征税的方式。这种方式一般适用于无完整考核依据的小型纳税单位。

4. 小规模纳税人增值税的税额计算

小规模纳税人按简易办法计算应纳税额,应纳税额计算公式为:

$$当期应纳税额 = 不含税销售额 \times 征收率$$

5. 小规模纳税人增值税申报时间

对于小规模纳税人,一般是以1个季度为一个纳税期限申报增值税,申报的时间是自每季度结束日起15日内申报纳税,特殊情况下,小规模纳税人也可以按月申报增值税。

6. 免税标准的判断

小规模纳税人在申报增值税时,应根据本单位的销售额规模判断是否能享受免征增值税的优惠政策。有关税法规定如下:

(1) 小规模纳税人发生增值税应税销售行为,合计月销售额未超过10万元(以1个季度为1个纳税期的,季度销售额未超过30万元,下同)的,免征增值税。

小规模纳税人发生增值税应税销售行为,合计月销售额超过10万元,但扣除本期发生的销售不动产的销售额后未超过10万元的,其销售货物、劳务、服务、无形资产取得的销售额免征增值税。

(2) 适用增值税差额征税政策的小规模纳税人,以差额后的销售额确定是否可以享受规定的免征增值税政策。"增值税纳税申报表(小规模纳税人适用)"中的"免税销售额"相关栏次,填写差额后的销售额。

(3) 按固定期限纳税的小规模纳税人可以选择以1个月或1个季度为一个纳税期限,一经选择,一个会计年度内不得变更。

(4)《中华人民共和国增值税暂行条例实施细则》第九条所称的其他个人,采取一次性收取租金形式出租不动产取得的租金收入,可在对应的租赁期内平均分摊,分摊后的月租金收入未超过10万元的,免征增值税。

(5) 转登记日前连续12个月(以1个月为一个纳税期)或者连续4个季度(以1个季度

为一个纳税期)累计销售额未超过500万元的一般纳税人,在2022年12月31日前,可选择转登记为小规模纳税人。

一般纳税人转登记为小规模纳税人的其他事宜,按照《国家税务总局关于统一小规模纳税人标准等若干增值税问题的公告》(国家税务总局公告〔2018〕18号)、《国家税务总局关于统一小规模纳税人标准有关出口退(免)税问题的公告》(国家税务总局公告〔2018〕20号)的相关规定执行。

(6) 按照现行规定应当预缴增值税税款的小规模纳税人,凡在预缴地实现的月销售额未超过10万元的,当期无须预缴税款。本公告下发前已预缴税款的,可以向预缴地主管税务机关申请退还。

(7) 小规模纳税人中的单位和个体工商户销售不动产,应按其纳税期、本公告第六条以及其他现行政策规定确定是否预缴增值税;其他个人销售不动产,继续按照现行规定征免增值税。

(8) 小规模纳税人月销售额未超过10万元的,当期因开具增值税专用发票已经缴纳的税款,在增值税专用发票全部联次追回或者按规定开具红字专用发票后,可以向主管税务机关申请退还。

(9) 小规模纳税人2022年1月份销售额未超过10万元(以1个季度为一个纳税期的,2022年第一季度销售额未超过30万元),但当期因代开普通发票已经缴纳的税款,可以在办理纳税申报时向主管税务机关申请退还。

(10) 小规模纳税人月销售额超过10万元的,可使用增值税发票管理系统开具增值税普通发票、机动车销售统一发票、增值税电子普通发票。

已经使用增值税发票管理系统的小规模纳税人,月销售额未超过10万元的可以继续使用现有税控设备开具发票;已经自行开具增值税专用发票的,可以继续自行开具增值税专用发票,并就开具增值税专用发票的销售额计算缴纳增值税。

7. 小规模纳税人申报增值税需要注意的事项

(1) 申报的增值税数据有两个来源,一是企业用税控器自己开具发票的金额,二是在税务机关代开的发票金额,申报时不可遗漏。

(2) 小规模纳税人申报增值税时要结合最新政策,检查本期是否符合免税条件,是否将金额填入正确的免税栏次。

(二) 操作准备

(1) 飞扬公司科目余额表。

(2) 飞扬公司资产负债表、利润表。

(3) 飞扬公司销售发票汇总表。

(三) 业务要领

2018年5月1日起,小规模纳税人的纳税申报纳入国家税务总局的增值税纳税申报比对管理。在申报时,须先将税控设备开票数据上传抄报,再进行申报,若未抄报税则不能提交申报数据。同时注意申报系统新增了逻辑校验关系。增值税纳税申报的票表比对是指,各类发票、凭证、备案资格等信息与申报表进行比对。其中小规模纳税人比对规则具体如下:

(1) 当期开具的增值税专用发票金额应不大于申报表填报的增值税专用发票销售额;

(2) 当期开具的增值税普通发票金额应不大于申报表填报的增值税普通发票销售额;

(3) 申报表中的预缴税额应不大于实际已预缴的税款;

(4) 除按规定不需要办理备案手续之外,当期申报免税销售额的,应当比对其增值税优惠备案信息。

三、业务流程

小规模纳税人增值税纳税申报业务处理流程如图1-4-1所示。

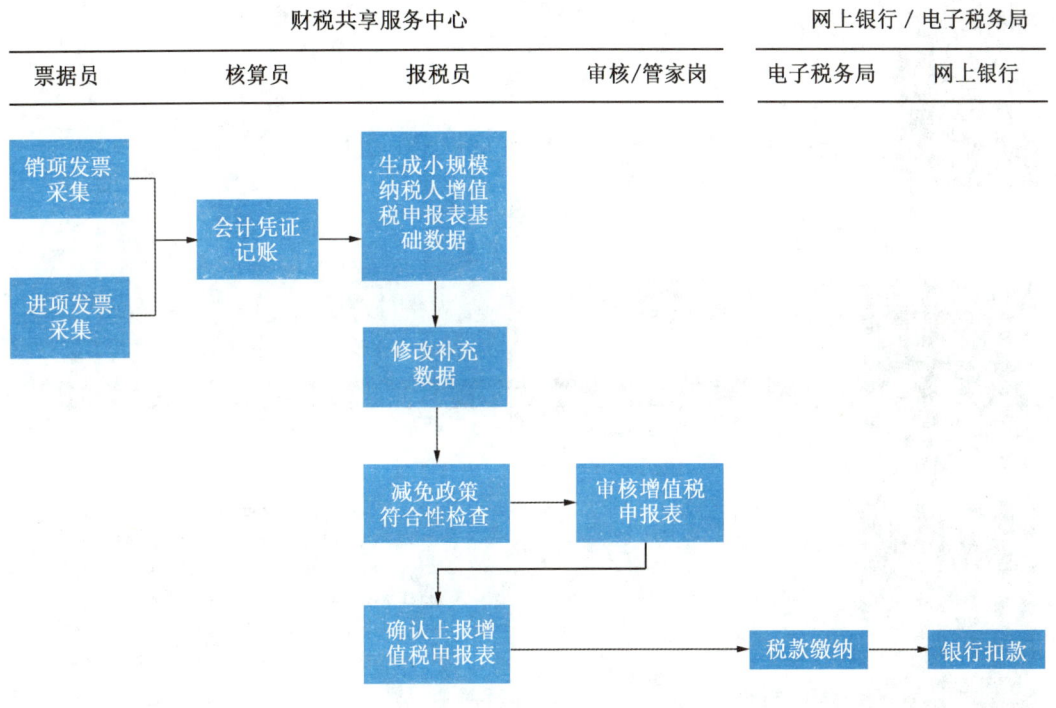

图1-4-1 小规模纳税人增值税纳税申报业务处理流程

四、业务操作

(一) 小规模纳税人税务申报表

对于在"财天下"完成建账并编制财务报表的企业,在"金税师"可直接自动生成纳税申报表,具体报税步骤如下:

首先登录纳税申报平台"金税师"界面,如图1-4-2所示。其次在左侧菜单栏单击"纳税工作台"选项,进入工作界面,如图1-4-3所示。

(二) 纳税申报表生成

(1) 查询与核对基本信息。选择并单击申报企业公司名称,进行基本信息和税务信息的查询与核对如图1-4-4至图1-4-6所示。

(2) 选择申报日期。基本信息查实无误的情况下,通过查看税务信息确定增值税申报是按照月份进行申报后,返回选择"申报日期"。小规模纳税人增值税申报一般为季度申报,

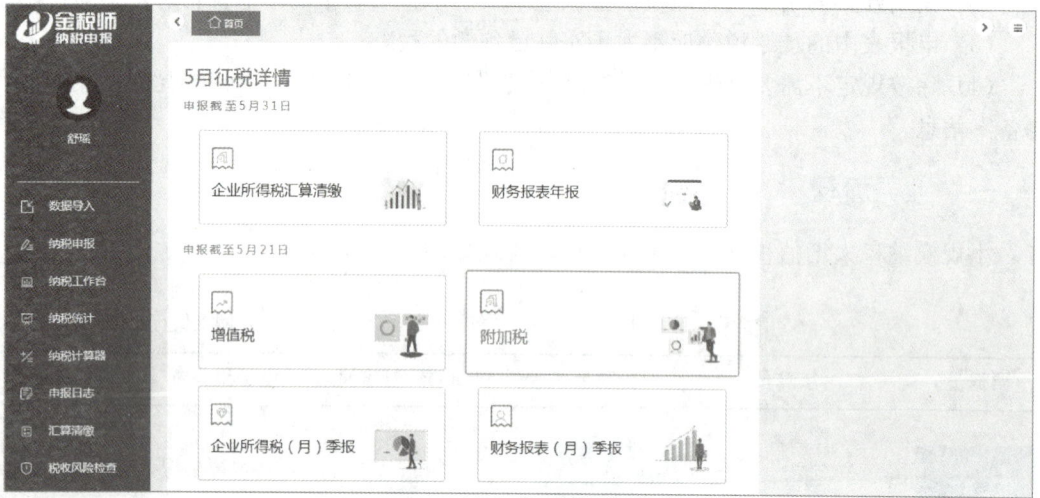

图1-4-2 "金税师"界面

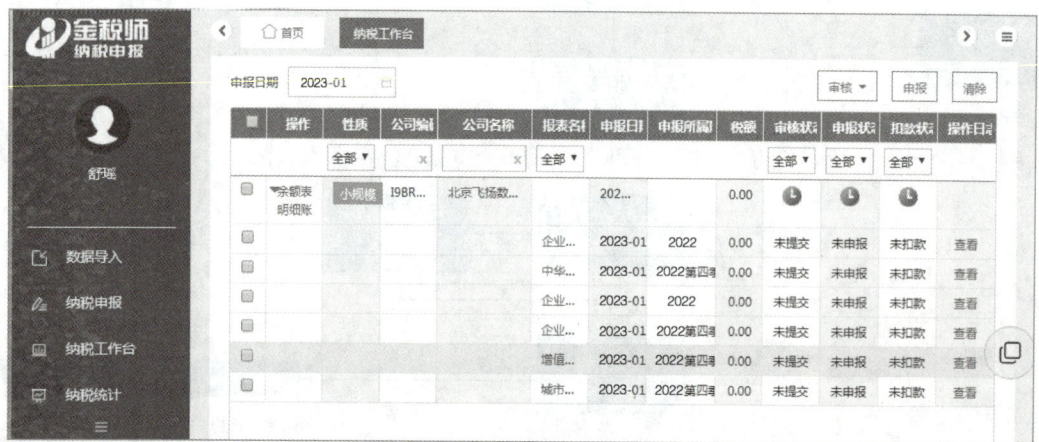

图1-4-3 纳税工作台界面

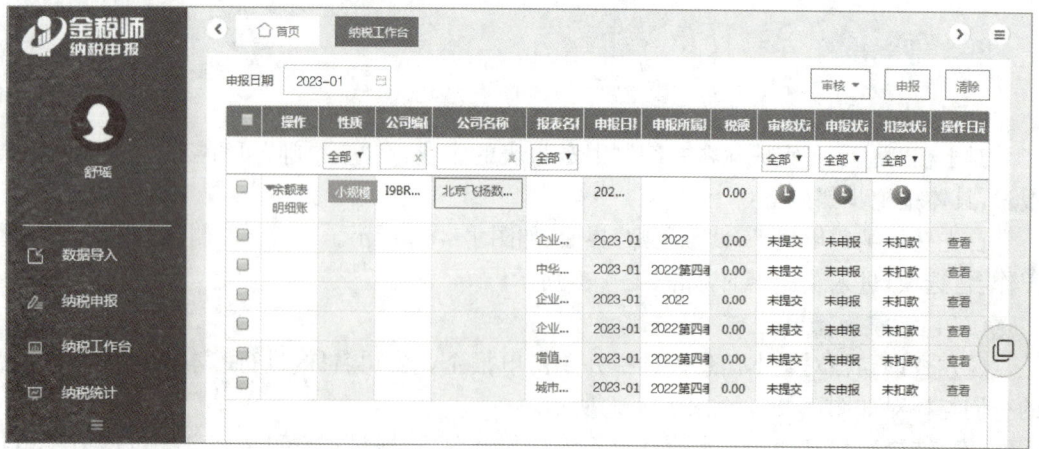

图1-4-4 选择申报企业公司名称

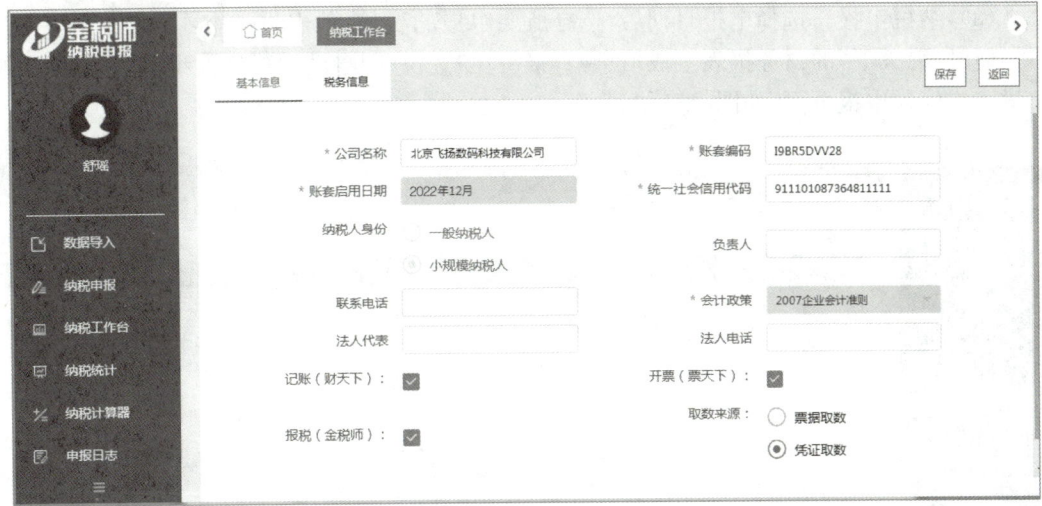

图 1-4-5　申报企业基本信息

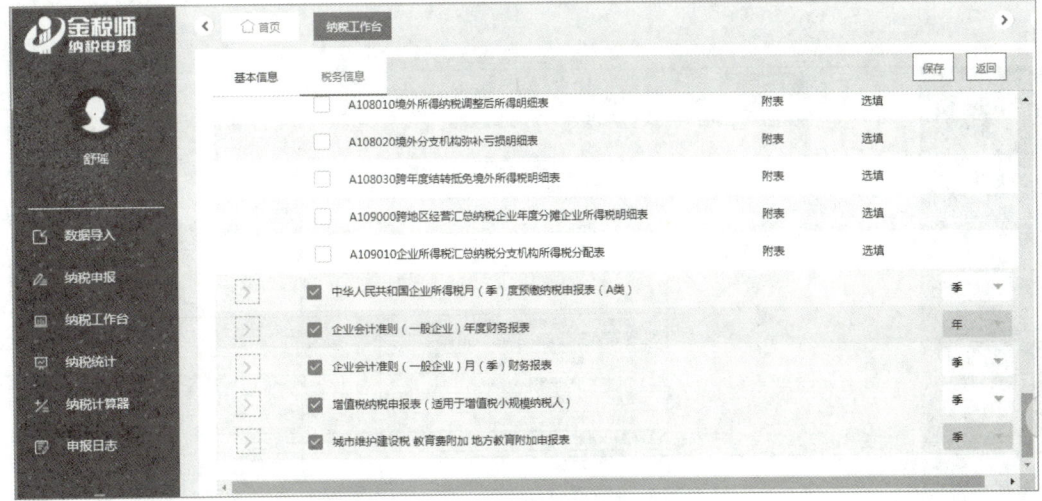

图 1-4-6　申报企业税务信息

如申报 2022 年第四季度的增值税，则申报日期应选择 2023 年 1 月，如图 1-4-7 所示。

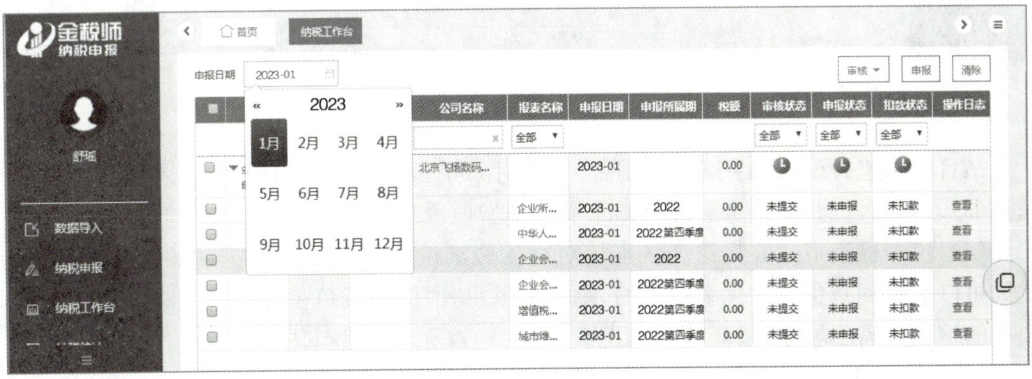

图 1-4-7　选择申报日期

（3）纳税申报。选择申报日期后，选择所要申报的税种，单击进入查看，如图1-4-8所示。通过"财天下"的财务报表生成信息，直接可在"金税师"自动生成增值税纳税申报表，单击进入增值税申报页面，如图1-4-9所示。

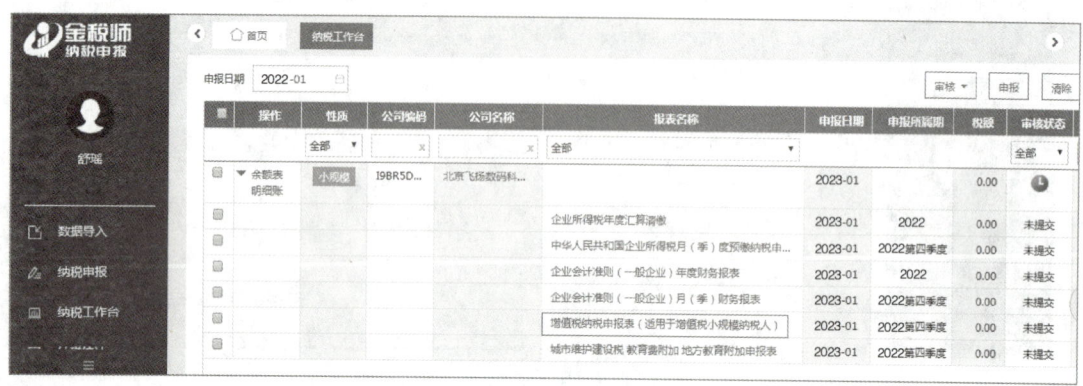

图1-4-8　申报税种页面

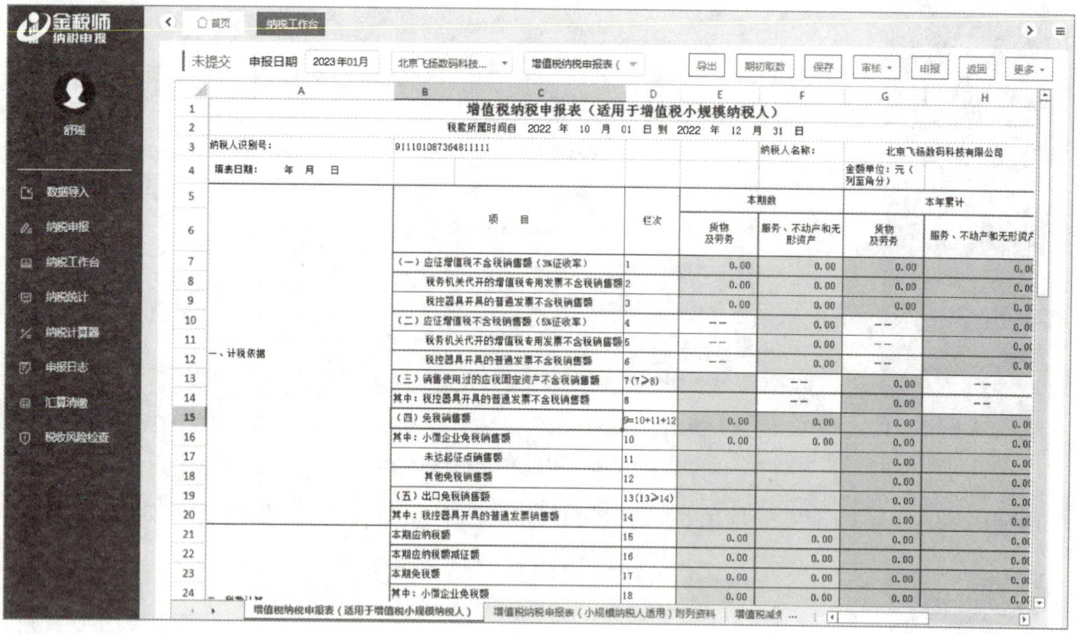

图1-4-9　增值税申报页面

结合政策进行检查，若小规模纳税企业合计月销售额未超过10万元（1个季度销售额未超过30万元的，代开发票金额除外），享受免征增值税。

（4）税表检查审核并报送。认真核对增值税纳税申报表上的数据。如果有特殊业务，比如可以享受到减免税收优惠政策的，则需要填写"增值税减免税优惠明细表"；有差额征收业务的纳税人需要填写"税额抵减情况表"等。检查无误后由审核人员审核通过后，即可单击"申报"，完成报送税表，如图1-4-10至图1-4-12所示。

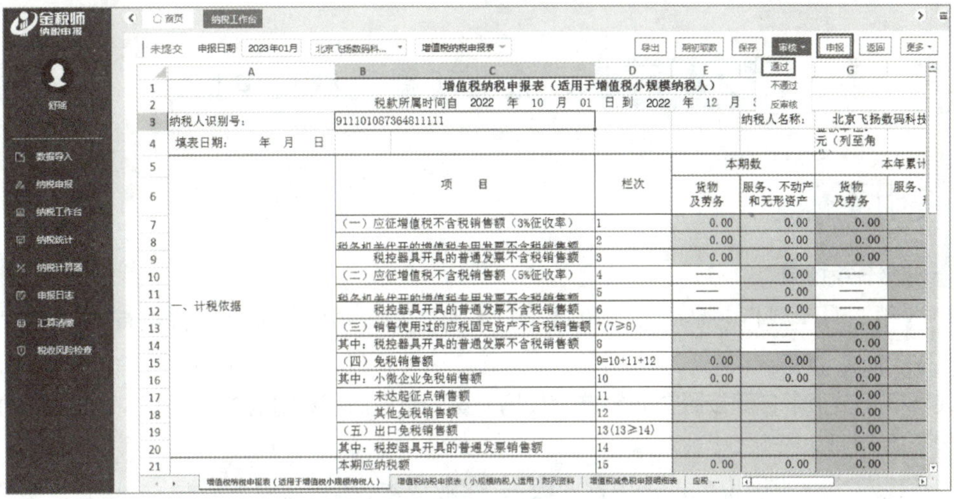

图 1-4-10　申报表审核页面

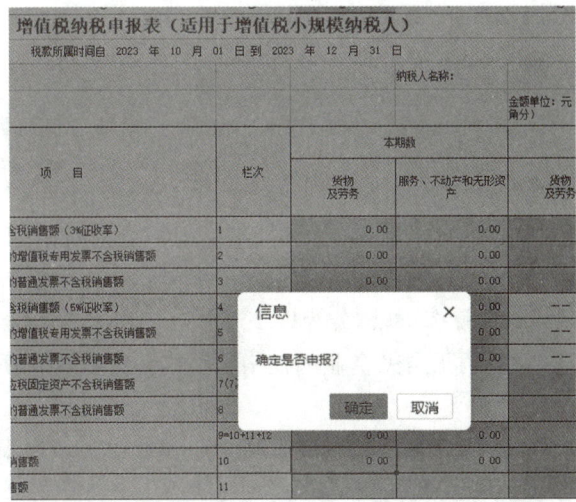

图 1-4-11　申报确认页面

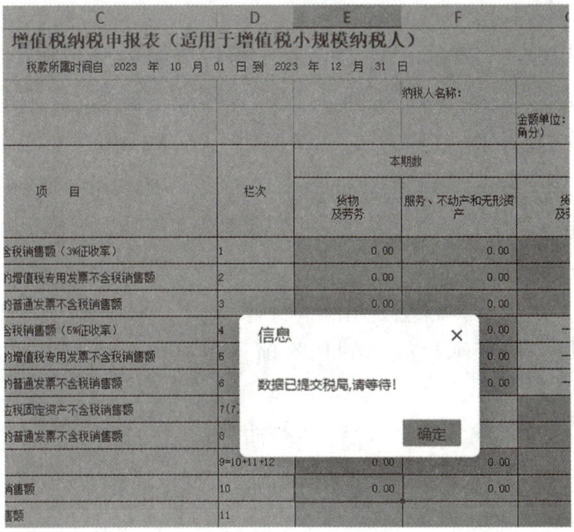

图 1-4-12　申报完成页面

任务二　企业所得税纳税申报

一、任务情境

（一）任务场景
2023年1月10日，共享中心报税员李自健对飞扬公司的企业所得税进行纳税申报。

（二）任务布置
共享中心员工李自健按照合同要求为飞扬公司的企业所得税进行纳税申报，具体要求如下：
（1）进行月末结账，生成税表。
（2）核对企业所得税申报表中营业收入、营业成本、利润总额等数据。
（3）填写企业所得税减免税额，计算所得税税额。
（4）企业所得税申报表检查无误后进行纳税申报。

二、工作准备

（一）知识准备

1. 我国企业所得税的征税对象及税率

企业所得税的征税对象是纳税人取得的所得，包括销售货物所得、提供劳务所得、转让财产所得、股息红利所得、利息所得、租金所得、特许权使用费所得、接受捐赠所得和其他所得。

我国企业所得税实行比例税率，具体分为以下三档：

（1）基本税率是25%，适用于居民企业和在中国境内设有机构场所的，应当就其机构场所有关联的非居民企业；

（2）低税率20%，适用于符合条件的小型微利企业和在中国境内未设有机构场所，或虽有机构场所但所得与机构场所无关联的非居民企业；

（3）低税率15%，适用于国家重点扶持的高新技术企业和技术先进型服务企业。

2. 企业所得税计算

企业所得税法定扣除项目是据以确定企业所得税应纳税所得额的项目。企业所得税条例规定，企业应纳税所得额的确定，是企业的收入总额减去成本、费用、损失以及准予扣除项目的余额。成本是纳税人为生产、经营商品和提供劳务等所发生的各项直接耗费和各项间接费用。费用是指纳税人为生产经营商品和提供劳务等所发生的销售费用、管理费用和财务费用。损失是指纳税人生产经营过程中的各项营业外支出、经营亏损和投资损失等。除此以外，在计算企业应纳税所得额时，对纳税人的财务会计处理和税收规定不一致的，应按照税收规定予以调整。企业所得税法定扣除项目除成本、费用和损失外，税收有关规定中还明确了一些需按税收规定进行纳税调整的扣除项目。

3. 企业所得税计算公式

平时预缴时，企业一般按实际利润计算预缴所得税，计算公式如下：

$$应纳所得税额 = 实际利润 \times 所得税税率$$

第二年汇算清缴时,计算公式如下:

$$应纳所得税额＝应纳税所得额×所得税税率$$

4. 企业所得税预缴申报时间

小规模纳税人在每一季度终了之日起15日内,无论盈利或亏损,都应向税务机关报送预缴企业所得税纳税申报表,预缴税款。其中,第四季度的税款也应于季度终了后15日内先进行预缴。

小规模纳税人应当自年度终了之日起5个月内,向税务机关报送年度企业所得税纳税申报表,并汇算清缴,结清应缴应退税款。

5. 小型微利企业的优惠政策

根据《关于实施小微企业普惠性税收减免政策的通知》(财税〔2019〕13号),对小型微利企业年应纳税所得额不超过100万元的部分,减按25%计入应纳税所得额,按20%的税率缴纳企业所得税;对年应纳税所得额超过100万元但不超过300万元的部分,减按50%计入应纳税所得额,按20%的税率缴纳企业所得税。若小规模纳税人符合小型微利企业认定标准可按优惠政策计算税额。

6. 小规模纳税人申报企业所得税需注意的事项

小规模纳税人申报企业所得税时需要注意,在每月预扣预缴时,要了解最新财税政策,检查减免税款是否正确。在年终汇算清缴时,要对需要调增和调减的项目进行纳税调整。

(二)操作准备

(1)飞扬公司利润表、科目余额表。

(2)飞扬公司企业所得税申报表。

(三)业务要领

(1)季度预缴中需要注意预缴填写的收入金额应不少于增值税纳税申报表中的销售额;

(2)小型微利企业应按照最新纳税申报相关法律规定,即《关于简化小型微利企业所得税年度纳税申报有关措施的公告》(国家税务总局公告〔2018〕58号)进行填写。

三、业务流程

小规模纳税人企业所得税纳税申报业务处理流程如图1-4-13所示。

四、业务操作

(一)月末结账,生成税表

小规模纳税人每月将本期所有经济业务全部登记会计账簿后,进入"财天下"首页,选择"月末结账"选项,单击"月末检查结账"按钮,自动完成结账,从而自动生成税表,如图1-4-14所示。

(1)登录纳税申报平台"金税师"界面,如图1-4-2所示。单击左侧菜单栏"纳税工作台"进入工作界面。选择纳税申报日期,如图1-4-3所示。

(2)小规模纳税人按季度申报企业所得税,在每季度结账后,进入申报页面选择税种,并检查税表数据,如图1-4-15所示。

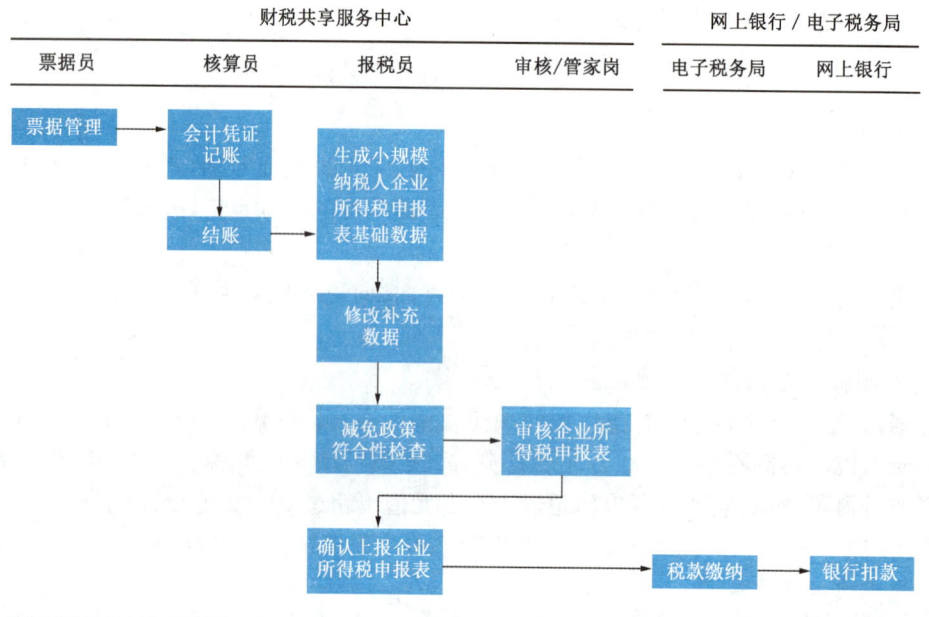

图 1-4-13 小规模纳税人企业所得税纳税申报业务处理流程

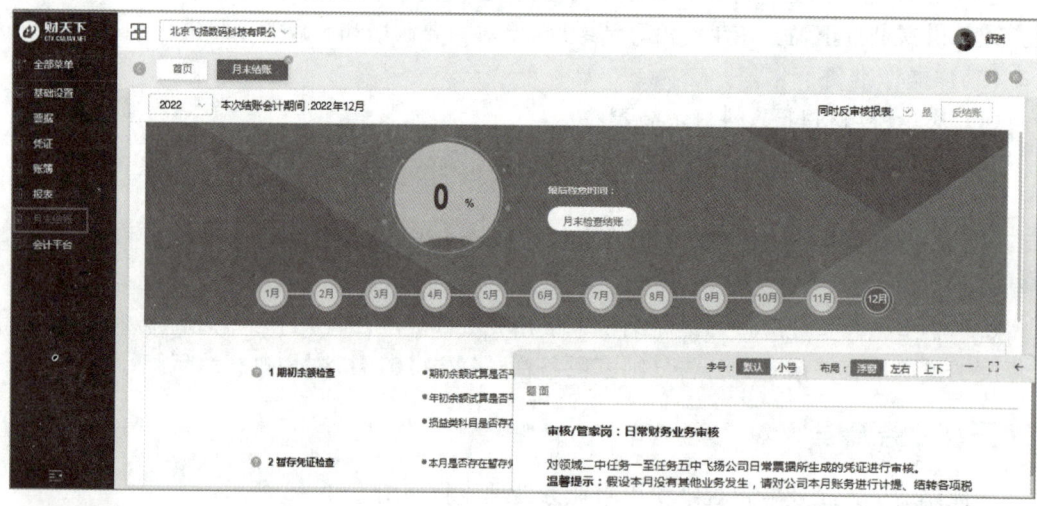

图 1-4-14 月末结账

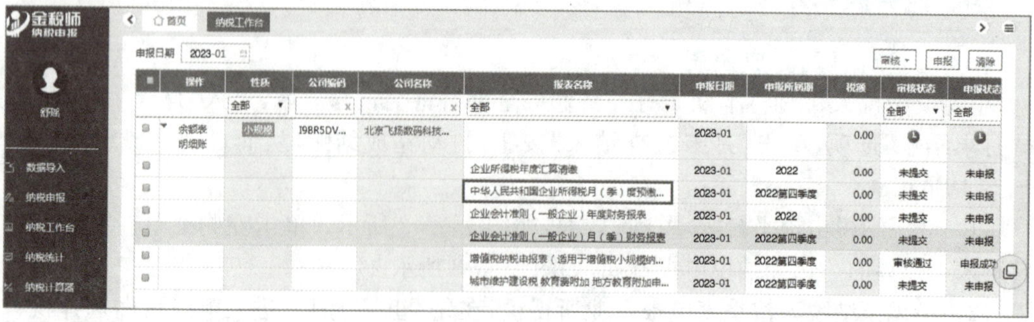

图 1-4-15 申报税种页面

(3) 选择"中华人民共和国企业所得税月(季)度预缴纳税申报表(A类)"选项,进入税表。根据"财天下"中该企业财务报表的数据,核对营业收入、营业成本、利润总额等数据,如图1-4-16所示。

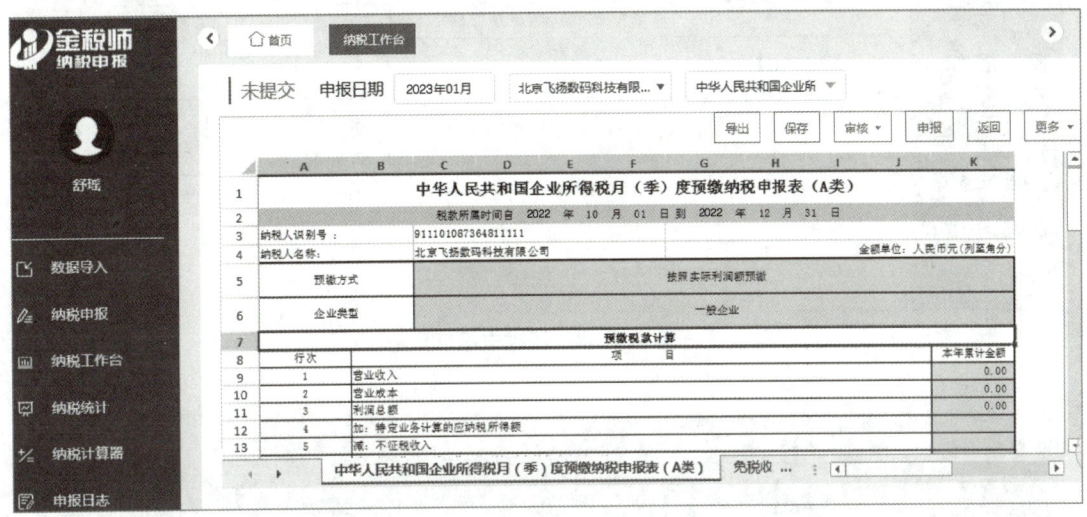

图1-4-16　检查税表申报页面

(二)减免政策检查与计算

根据《关于实施小微企业普惠性税收减免政策的通知》(财税〔2019〕13号),核对企业的从业人数、资产规模、所得额等指标,判断企业是否能够享受税收优惠。企业所得税减免政策如图1-4-17所示。

如图1-4-17所示,在预缴企业所得税时,根据规定,该企业年应纳税所得额在100万元以下,可以享受税收减免政策。

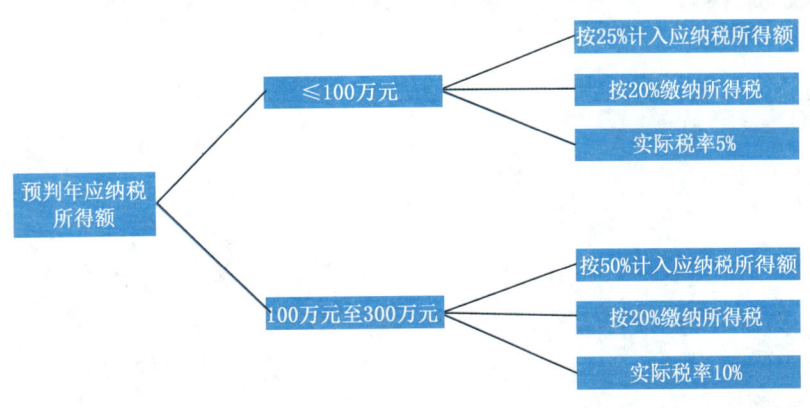

图1-4-17　所得税减免政策

(三)纳税申报

税表经核查无误,由审核人员选择"通过"选项,单击"申报"按钮,即可完成申报,如图1-4-18至图1-4-20所示。

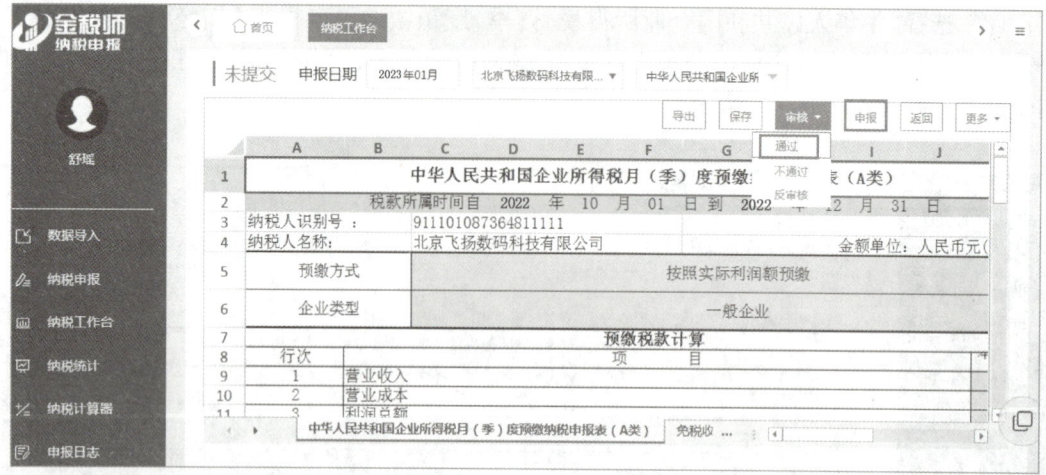

图 1-4-18　纳税申报(1)

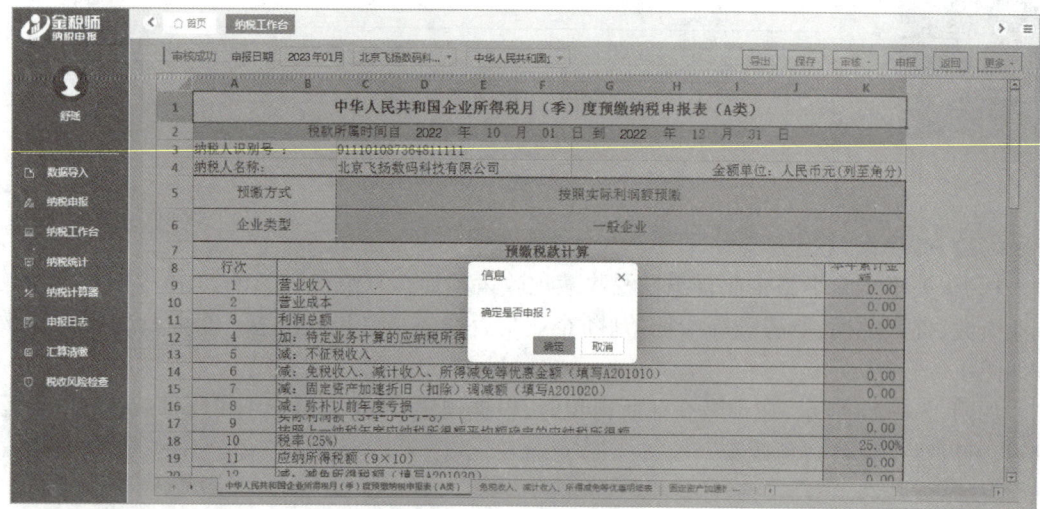

图 1-4-19　纳税申报(2)

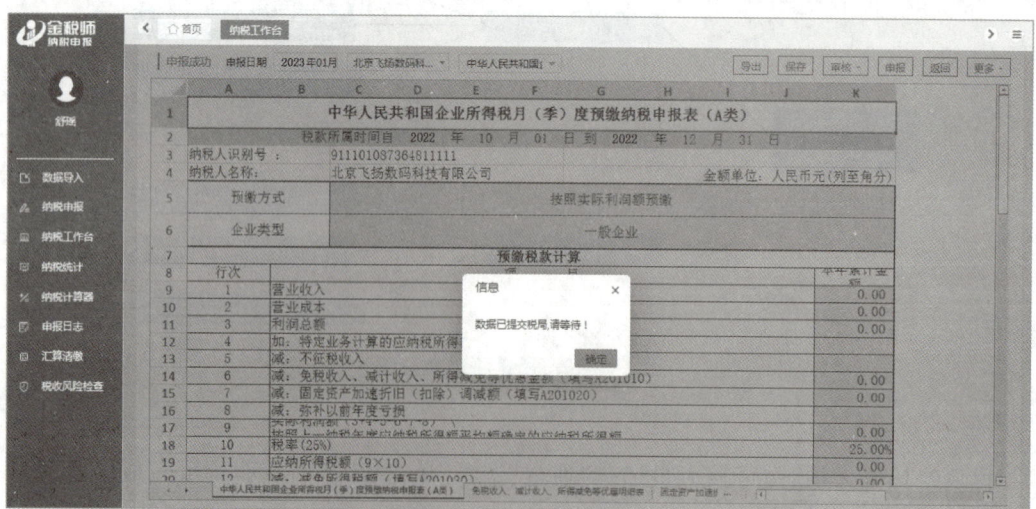

图 1-4-20　完成申报

任务三 个人所得税纳税申报

一、任务情境

（一）任务场景

共享中心报税员李自健接到飞扬公司提供的工资表资料如图1-4-21所示，经审核后对飞扬公司的个人所得税进行纳税申报。

工号	姓名	部门	*证件类型	*证件号码	收入信息				扣款信息			应发合计	专项扣除				其他扣除	税款合计	个人所得税	实发合计	备注
					基本工资	岗位津贴	绩效奖金		缺勤扣款	请假扣款	迟到扣款		基本养老保险	基本医疗保险	失业保险费	住房公积金					
20190001	刘涛	销售部	居民身份证	34122119850208131	5000.00	200.00						5200.00	400.00	100.00	10.00	600.00		4090.00		4090.00	
20190002	张新	采管部	居民身份证	341221199010030323	3500.00	200.00						3700.00	280.00	70.00	7.00	420.00		2923.00		2923.00	
20190003	李新	行政财务部	居民身份证	251221199404013298	3500.00	200.00						3700.00	280.00	70.00	7.00	420.00		2923.00		2923.00	
20190004	赵可	采购部	居民身份证	521221199210068972	3000.00	200.00						3200.00	240.00	60.00	6.00	360.00		2534.00		2534.00	
	合计				15000.00	800.00	0.00		0.00	0.00	0.00	15800.00	1200.00	300.00	30.00	1800.00	0.00	12470.00		12470.00	

图1-4-21 飞扬公司工资表资料

（二）任务布置

共享中心员工李自健按照合同及相关资料的要求为飞扬公司的个人所得税进行纳税申报，具体要求如下：

（1）对客户提供的工资表及有关凭证进行认真核查。

（2）根据工资表导入系统生成凭证。

（3）登录自然人税收管理系统后添加人员信息。

（4）填写正常工资薪金所得表。

（5）进行税款计算，审核无误后纳税申报。

（6）申报成功后在网上缴纳税款或打印缴税凭证到银行缴税。

二、工作准备

（一）知识准备

1. 个人所得税纳税义务人

个人所得税是国家对本国公民、居住在本国境内的个人的所得和境外个人来源于本国的所得征收的一种所得税。

个人所得税的纳税义务人，既包括居民纳税义务人，也包括非居民纳税义务人。居民纳税义务人负有无限纳税义务，必须就其来源于中国境内、境外的全部所得缴纳个人所得税；而非居民纳税义务人负有有限纳税义务，仅就其来源于中国境内的所得，缴纳个人所得税。

2. 个人所得税税率

个人所得税根据不同的征税项目，分别规定了三种不同的税率：

（1）7级超额累进税率。对综合所得（工资、薪金所得，劳务报酬所得，稿酬所得，特许权使用费所得），适用7级超额累进税率，按月应纳税所得额计算征税。该税率按个人月工资、薪金应税所得额划分级距，最低一级为3%，最高一级为45%，共7级。

（2）5级超额累进税率。对经营所得适用5级超额累进税率，按年计算、分月预缴税款的个体工商户的生产、经营所得和对企事业单位的承包经营、承租经营的全年应纳税所得额划分级距,最低一级为 5%,最高一级为 35%,共 5 级。

(3) 比例税率。对个人的利息、股息、红利所得,财产租赁所得,财产转让所得,偶然所得和其他所得,按次计算征收个人所得税,适用 20% 的比例税率。

个人所得税应纳税所得额计算公式如下:

$$应纳税所得额 = 月度收入 - 5\,000\,元(起征点) - 专项扣除(三险一金等) - 专项附加扣除 - 依法确定的其他扣除$$

3. 个人所得税申报时间

小规模纳税人需要每月申报个人所得税,即使本企业所有员工的工资达不到交税标准,仍然需要按时申报。

4. 个人所得税专项附加扣除

最新修改的《中华人民共和国个人所得税法》和《国务院关于印发个人所得税专项附加扣除暂行办法的通知》中提出"个人所得税专项附加扣除",即除每月减除 5 000 元基本减除费用和自行承担的社保及公积金外,还增加了专项附加扣除。

专项附加扣除包括以下六项:

(1) 子女教育方面,明确纳税人的子女在年满 3 岁后接受学前教育阶段和从小学到博士研究生的全日制学历教育阶段的相关支出,按每个子女每月 1 000 元标准定额扣除,其中高中阶段教育包含技工教育。

(2) 继续教育方面,纳税人接受学历(学位)继续教育的支出,在规定期间可按每月 400 元定额扣除,但同一学历继续教育的扣除期限不能超过 48 个月;接受技能人员和专业技术人员职业资格继续教育的支出,在取得相关证书的当年按 3 600 元定额扣除。

(3) 大病医疗方面,纳税人在一个纳税年度内,与基本医保相关的医药费用扣除医保报销后的个人负担,累计超过 15 000 元部分,由纳税人在办理年度汇算清缴时,在 80 000 元限额内据实扣除。

(4) 首套住房贷款方面,纳税人本人或配偶发生的首套住房贷款利息支出,可按每月 1 000 元标准定额扣除。

(5) 住房租金方面,符合条件的住房租金根据城市的不同,按每月 1 200 元、1 000 元和 800 元标准定额扣除。

(6) 赡养老人方面,纳税人赡养年满 60 岁父母的支出,按照一定标准定额扣除。其中,独生子女按每人每月 2 000 元标准扣除,非独生子女与其兄弟姐妹分摊每月 2 000 元的扣除额度。

(二) 操作准备

(1) 客户提供的工资表及职工个人的姓名、身份证号码、手机号、入职时间等相关信息。

准备"北京一证通"或登录自然人税收管理系统申报密码。

(三) 业务要领

以北京市为例,个人所得税仍然采用"扣缴义务端",未纳入电子税务局统一管理,因此在个人所得税申报时最好采用固定的台式机进行操作。

(1) 企业员工的个人所得税实行代扣代缴制度,每月根据纳税人扣缴义务端提示的员工专项附加扣除信息,按照累计预扣法计算予以扣除并缴纳。

(2) 企业可以自行收集企业员工的专项附加扣除信息,便于自行计算个人所得税税额。

(3) 非企业员工发生的劳务费等项目,企业履行代扣代缴义务,劳务报酬所得、稿酬所得、特许权使用费所得以收入减除费用后的余额为收入额。其中,稿酬所得的收入额减按70%计算。

减除费用:劳务报酬所得、稿酬所得、特许权使用费所得每次收入不超过 4 000 元的,减除费用按 800 元计算;每次收入 4 000 元以上的,减除费用按 20% 计算。

应纳税所得额:劳务报酬所得、稿酬所得、特许权使用费所得,以每次收入额为预扣预缴应纳税所得额。

劳务报酬所得应预扣预缴税额＝预扣预缴应纳税所得额×预扣率－速算扣除数

稿酬所得、特许权使用费所得应预扣预缴税额＝预扣预缴应纳税所得额×20%

三、业务流程

小规模纳税人个人所得税纳税申报业务处理流程如图 1-4-22 所示。

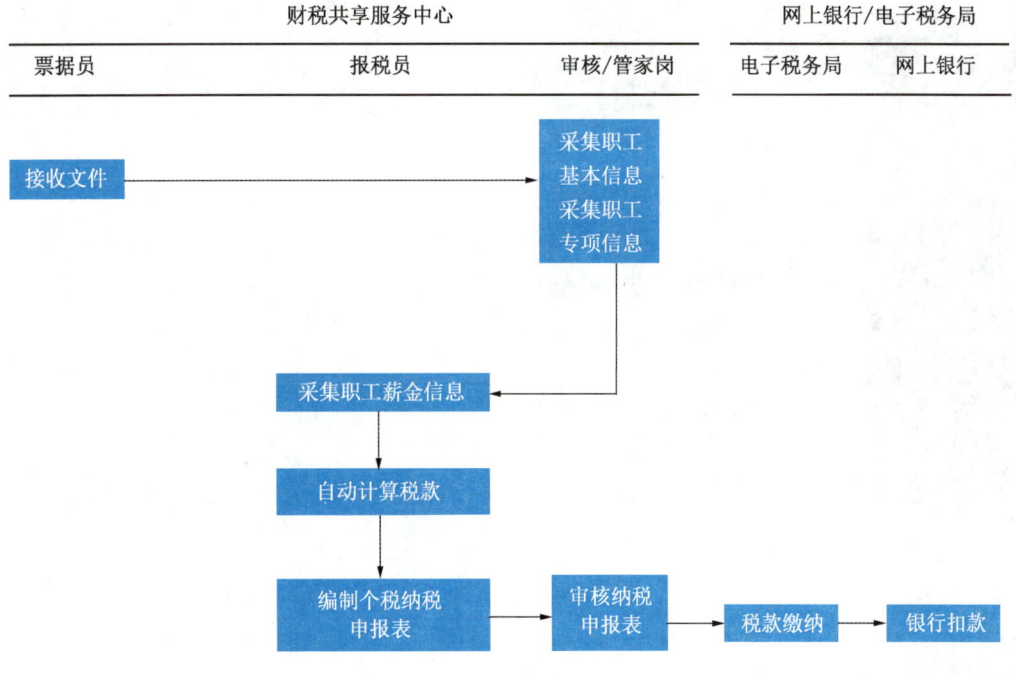

图 1-4-22　小规模纳税人个人所得税纳税申报业务处理流程

四、业务操作

(一) 根据工资表导入系统生成凭证

根据客户提供的工资表(标准模板)导入"财天下",生成凭证。

(1) 在"账套信息"里启用智能工资模块,如图 1-4-23 至图 1-4-25 所示。

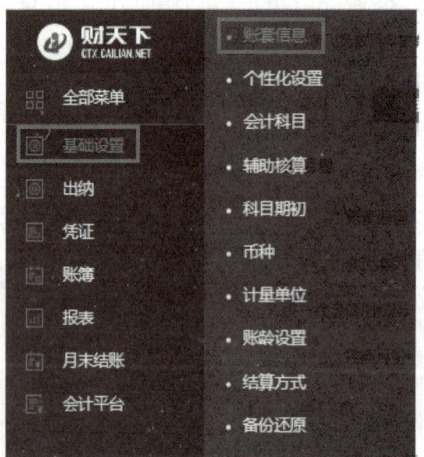

图1-4-23 选择"账套信息"

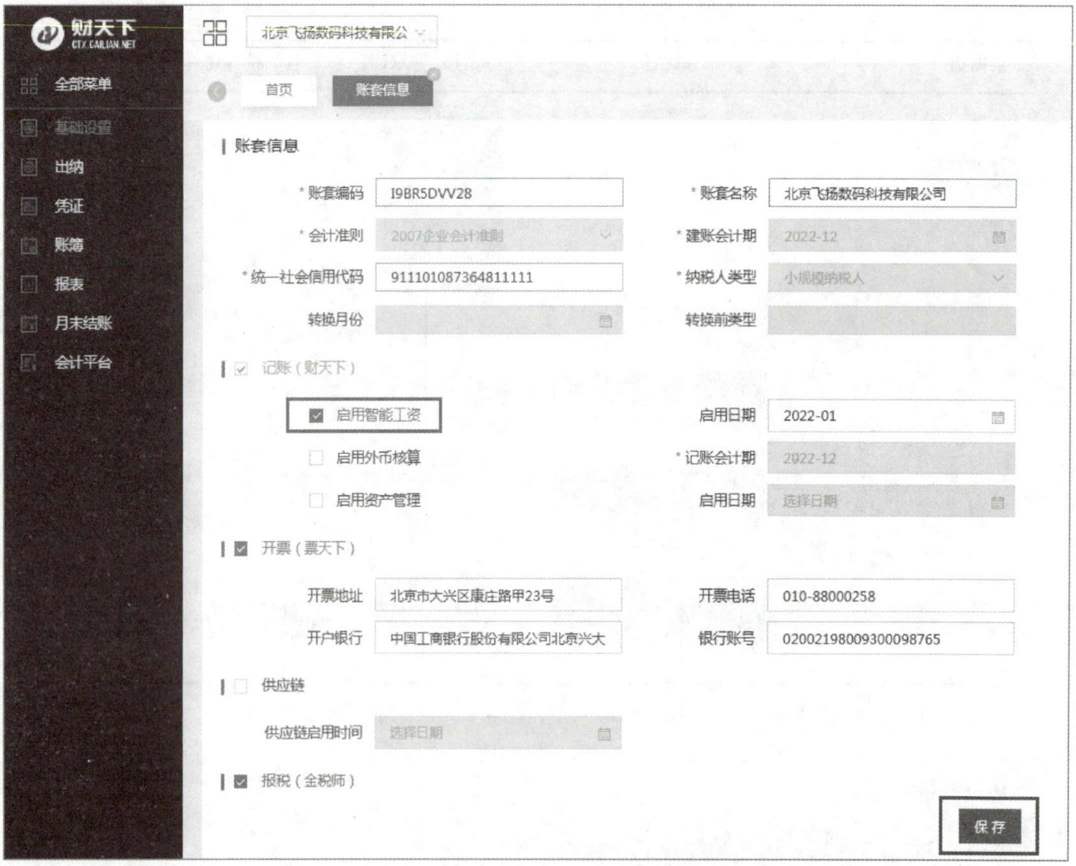

图1-4-24 选择"启用智能工资"

第一部分 初级代理实务 087

图 1-4-25 选择"智能工资"

（2）同步人员信息、采集人员基本信息和专项信息，导入工资表，如图 1-4-26 至图 1-4-30 所示。

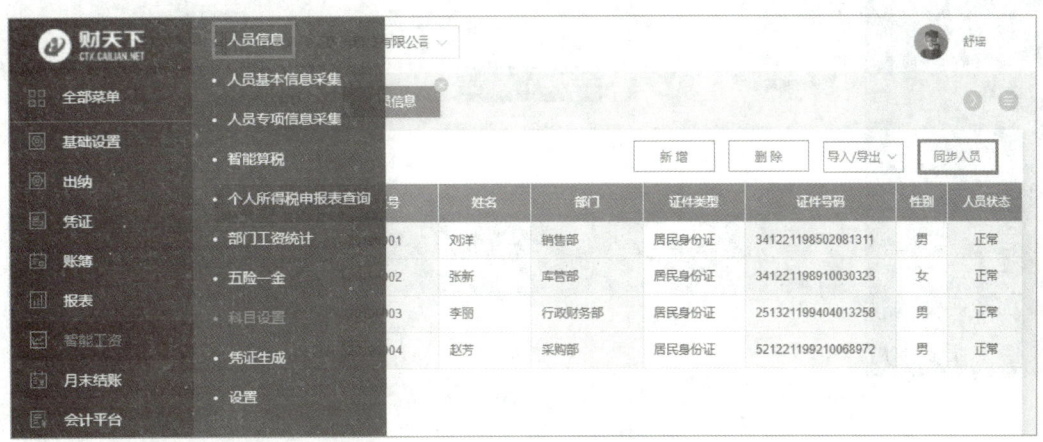

图 1-4-26 同步人员信息

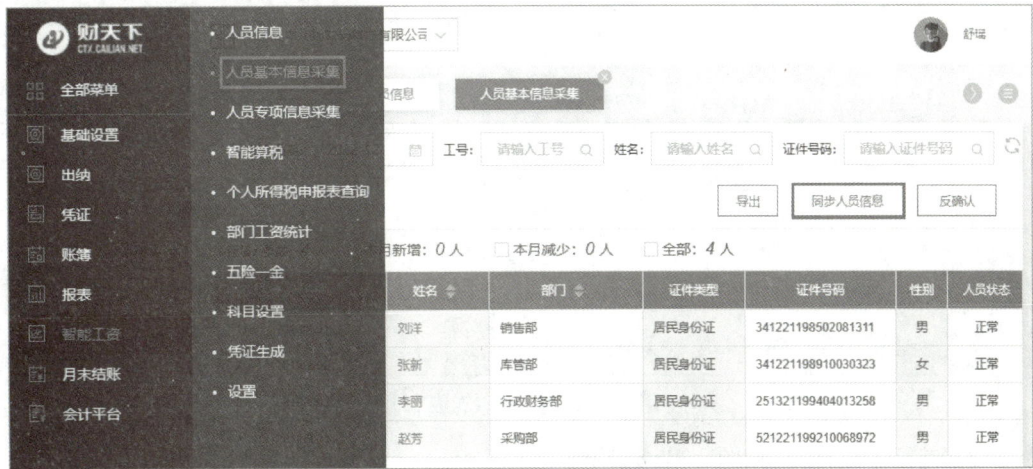

图 1-4-27 采集人员基本信息

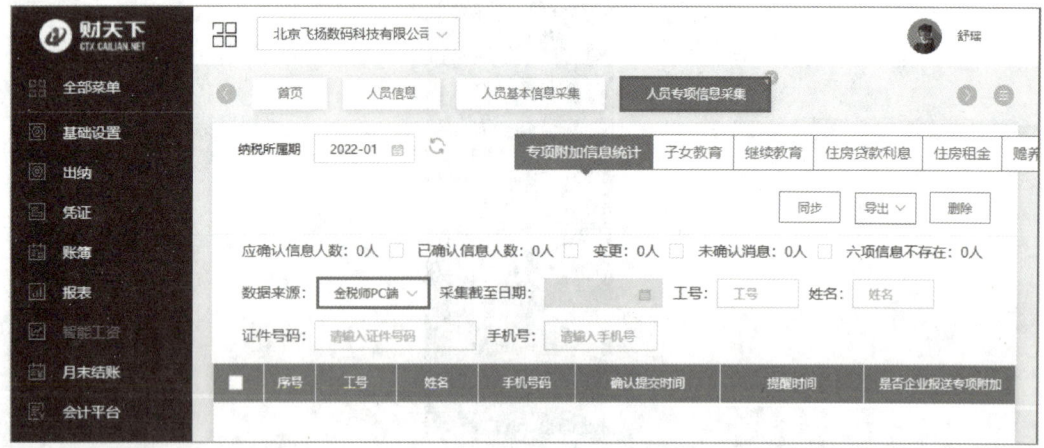

图 1-4-28 采集人员专项信息

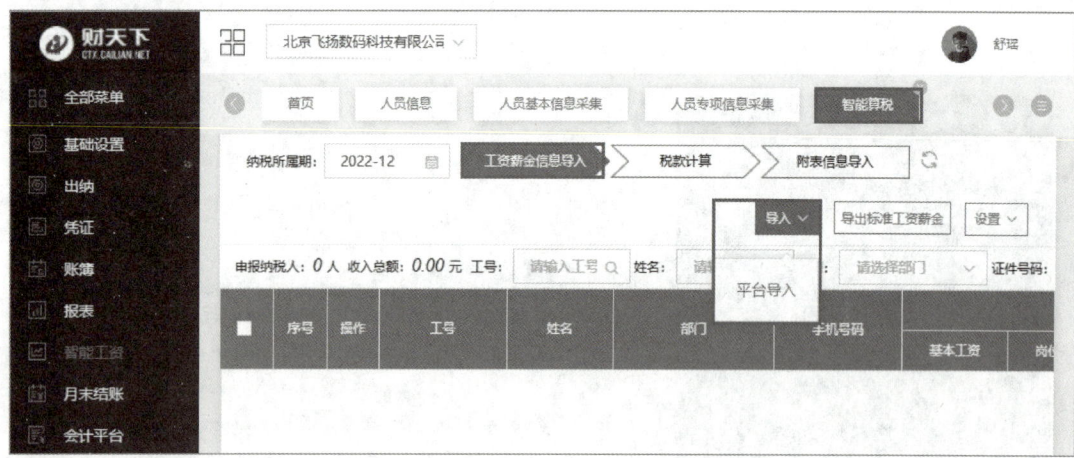

图 1-4-29 导入工资(1)

图 1-4-30 导入工资(2)

(3) 进行个税计算,如图 1-4-31 所示。

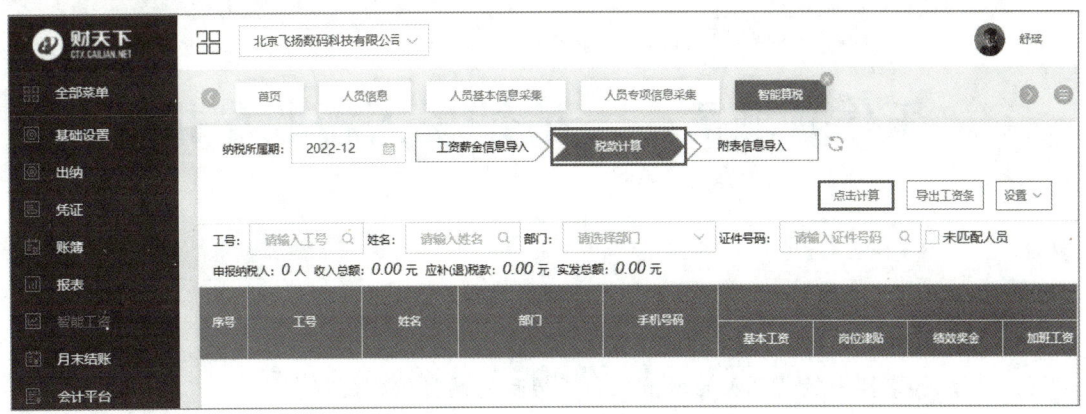

图 1-4-31　税款计算

（4）进行个税申报，如图 1-4-32 所示。

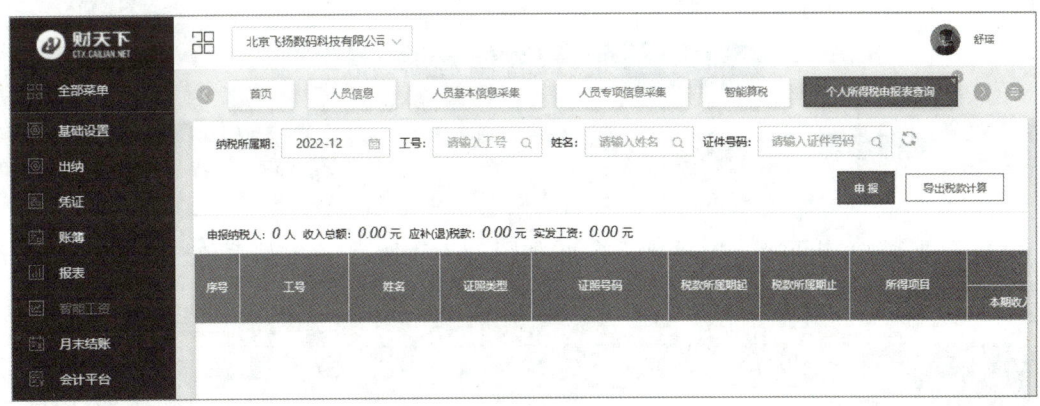

图 1-4-32　申报个税

（二）个人所得税申报

个人所得税的申报方式与企业所得税相似，此处不再陈述。

思政园地

工作领域五　一般纳税人税收申报

技能目标

1. 能够掌握一般纳税人的增值税和所得税的纳税操作流程。
2. 能够利用平台进行一般纳税人的增值税和所得税的纳税申报。
3. 能够正确理解各项数据的金额来源。

任务一　增值税纳税申报

一、操作步骤

（一）登录纳税工作平台

登录进入纳税申报平台"金税师"首页，如图 1-5-1 所示，在左侧菜单栏单击"纳税工作台"选项进入工作界面，如图 1-5-2 所示。

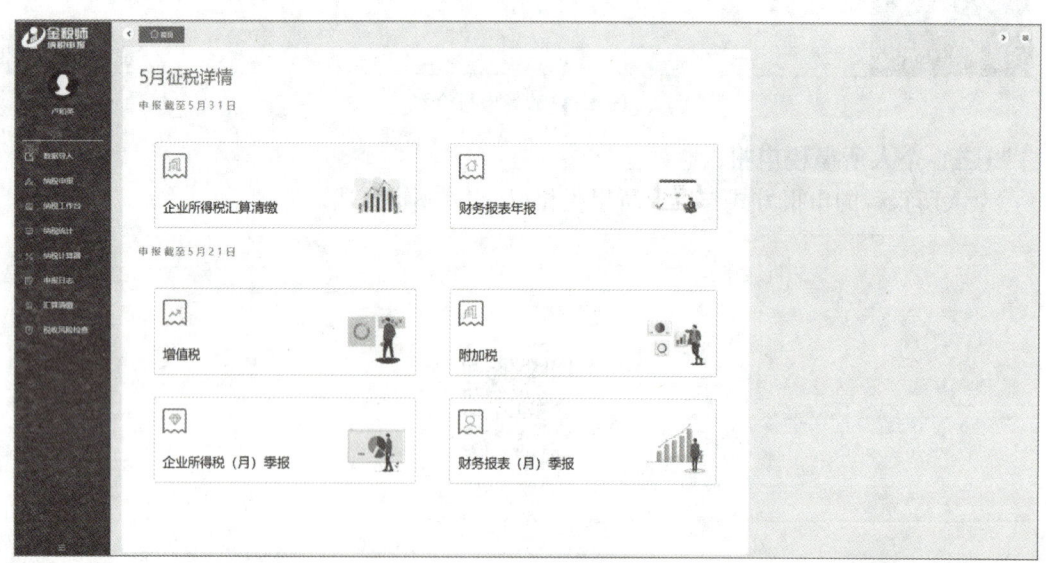

图 1-5-1　"金税师"首页

（二）纳税申报表生成

（1）选择申报日期。申报日期一般为次月申报，如记账时间为 2022 年 12 月，则申报日期选择 2023 年 1 月，如图 1-5-3 所示。

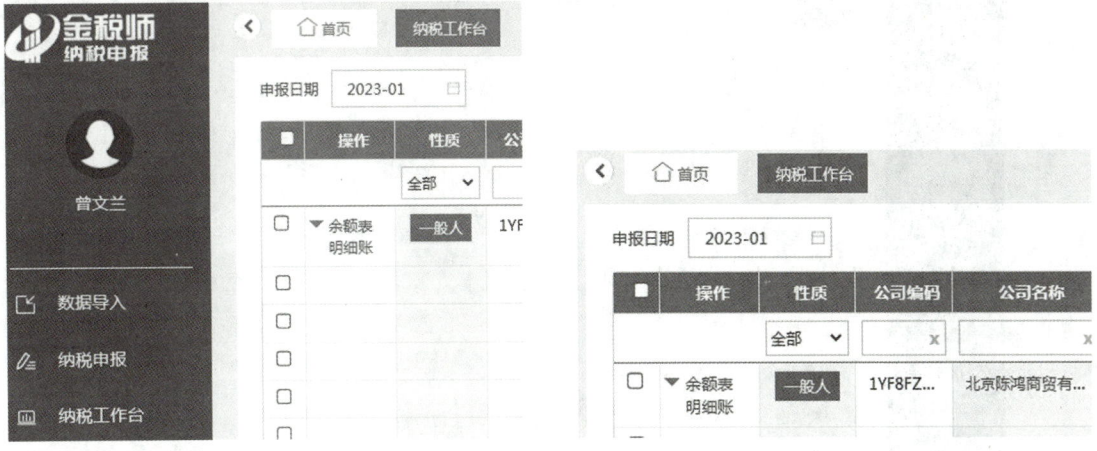

图 1-5-2　纳税工作台界面　　　　　　图 1-5-3　选择申报日期

（2）选择纳税申报的种类。报表名称选择"增值税纳税申报"选项，利用"财天下"财务报表生成的信息，"金税师"会自动生成各项数据，如图 1-5-4 所示。上期留抵数额手动输入应交增值税的借方余额 29 150 元。最后生成本期应补税额为 5 889.63 元，如图 1-5-5 所示。

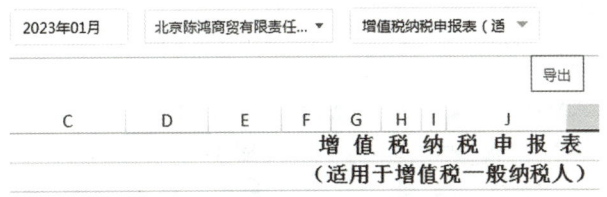

图 1-5-4　"增值税纳税申报表"

上期留抵税额	13	29150.00
进项税额转出	14	0.00
免、抵、退应退税额	15	
按适用税率计算的纳税检查应补缴税额	16	
应抵扣税额合计	17	
实际抵扣税额	18	0.00
应纳税额	19	5889.63

图 1-5-5　手动输入"上期留抵税额"

任务二　企业所得税纳税申报

一、操作步骤

（一）登录纳税工作平台

登录进入纳税申报平台"金税师"界面，如图 1-5-6 所示，在左侧菜单栏单击"纳税工作台"选项进入工作界面，如图 1-5-7 所示。

图 1-5-6 "金税师"首页

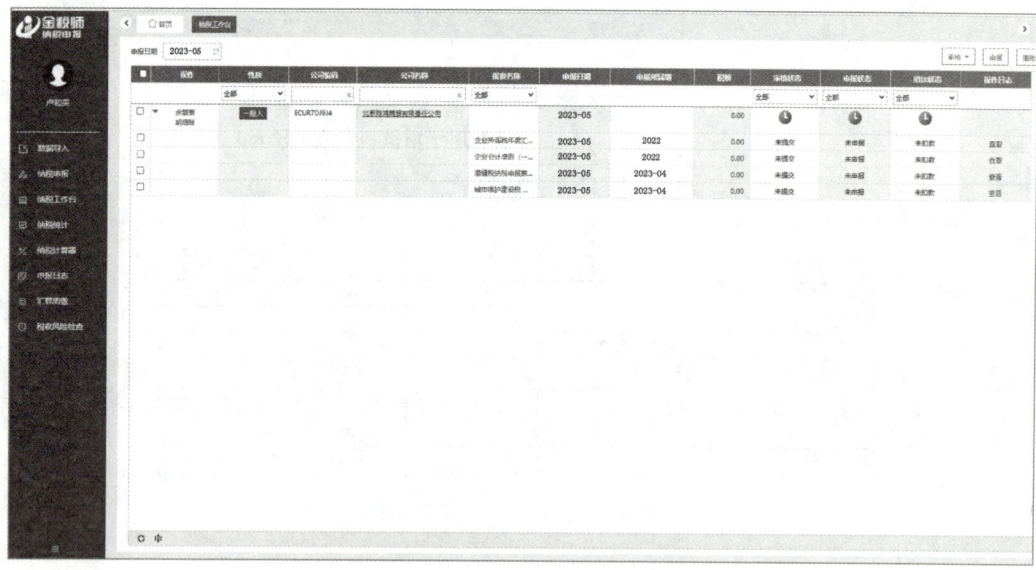

图 1-5-7 纳税工作台界面

(二)纳税申报表生成

(1)选择申报日期。实务中企业所得税一般为季度申报,日期选择下个季度第一个月。如 2022 年 12 月第三季度的报表,则申报日期选择 2023 年 1 月,如图 1-5-8 所示。

(2)选择纳税申报的种类。报表名称选择"中华人民共和国企业所得税月(季)度预缴纳税申报表(A 类)"选项,如图 1-5-9 所示,利用"财天下"财务报表生成的信息,"金税师"会自动生成各项数据,如图 1-5-10 所示。

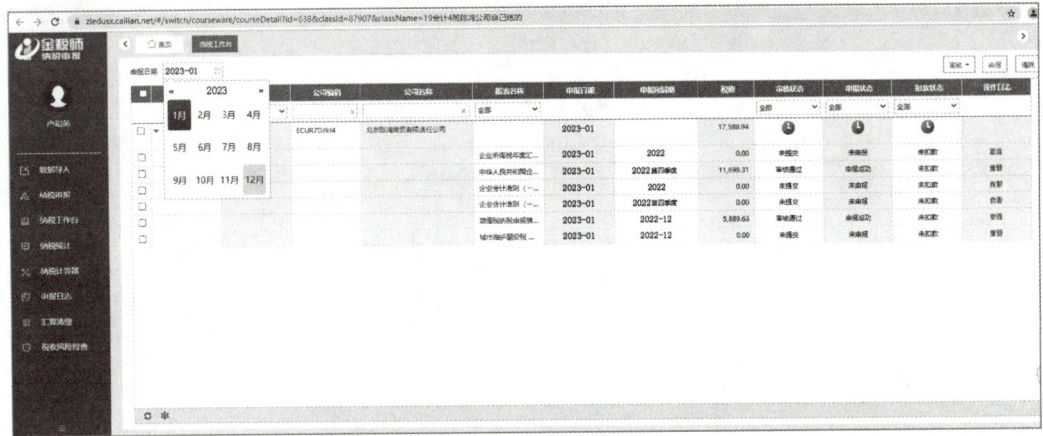

图 1-5-8　选择申报日期

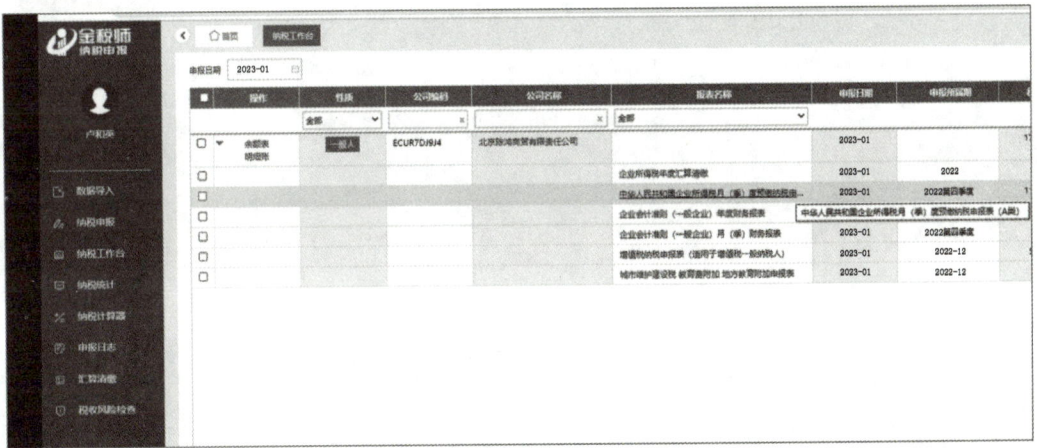

图 1-5-9　选择所得税申报表

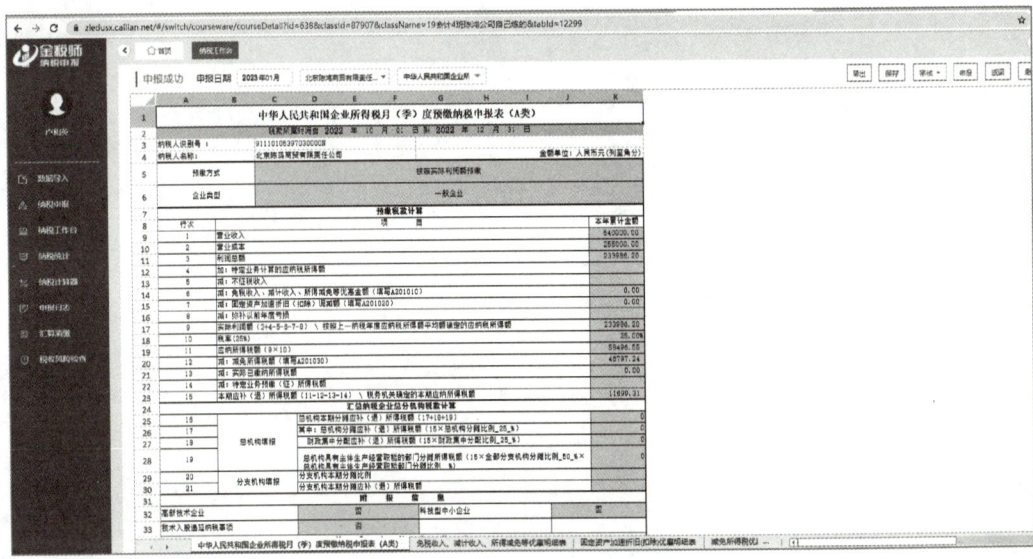

图 1-5-10　所得税预缴申报表

第二部分

初级外包实务

工作领域一 采购业务核算实训

技能目标

1. 能够了解采购业务要领和采购业务核算外包服务的处理过程。
2. 能够在智能化票据操作平台上将采购业务相关原始单据分类成系统自动识别处理类单据和系统不能自动识别处理类单据。
3. 能够在智能化票据操作平台上处理、查验增值税专用发票。
4. 能够在智能化财务操作平台上根据选取科目功能生成采购业务记账凭证。

任务一　采购业务核算

一、任务场景

南宁泰福八宝粥有限公司(以下简称泰福八宝粥公司)是一家生产、销售八宝粥的公司。泰福八宝粥公司会计核算制度采用 2007 企业会计准则,为一般纳税人,增值税适用税率为 13%。公司产品有桂圆海带八宝粥和养生八宝粥。生产八宝粥产品的原材料包括糯米、紫米、海带、薏米、燕麦、红豆、绿豆、花生、桂圆、白糖、食盐、木耳等,采购部门通过超市购入相关原材料,该公司存货采用实际成本法核算。为简化核算,不考虑农产品增值税加计扣除事项。

泰福八宝粥公司将"采购业务核算"外包给财税共享服务中心,双方签订外包服务合同。每月月初将上月所有的有关票据移交到财税共享服务中心,委托记账并要求提供存货、数量、客户和供应商辅助核算。

该公司 2022 年 12 月发生采购业务,请进行业务处理(请先对公司 2022 年 11 月账务进行月末处理)。

二、任务布置

由财税共享服务中心工作人员唐宋负责泰福八宝粥公司"采购业务核算"业务,具体要求如下:

(1) 接收 2022 年 12 月的 11 笔采购业务核算的有关票据,将每张纸质票据扫描形成独立的影像文件。
(2) 使用会计核算云平台,采集票据影像文件,并进行识别与校验,存入数字档案系统。
(3) 对业务审批流程与票据进行审核。
(4) 根据每笔采购业务的原始票据,自动生成记账凭证或手工编制记账凭证,同时进行存货、数量、客户和供应商辅助核算,并进行人工审核。

(5)查询本任务编制的所有记账凭证。

三、业务流程

采购业务核算外包服务处理过程主要包括票据接收、票据扫描与识别、票据审核与制单等处理环节。采购业务核算外包服务处理流程如图2-1-1所示。

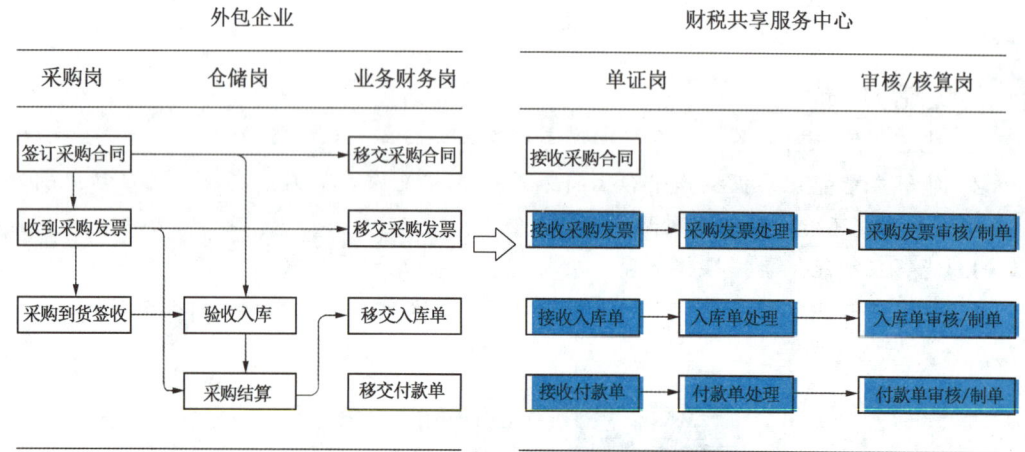

图 2-1-1　采购业务核算外包服务处理流程

四、业务操作

首先,进入"中联教育"平台首页,学生按学习账号和密码登录财税共享服务中心会计平台。其次,选择我的课程,进入(实操)财务核算外包服务实训领域—任务二采购业务核算。

本任务共七道实训操作练习题,以下按顺序分述实训一至实训七的操作步骤。

业务1:12月9日,公司向南宁友红干杂有限责任公司购入原材料一批,采用商业承兑汇票方式结算。

操作步骤:

(1)登录"财天下"平台,点击菜单栏"票据—票据采集",打开"票据采集"界面,如图2-1-2所示。

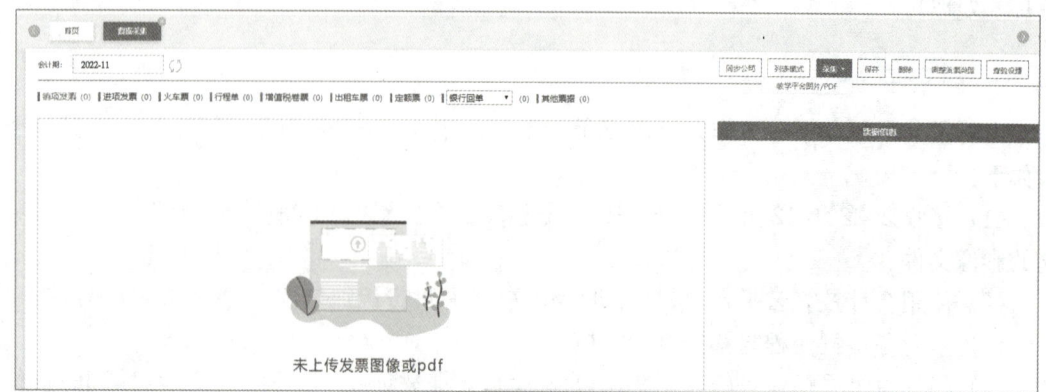

图 2-1-2　票据采集窗口

（2）根据要求修改票据采集的会计期间，点击"采集—选择教学平台图片"，显示5张发票，点击"全选"选项，点击"确定"按钮，依次显示如图2-1-3和图2-1-4所示。

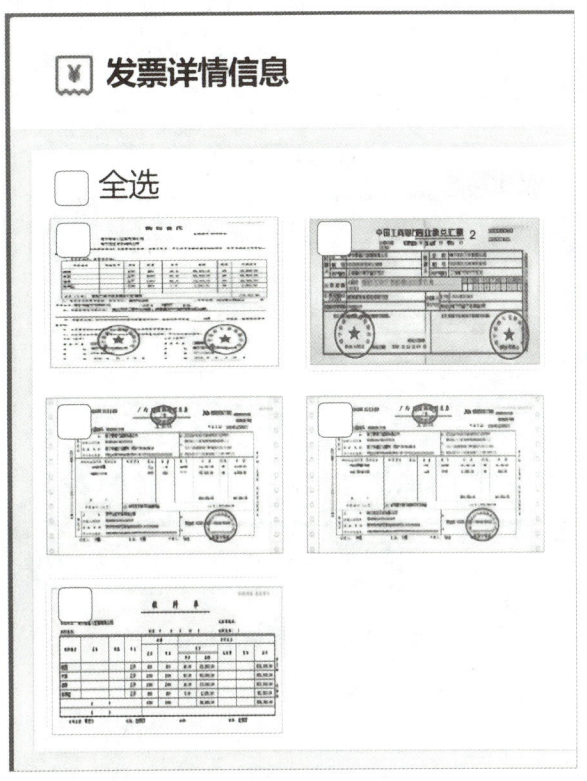

图 2-1-3　发票详情信息

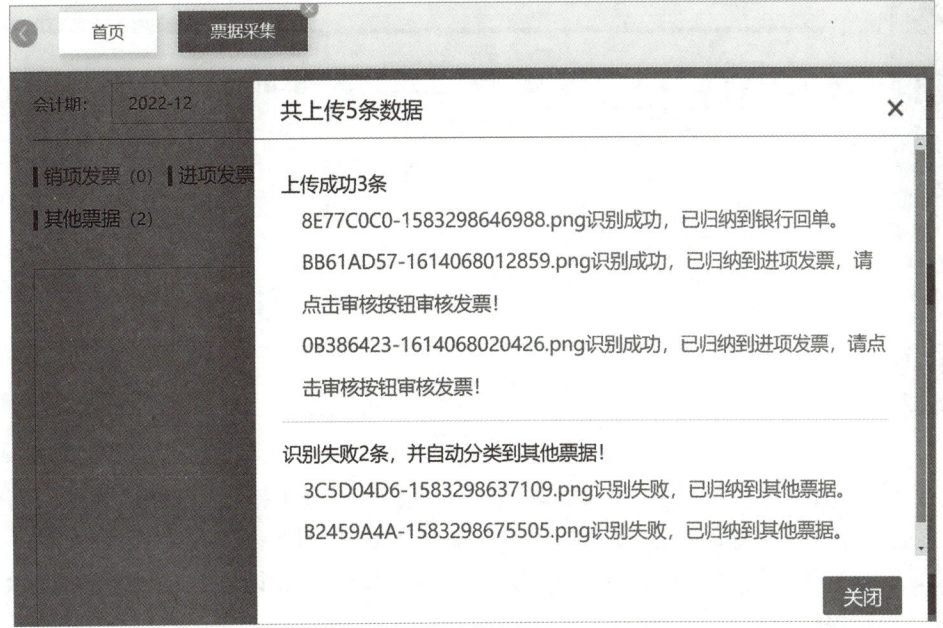

图 2-1-4　票据采集

（3）系统自动识别票据信息后，人工校验票据信息，并填写完整。分别审查5张发票，如先审查进项发票一张。菜单栏右侧显示进项发票的票据信息和行信息，逐一核对票据信息和行信息与发票的信息是否一致，不一致则填写完整，如图2-1-5所示。

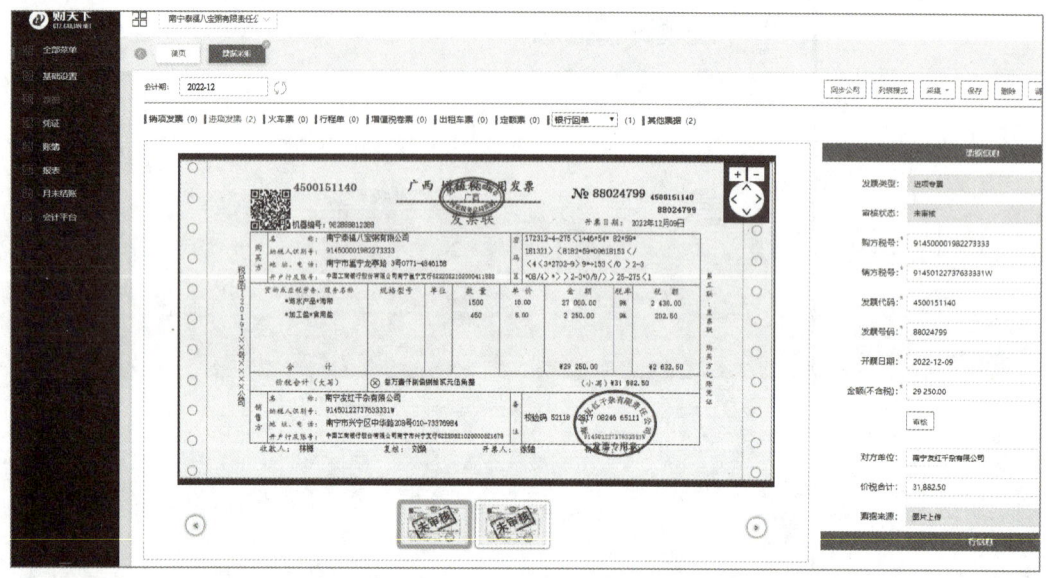

图2-1-5　票据信息校验

（4）审查完毕，点击"审核"按钮，显示如图2-1-6所示。

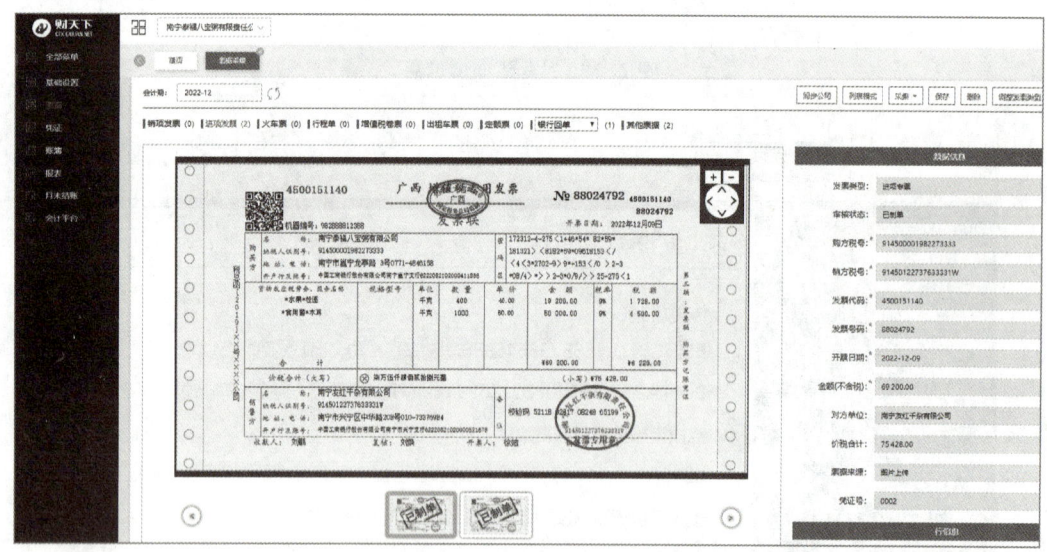

图2-1-6　票据审核

（5）审核时，发现系统识别银行回单中显示一张发票，分类错误，应将其调整到其他票据中，再点击"保存"按钮，再在其他票据中进行审核即可，如图2-1-7所示。

（6）审查其他票据中的剩下的3张，无误则点击"审核"按钮即可，如图2-1-8所示。

（7）校验票据制单并填写完整。

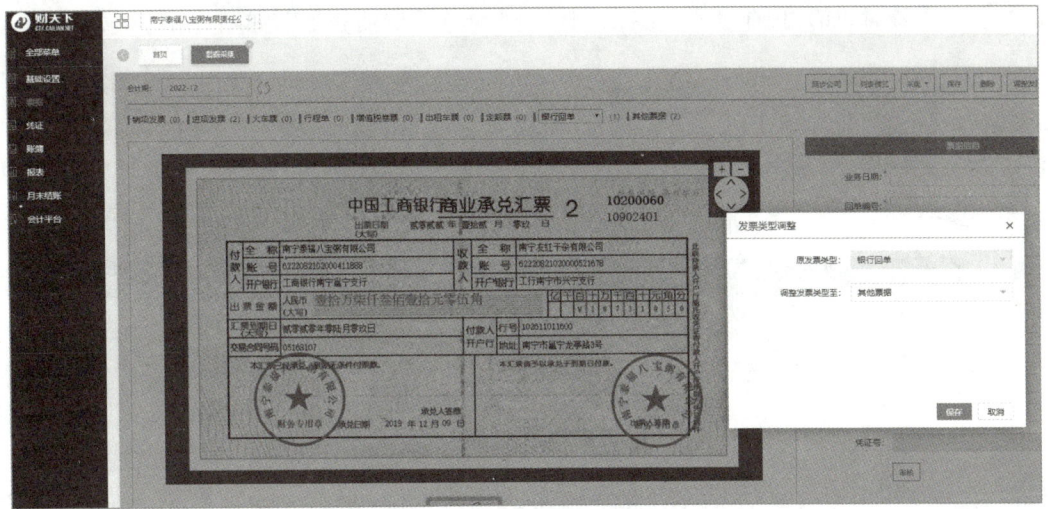

图 2-1-7　发票类型调整

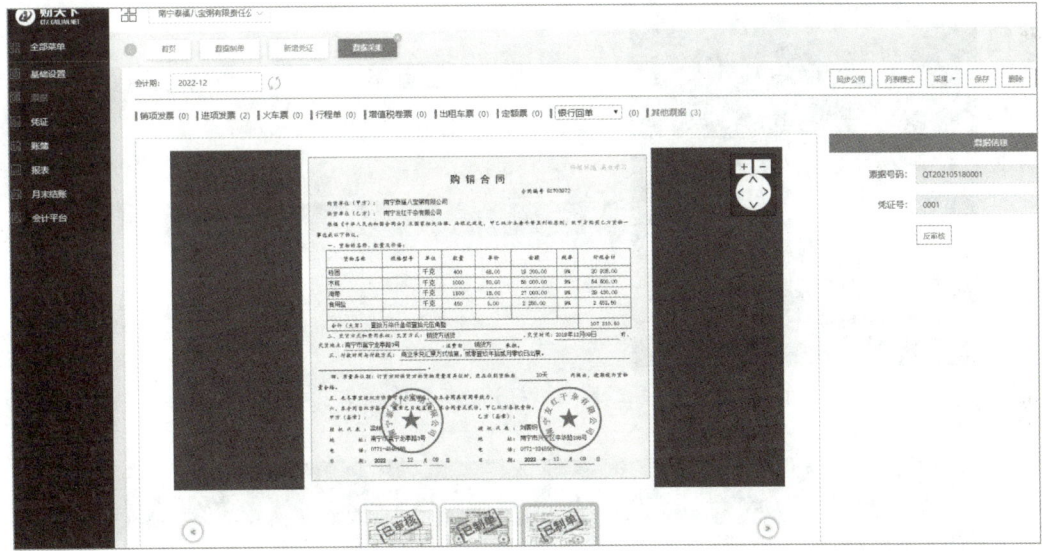

图 2-1-8　其他票据校验及审核

（8）进项发票审核后会自动制单，登录"财天下"，在菜单栏中点击"凭证"选项，选择"票据制单"按钮，如图 2-1-9 所示。

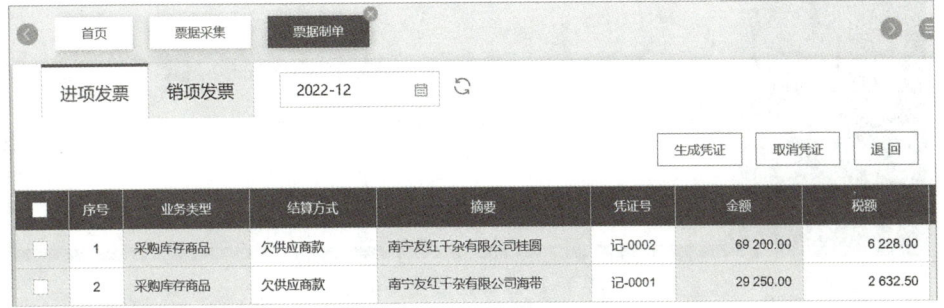

图 2-1-9　票据制单

（9）审核时，如发现业务类型错误，则点击"全选—取消凭证"，如图 2-1-10 所示。

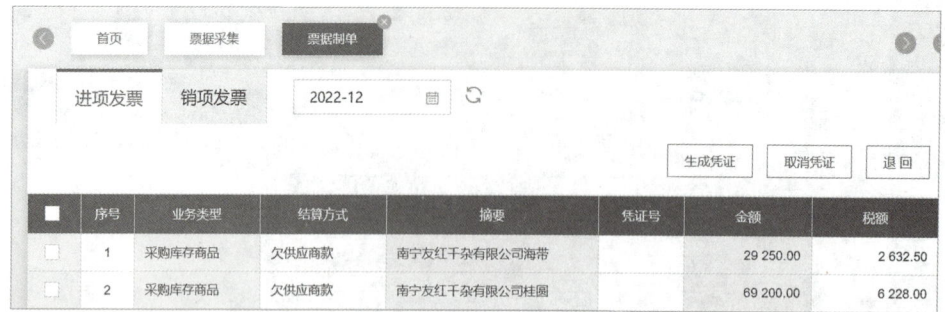

图 2-1-10　取消凭证生成

（10）返回"财天下"首页，点击"会计平台"选项，在弹出的下拉菜单中点击"业务类型"按钮，在进项发票中找到"采购库存商品"业务类型，如图 2-1-11 所示。点击"复制"按钮，完成修改，点击"保存"按钮，如图 2-1-12 所示。

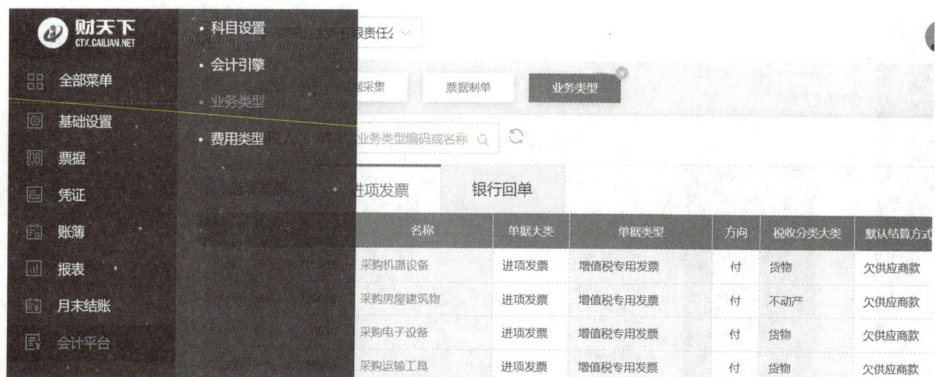

图 2-1-11　打开业务类型

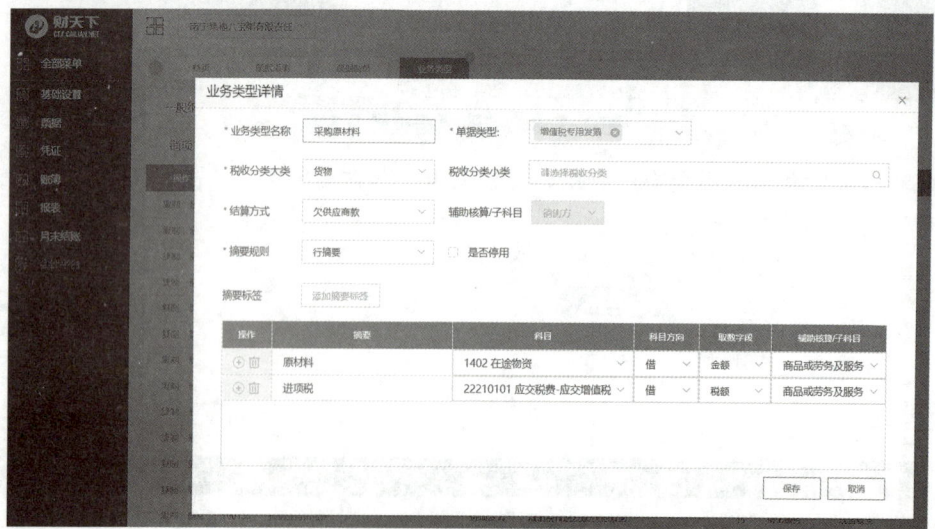

图 2-1-12　修改业务类型

(11) 点击"凭证—票据制单",进入票据制单界面,点击"业务类型"按钮,选择下拉菜单中的采购原材料的业务类型,点击"全选—生成凭证"按钮,弹出对话框如图 2-1-13 所示。选择"相同往来单位合并生成凭证"选项,点击"确定"按钮,合并生成凭证详情如图 2-1-14 所示。

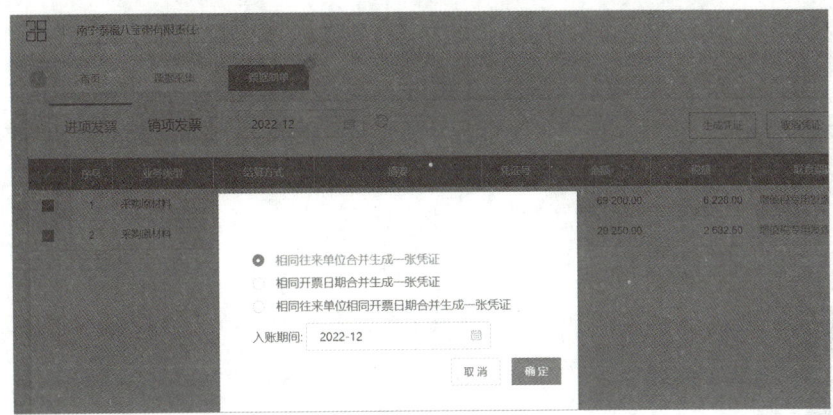

图 2-1-13　合并生成凭证

图 2-1-14　合并生成凭证详情

(12) 打开上述票据制单中形成的"记字第 0001 号"记账凭证,如图 2-1-15 所示。

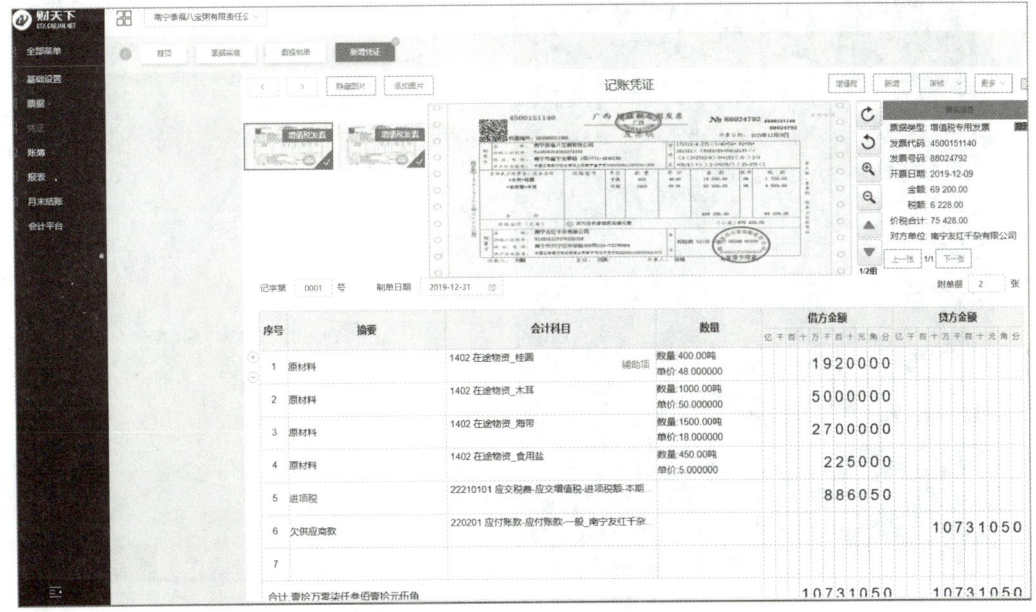

图 2-1-15　打开记账凭证

（13）检查记账凭证，贷方科目有误，将"应付账款"改为"应付票据"，修改记账凭证中的会计科目如图2-1-16所示。但仍无法录入其明细科目客户信息。

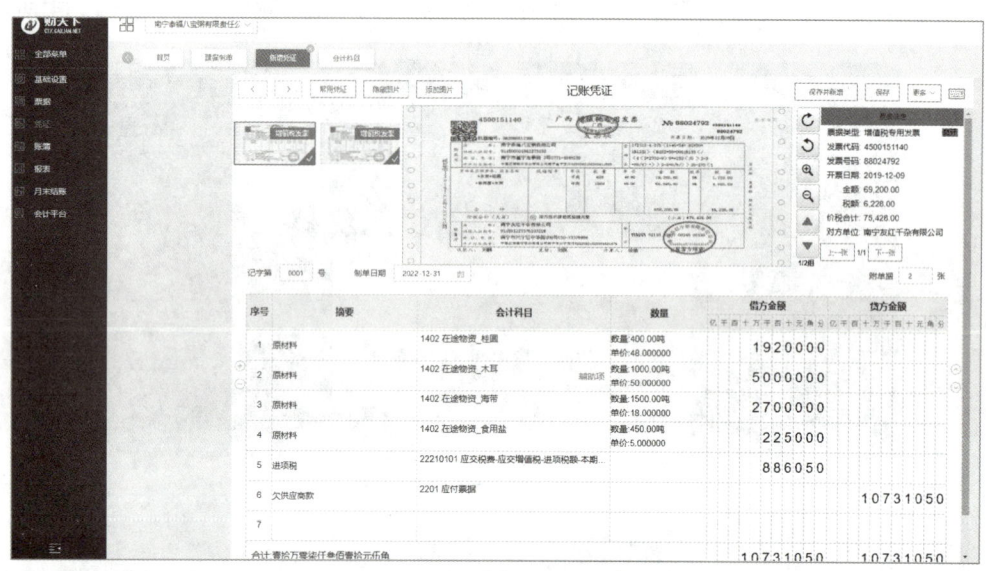

图2-1-16　修改记账凭证中的会计科目

（14）返回"财天下"首页，点击"基础设置"按钮，选择"会计科目—负债科目—应付票据"选项，点击"修改"选项，勾选"辅助核算"选项，再选择"客户"选项，点击"确定"按钮，如图2-1-17所示。

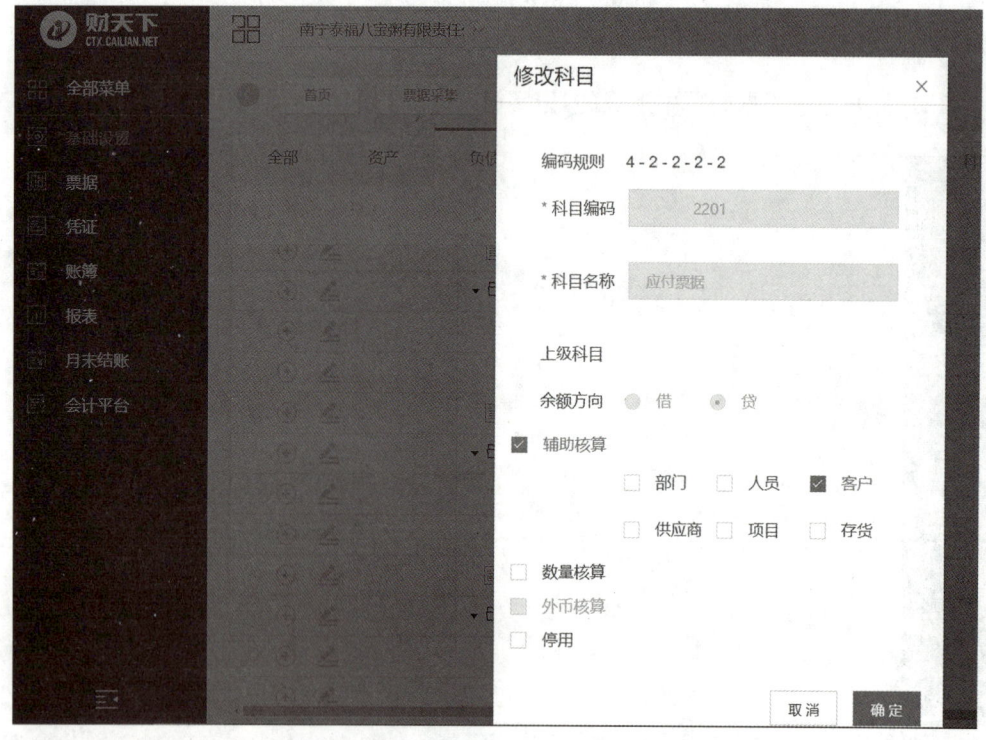

图2-1-17　在基础设置中修改会计科目

(15)返回"凭证—票据制单",点击"记字第 0001 号"记账凭证,贷方科目修改为"应付票据",选择"新增客户"选项,如图 2-1-18 所示。将增值税专用发票上必填信息填写完整,点击"确定"按钮,如图 2-1-19 和图 2-1-20 所示。

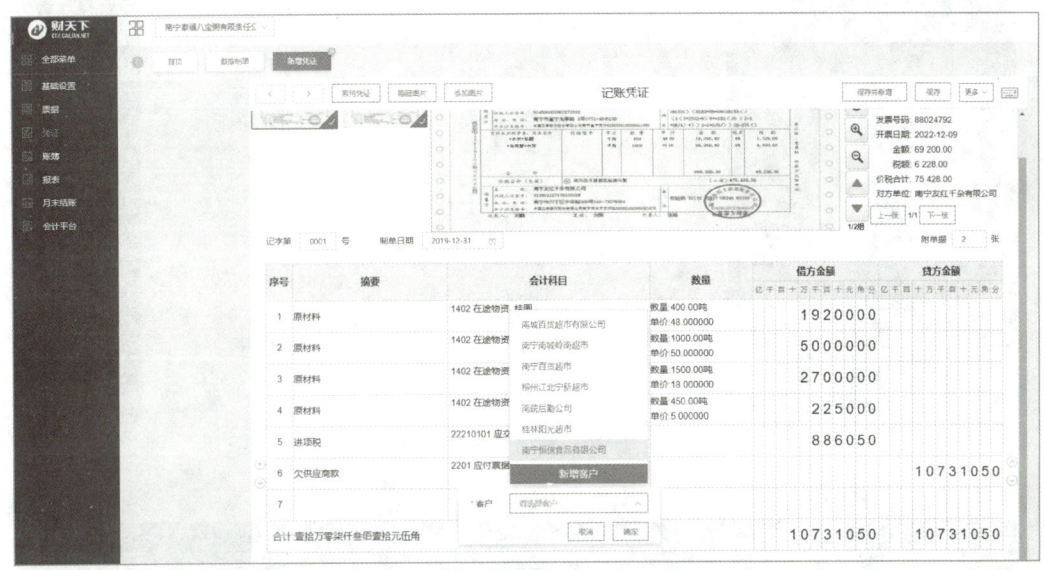

图 2-1-18　在记账凭证中修改会计科目

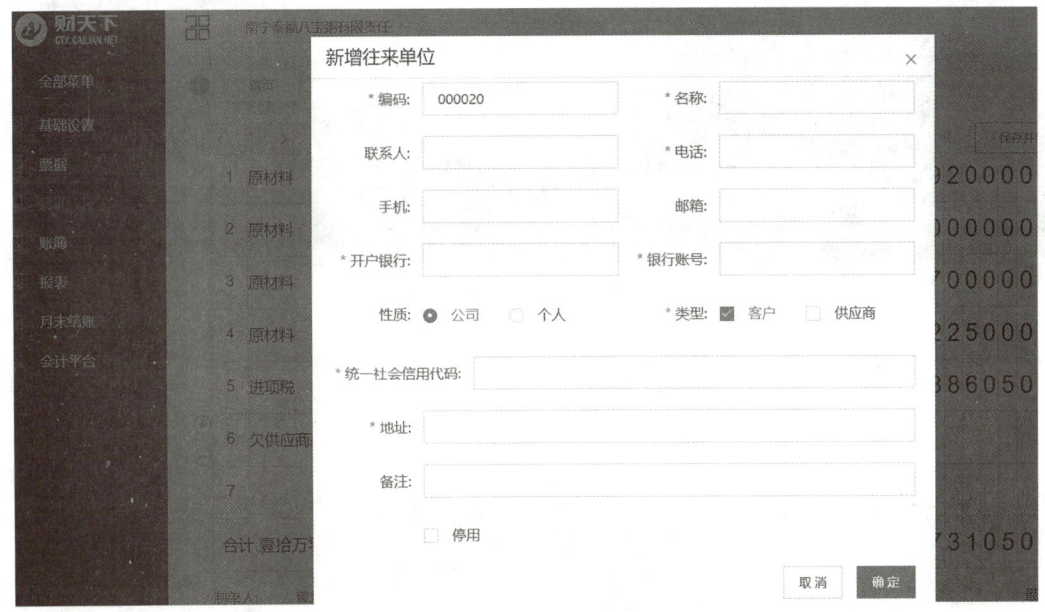

图 2-1-19　新增往来客户

(16)修改凭证日期,点击所附进项发票上方功能条"添加图片"。点击"查询"按钮,再点击"确定"按钮,双击选上该业务的购销合同及商业承兑汇票 2 张原始凭证,点击"保存"按钮,如图 2-1-21 所示。检查该记账凭证的会计科目、借贷方向及金额和附件张数,如图 2-1-22 所示。

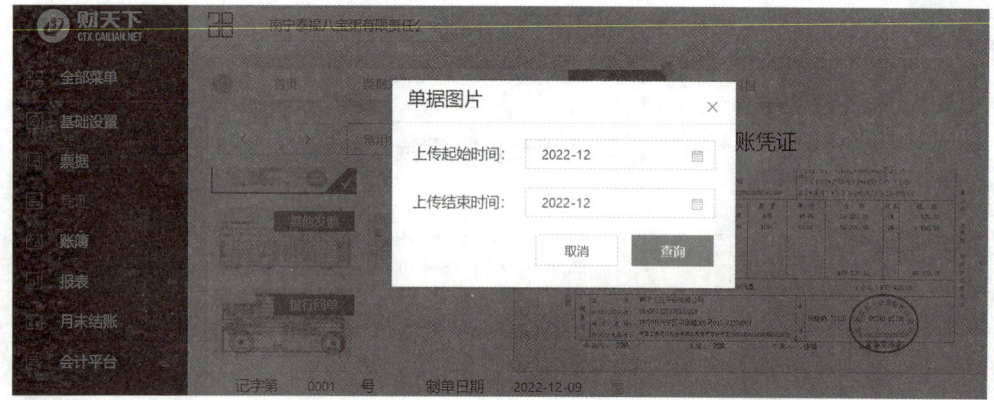

图 2-1-20　新增往来客户详情

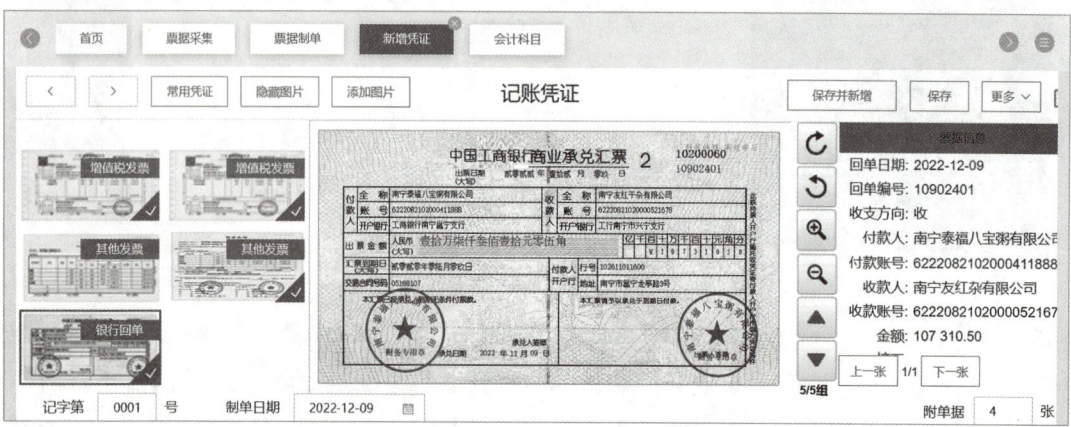

图 2-1-21　添加图片

图 2-1-22　检查记账凭证

12月10日,公司库管员验收南宁友红干杂有限责任公司所发货物,验收入库的材料金额为98 450元。

操作步骤:

选择"凭证—新增凭证—单据图片"选项,单击"查询"按钮,双击选定业务1中的收料单,编制材料验收入库的记账凭证如图2-1-23所示。

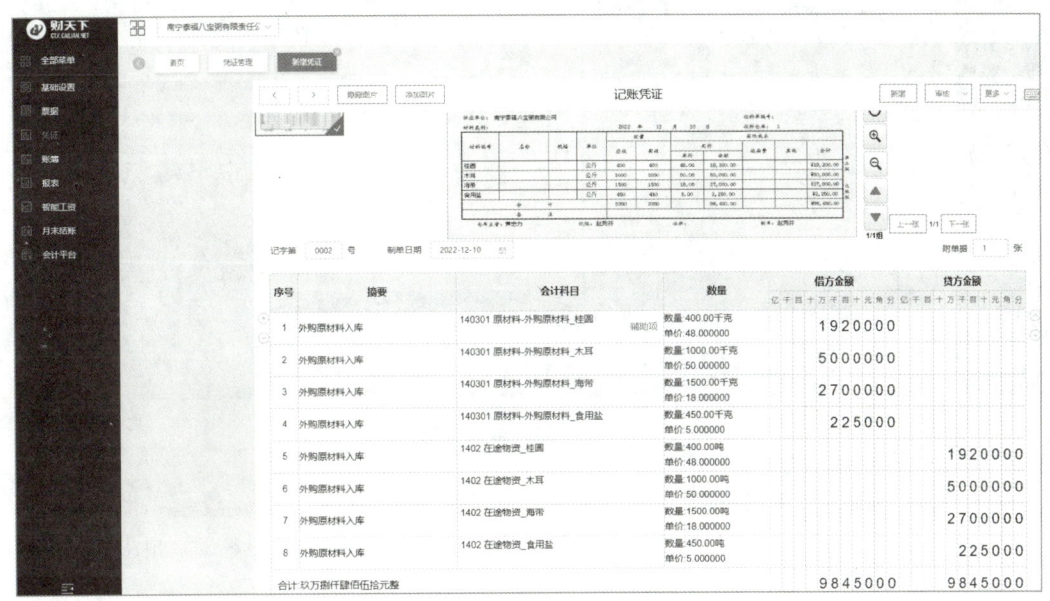

图2-1-23　新增记账凭证

业务2:12月10日,从深圳惠华罐业有限公司购入易拉罐一批,数量为100万罐,价格为0.7元/罐,增值税税率为13%,含税总金额为791 000元,货款已含运费。双方约定,货到后公司支付货款30%(不含税款计210 000元),余下的货款下月支付。

操作步骤:

(1) 在"财天下",选择"票据—票据采集"选项,点击"采集—选择教学平台图片"按钮,发票信息如图2-1-24所示。选择"全选"选项,之后点击"确定"按钮,显示共上传5条

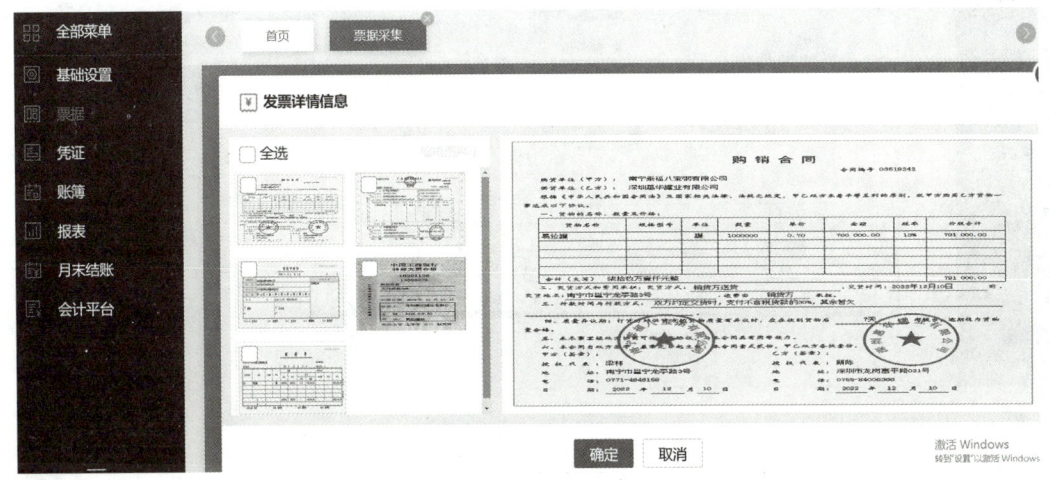

图2-1-24　发票信息

数据,如图 2-1-25 所示。

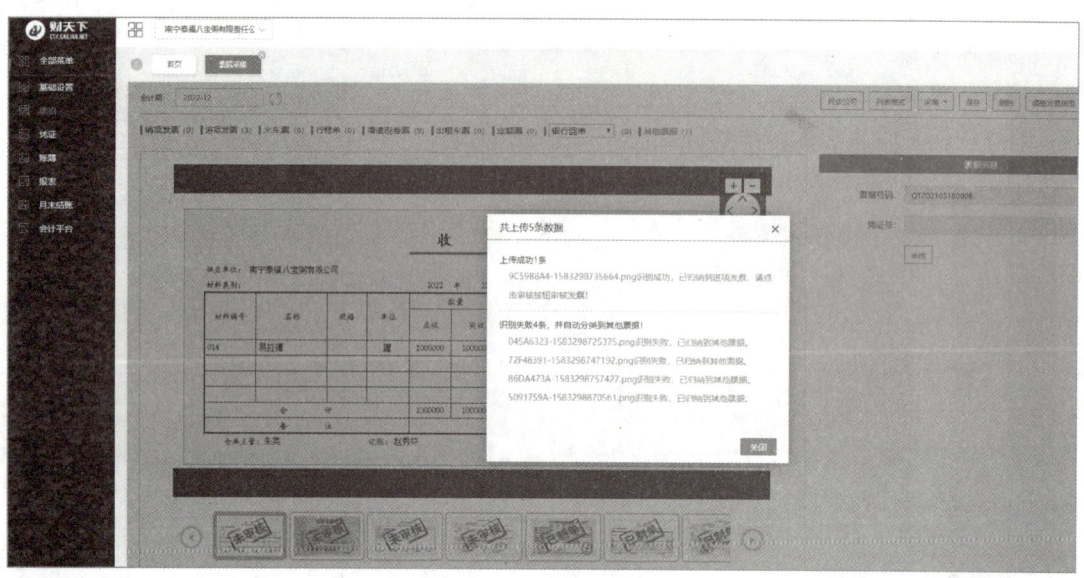

图 2-1-25 票据采集

（2）系统自动识票据信息后,人工校验票据信息,并填写完整。分别校验 5 张凭证,我们先校验进项发票一张。将右侧"票据信息"和"行信息"逐一与发票的信息核对,如图 2-1-26 所示。确认无误后点击"审核"按钮,结果如图 2-1-27 所示。

（3）按照上述步骤,依次校验其他票据中的未审核的 4 张,不需要调整发票类型,核对完成后点击"审核"按钮,审核前和审核后的图片分别如图 2-1-28 和图 2-1-29 所示。

（4）校验票据制单并填写完整。

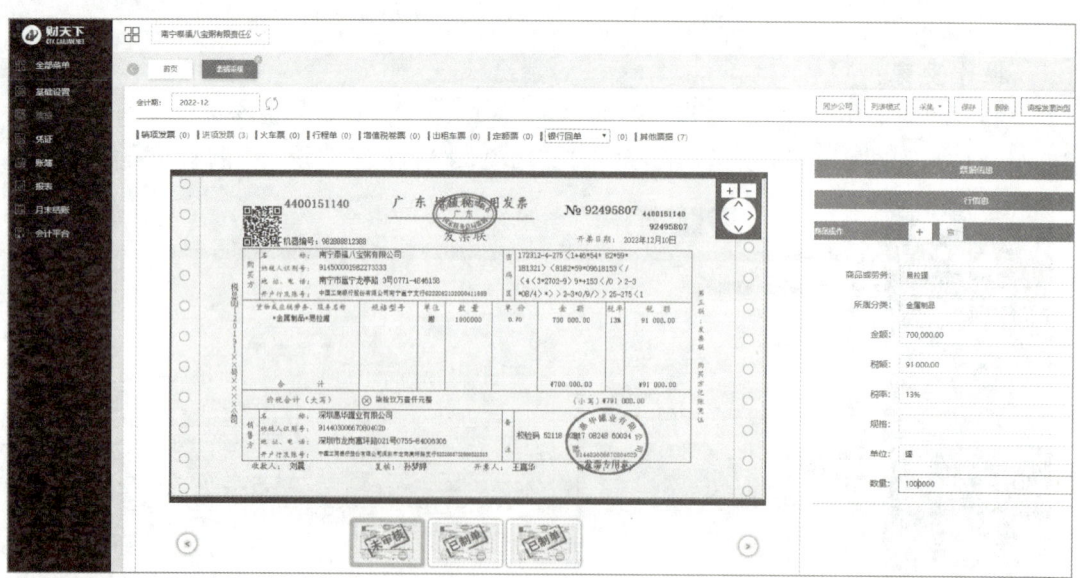

图 2-1-26 校验票据

第二部分　初级外包实务

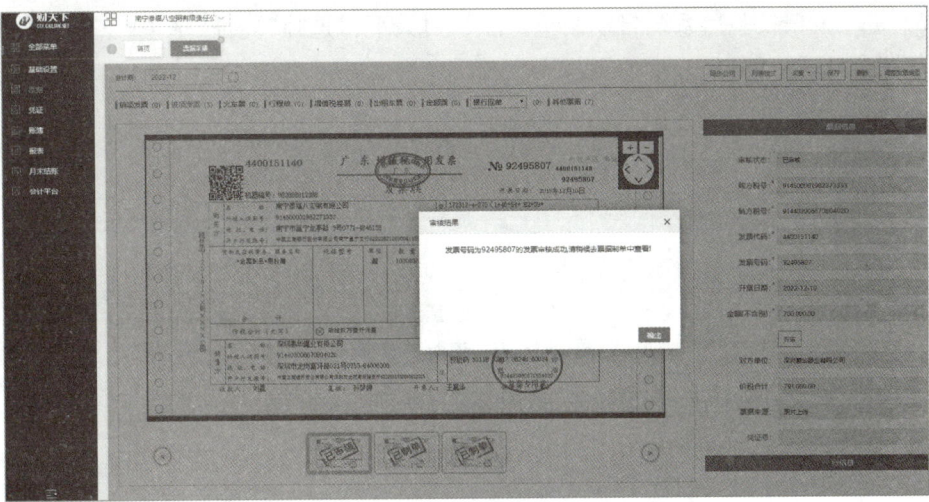

图 2-1-27　票据审核

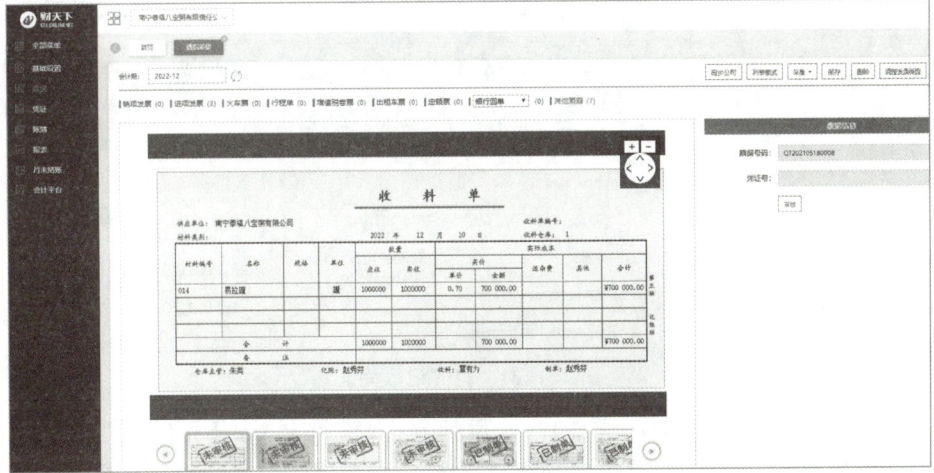

图 2-1-28　审核前界面

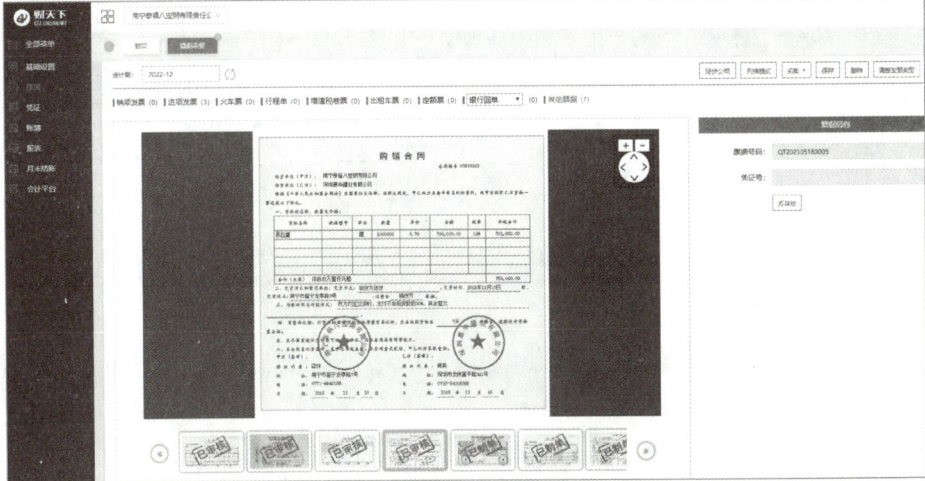

图 2-1-29　审核后界面

(5)进项发票校验后系统自动制单,登录"财天下",选择"凭证"选项,点击"票据制单"按钮,如图 2-1-30 所示。

图 2-1-30 校验票据制单

(6)点击"记-0003 号"记账凭证,如图 2-1-31 所示。

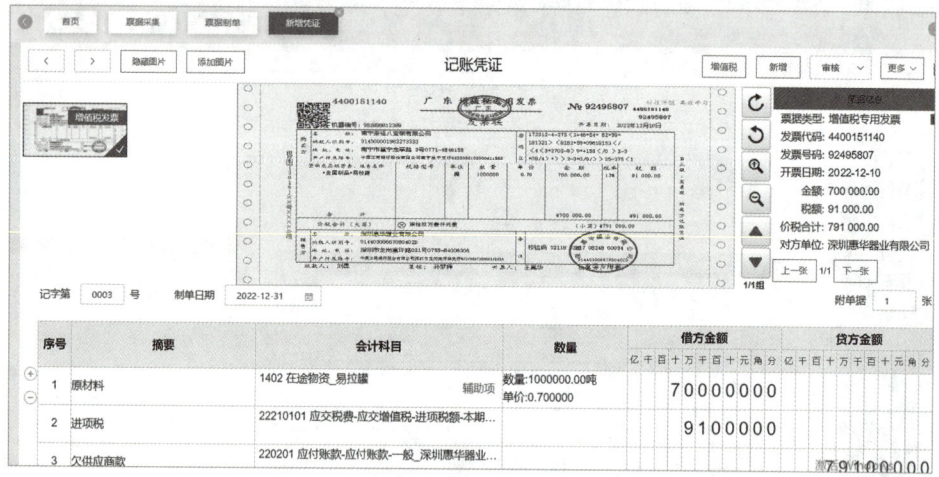

图 2-1-31 打开记账凭证

(7)按照资料要求修改记账凭证日期、付款方式(预付定金),同时点击"添加图片"按钮,双击选定本业务附件"支票存根、购销合同和付款申请书",检查附件张数完整无误,点击"保存"按钮,如图 2-1-32 所示。

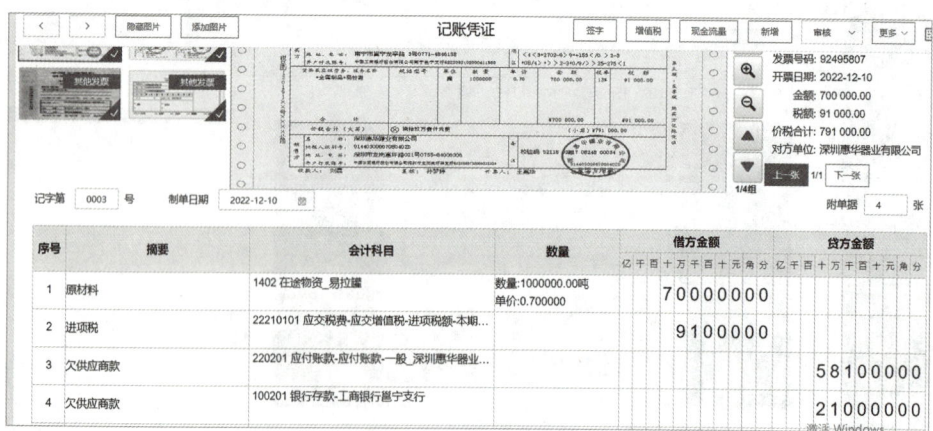

图 2-1-32 修改记账凭证

12月10日,公司购入的易拉罐已到货,仓库组织验收入库,入库单为700 000元。

操作步骤:

登录"财天下",选择"凭证—新增凭证"选项,点击"单据图片",双击选定业务2中的收料单,编制材料验收入库的记账凭证如图2-1-33所示。

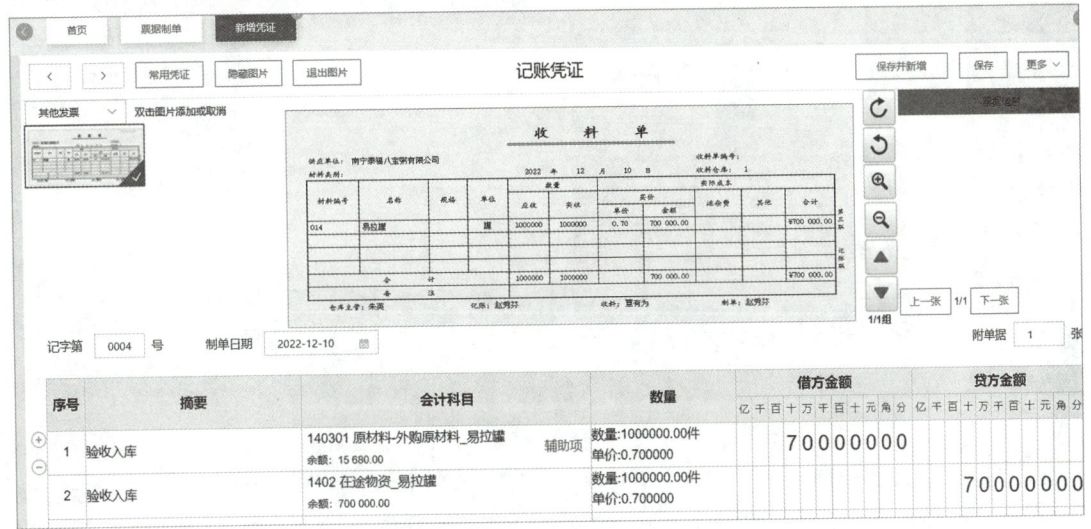

图2-1-33　新增记账凭证

业务3:12月11日,从柳州顺昌粮油有限公司购入原材料一批,共计119 276.40元,税款11 316.40元,款项未付。

操作步骤:

(1)登录"财天下",选择"票据—票据采集"选项,点击"采集—选择教学平台图片"按钮,显示4张发票,如图2-1-34所示。点击"全选—确定"按钮,共上传4条数据,如图2-1-35所示。

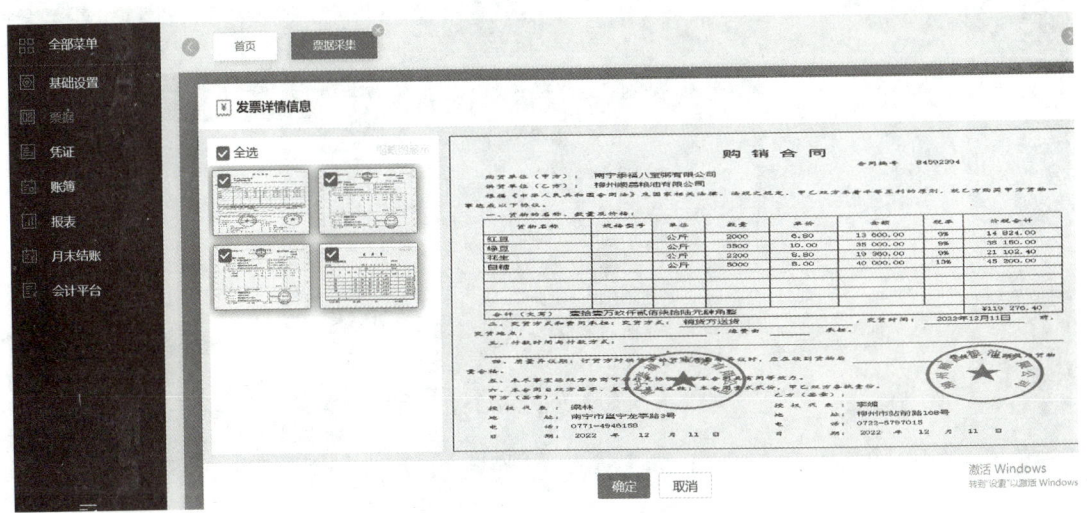

图2-1-34　发票详情信息

图 2-1-35 票据采集

(2) 系统自动识票据信息后,人工校验票据信息,收料单被归类到行程单,购销合同被归类到增值税卷票,发票类型错误,需要调整发票类型到其他票据,完成后点击"保存"按钮,如图 2-1-36 和图 2-1-37 所示。

(3) 分别校验这 4 张凭证,我们先校验进项发票 2 张。进项发票右边分为票据信息和行信息,将票据信息和行信息逐一与发票的信息核对,其中 2 张增值税专用发票都在行信息中,需增加项所购材料的金额、税额等信息,填写完整后,点击"保存"按钮,再核对并修改税率后,点击"审核"按钮,结果如图 2-1-38 所示。

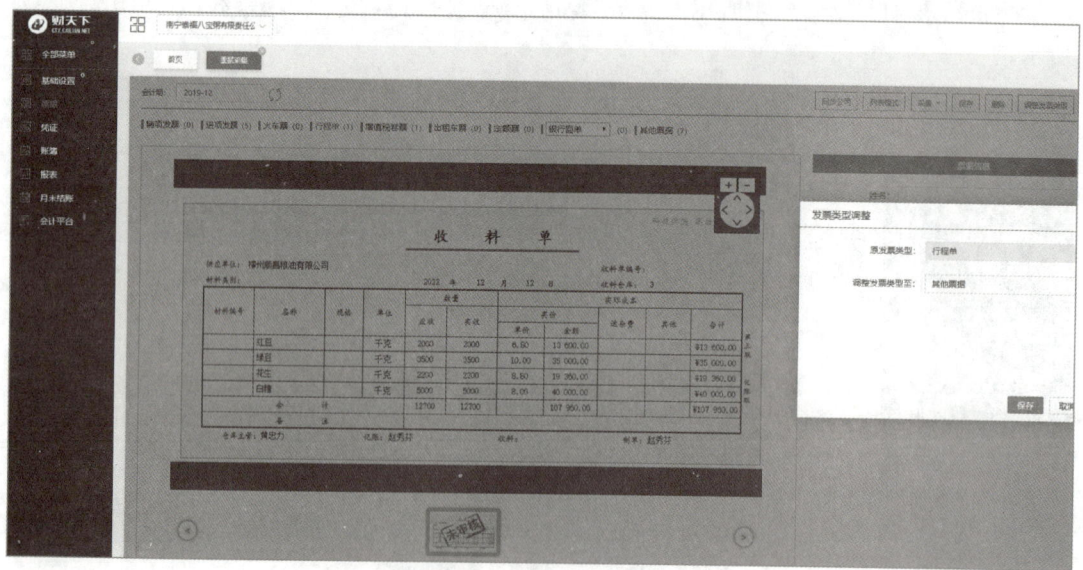

图 2-1-36 检查发票类型

(4) 校验票据制单并填写完整。

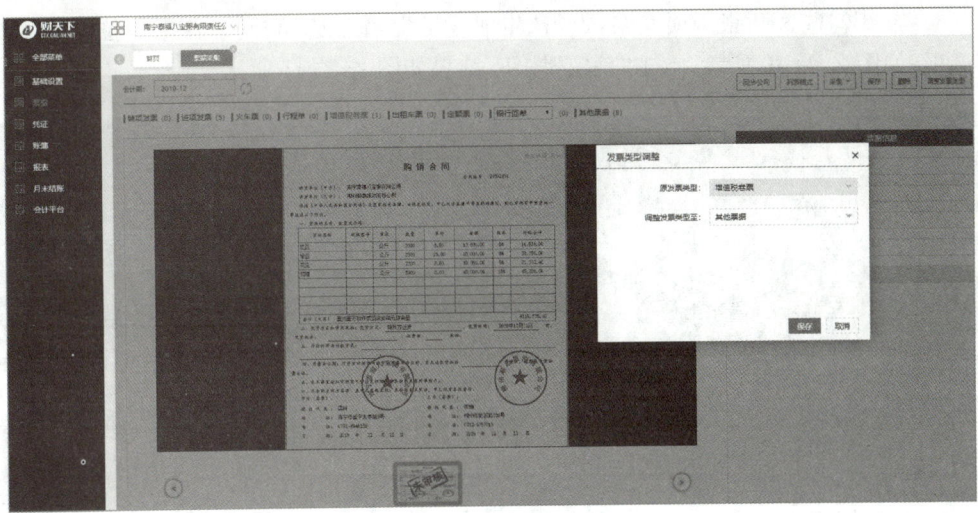

图 2-1-37　发票类型调整

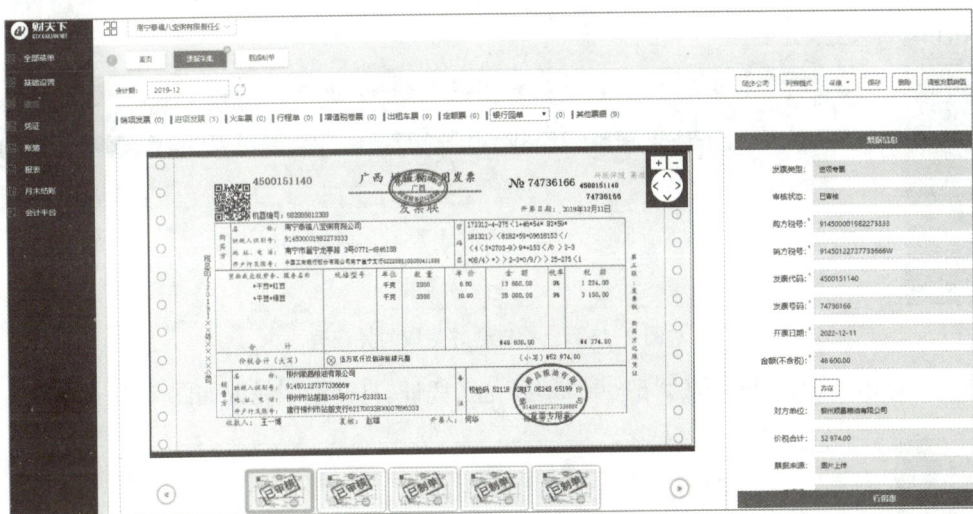

图 2-1-38　检验其他原始凭证

（5）进项发票校验后会自动制单，登录"财天下"，点击"凭证—票据制单"按钮，勾选这两张凭证，点击"取消凭证"按钮，如图 2-1-39 所示。

序号	业务类型	结算方式	摘要	凭证号	金额	税额	联查票据
1	采购原材料	欠供应商款	柳州顺昌粮油有限公司绿豆		48 600.00	4 374.00	增值税专用发票
2	采购原材料	欠供应商款	柳州顺昌粮油有限公司白糖		59 360.00	6 942.40	增值税专用发票
3	采购原材料	欠供应商款	深圳惠华器业有限公司易拉罐	记-0003	700 000.00	91 000.00	增值税专用发票
4	采购原材料	欠供应商款	南宁友红千杂有限公司桂圆	记-0001	69 200.00	6 228.00	增值税专用发票
5	采购原材料	欠供应商款	南宁友红千杂有限公司海带	记-0001	29 250.00	2 632.50	增值税专用发票

图 2-1-39　校验票据制单

（6）重新勾选这两张进项发票，点击"生成凭证"按钮，选择"同一往来单位合并生成凭证"选项，如图 2-1-40 所示，点击"确定"按钮，结果如图 2-1-41 所示。

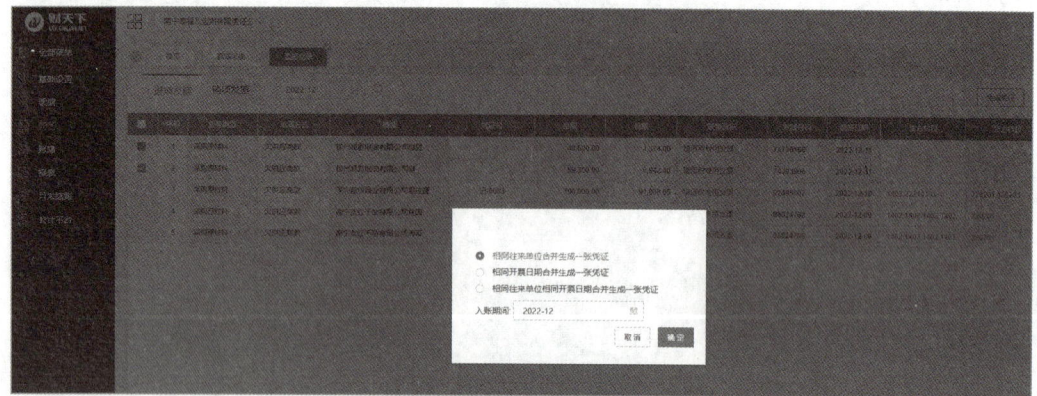

图 2-1-40　合并生成凭证

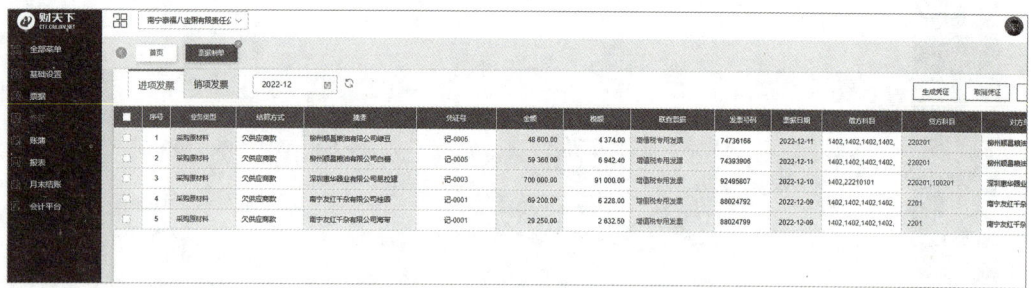

图 2-1-41　检查合并生成的凭证号

（7）点击上述合并生成的"记-0005 号"记账凭证，打开记账凭证如图 2-1-42 所示。

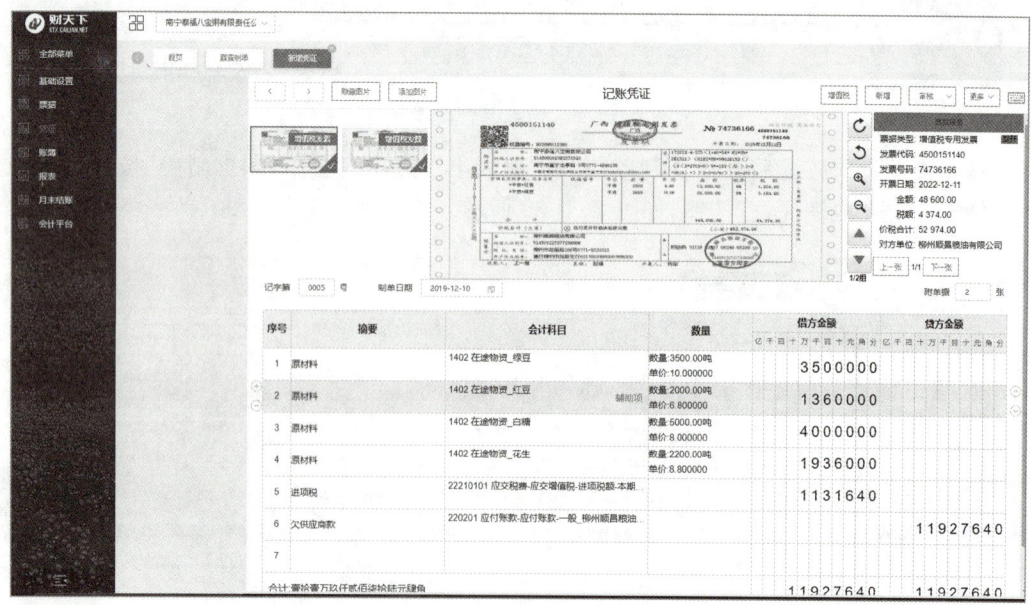

图 2-1-42　打开记账凭证

(8) 修改日期，点击"添加图片"按钮，点击"查询"按钮，如图 2-1-43 所示。勾选此任务的附件"购销合同"，点击"确定"按钮，完成后点击"保存"按钮，如图 2-1-44 所示。

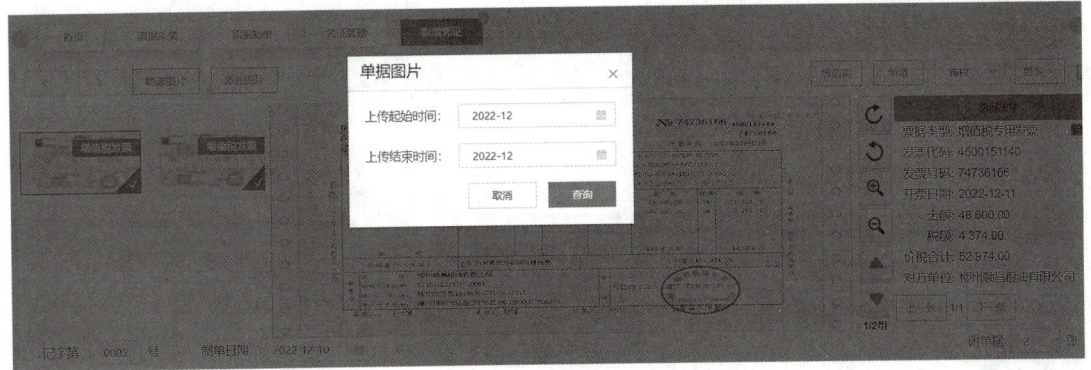

图 2-1-43　添加图片

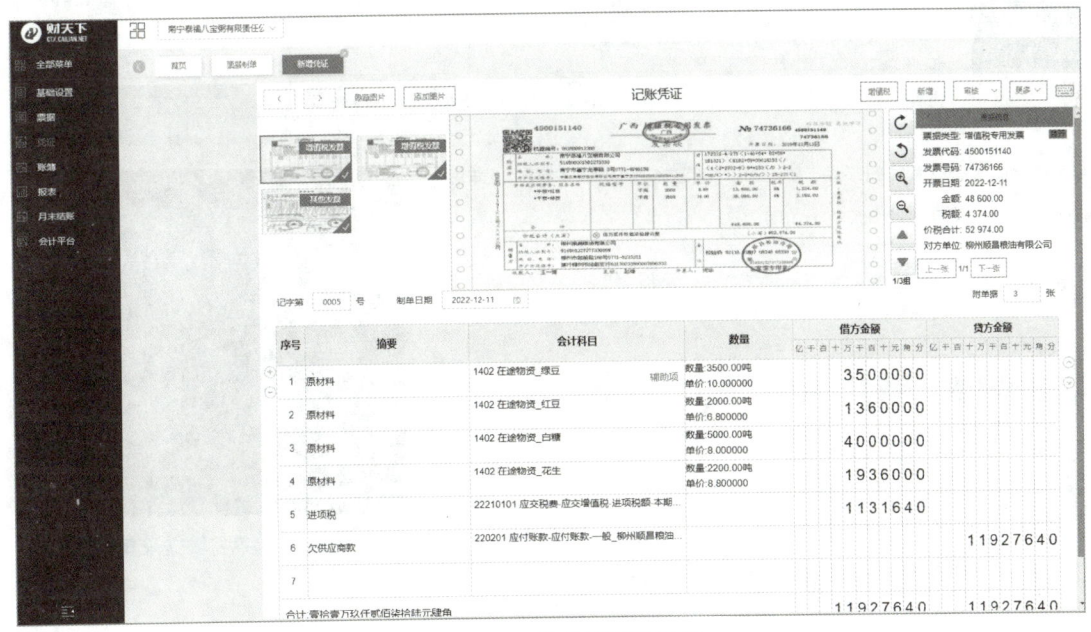

图 2-1-44　修改凭证并保存

12 月 12 日，向柳州顺昌粮油有限公司购入原材料一批，验收入库。

操作步骤：

登录"财天下"，选择"凭证—新增凭证"选项，点击"单据图片"按钮，然后点击"查询"按钮，双击选定业务 3 中的收料单，编制材料验收入库的记账凭证如图 2-1-45 所示。

业务 4：12 月 12 日，从南宁正红粮油有限公司购入原材料一批，共计 25 0002.40 元，税款 20 642.40 元，货款已结清。

操作步骤：

(1) 进入课堂，单击"开始练习"按钮，进入系统，如图 2-1-46 所示。

(2) 进入"财天下"，进行票据采集，选择左侧菜单栏中的"票据"选项，点击"票据采集"按钮，如图 2-1-47 所示。

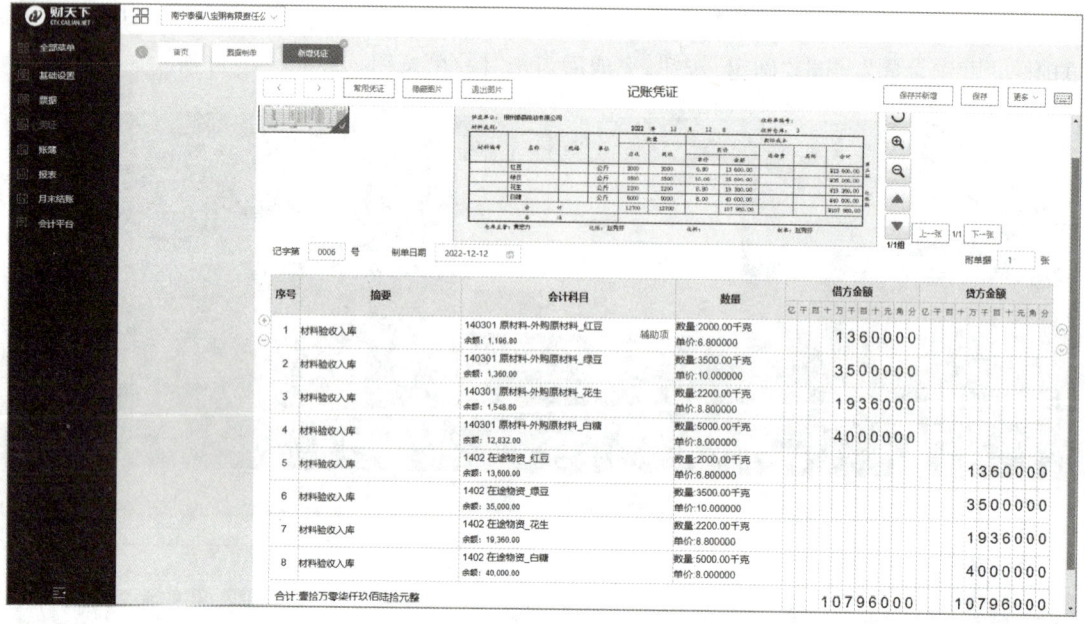

图 2-1-45　新增凭证

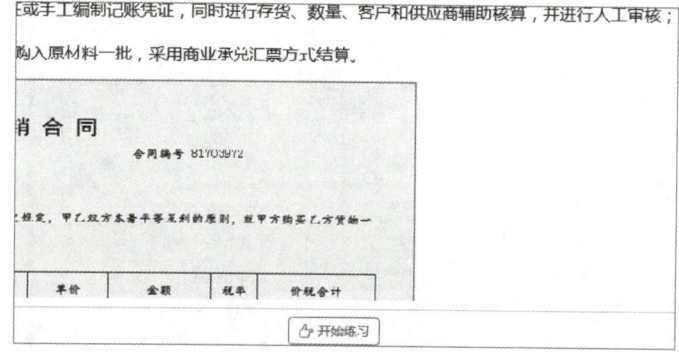

图 2-1-46　点击开始练习

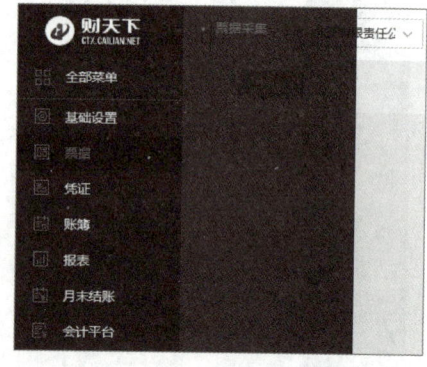

图 2-1-47　票据采集界面

（3）选择"采集—教学平台图片"按钮，如图 2-1-48 所示。

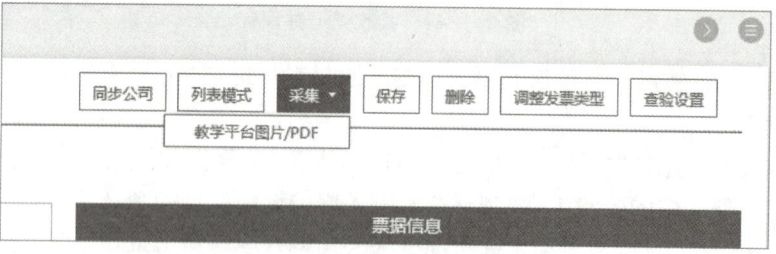

图 2-1-48　采集教学平台图片

（4）单击"全选"选框，选择需要采集的发票，如图 2-2-49 所示。

（5）单击"确认"按钮，确认采集，如图 2-1-50 所示。

（6）确认上传完成后，点击"关闭"按钮，如图 2-1-51 所示。

（7）对照发票信息审核凭证（如票据信息、行信息、日期、金额、纳税人识别号、公司名称

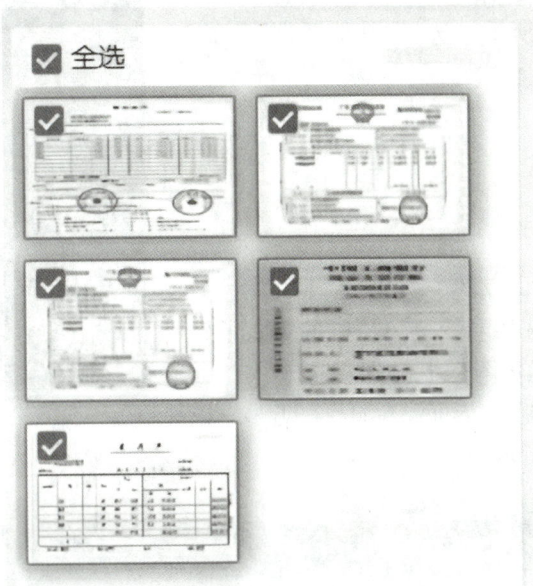

图 2-1-49　全选需要采集的发票

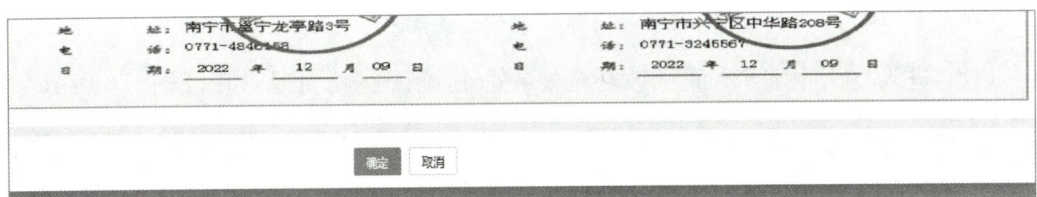

图 2-1-50　确认界面

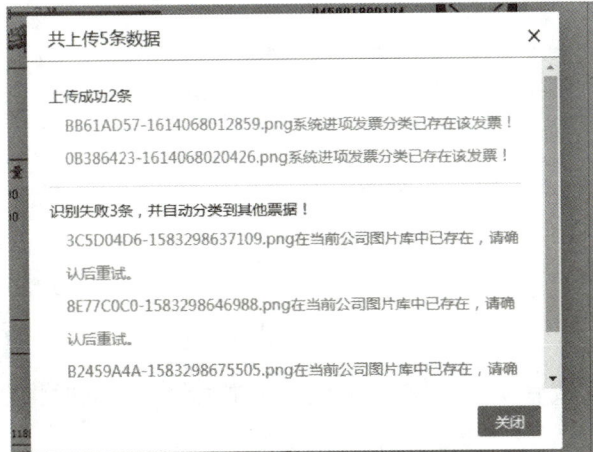

图 2-1-51　关闭界面

等）审核无误后，单击"审核"按钮，如图 2-1-52 所示。

（8）若发票分类错误，如其他票据（如工资计算表、合同、存根等）被分到其他分类，单击"调整发票类型"按钮，如图 2-1-53 所示。选择"其他票据"分类，点击"确认"按钮。

图 2-1-52 "审核"按钮

图 2-1-53 调整发票类型

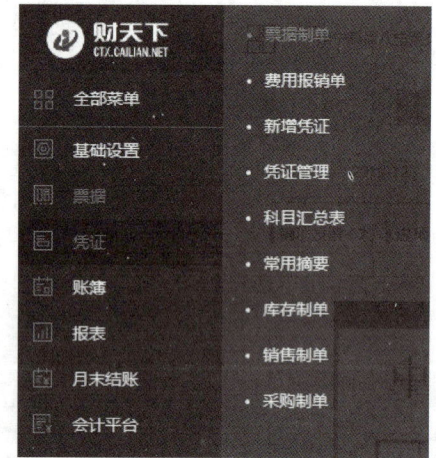

图 2-1-54 票据制单

（9）完成采集后，选择左侧菜单栏中的"凭证"选项，单击"票据制单"按钮，如图 2-1-54 所示。

（10）进入票据制单界面，单击凭证号-记 0020 号，如图 2-1-55 所示。

摘要	凭证号	金额	税额	联查票据
南宁友红干杂有限公司海带	记-0020	29 250.00	2 632.50	增值税专用发票
南宁友红干杂有限公司桂圆	记-0020	69 200.00	6 228.00	增值税专用发票

图 2-1-55 票据制单界面

（11）进入"新增凭证"界面，修改补充分录凭证，确认金额、分录，如图 2-1-56 所示。

记字第 0020 号	制单日期 2022-12-30				附单据 4 张
序号	摘要	会计科目	数量	借方金额 亿千百十万千百十元角分	贷方金额 亿千百十万千百十元角分
1	采购材料	1402 在途物资_海带	数量:1500.00吨 单价:18.000000	2700000	
2	采购材料	1402 在途物资_食用盐	数量:450.00吨 单价:5.000000 辅助项	225000	
3	采购材料	1402 在途物资_桂圆	数量:400.00吨 单价:48.000000	1920000	
4	采购材料	1402 在途物资_木耳	数量:1000.00吨 单价:50.000000	5000000	
5	采购材料	22210101 应交税费-应交增值税-进项税额-本期…		886050	
6	欠供应商款	220201 应付账款-应付账款-一般_南宁友红干杂…			10731050
7					
合计:壹拾万零柒仟叁佰壹拾元伍角				10731050	10731050

图 2-1-56 修改分录界面

（12）分录修改完成后，左上角双击选中需要的原始凭证，同时将右上角制单日期修改为正确的日期，如图 2-1-57 所示。

（13）修改完成后点击"保存"按钮，本任务完成，如图 2-1-58 所示。

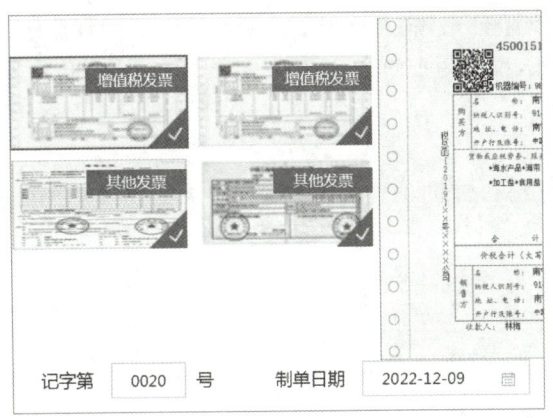

图 2-1-57 制单日期修改

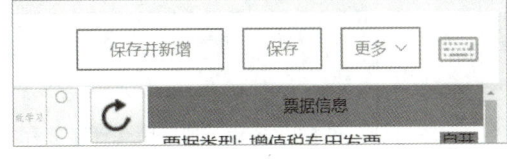

图 2-1-58 保存界面

业务 5：12 月 14 日，采购员从南宁科析仪器有限公司购买质检用的一批低值易耗品金额为 35 000 元，增值税款为 4 550 元，价税合计 39 550 元，取得增值税专用发票，款项未支付，已验收入库。

前步骤同业务 4 步骤(1)—(11)。

(1) 进入分录页面后，直接手动修改系统生成的分录，修改后如图 2-1-59 所示，摘要为"采购原材料"。

图 2-1-59 会计分录

(2) 分录修改完成后，左上角双击选中需要的原始凭证，同时修改右上角制单日期为正确的日期，如图 2-1-60 所示。

(3) 完成后点击"保存"按钮，此任务完成，如图 2-1-61 所示。

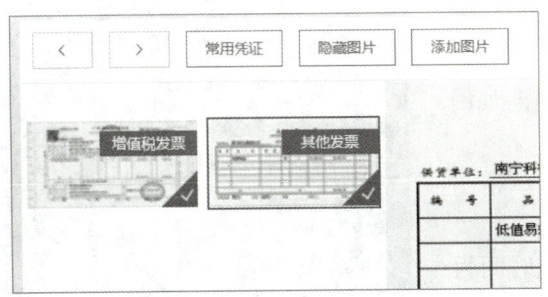

图 2-1-60 选择原始凭证

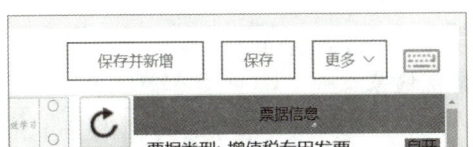

图 2-1-61 保存界面

业务6：12月22日，在南宁兴宁百货股份有限公司，购入夏季工装服装35套(劳保服装类)，均价(不含税)为350元/套，价款为12 250元，税金为1 592.50元，总金额为13 842.50元。款项未支付，劳保服装已验收入库。

前步骤同业务4步骤(1)—(11)。

(1) 进入凭证，修改分录摘要为“采购原材料”，辅助项为“工装服”，分录如图2-1-62所示。

记字第 0002 号　制单日期 2019-12-22　附单据 3 张

序号	摘要	会计科目	数量	借方金额	贷方金额
1	采购原材料	140301 原材料-外购原材料_工装服	数量:35.00套 单价:350.000000	1225000	
2	采购原材料	22210101 应交税费-应交增值税-进项税额-本期…		159250	
3	采购原材料	220201 应付账款-应付账款-一般_南宁兴宁百兴…			1384250
4					
合计:壹万叁仟捌佰肆拾贰元伍角				1384250	1384250

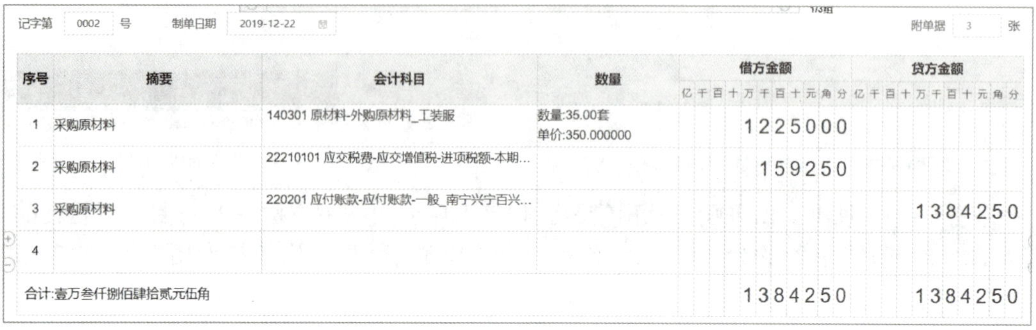

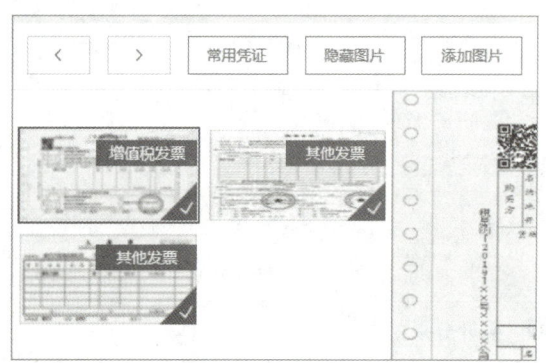

图2-1-62　会计分录

(2) 双击选择原始凭证，修改制单日期，单击“保存”按钮，此任务完成，如图2-2-63和图2-1-64所示。

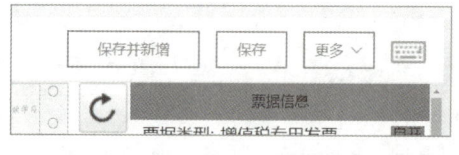

图2-1-63　选择原始凭证

图2-1-64　保存界面

业务7：12月30日，支付深圳惠华罐业有限公司前期购入易拉罐货款，由工行账户转出581 000元。

前步骤同业务4步骤(1)—(11)。

(1) 选择“凭证”选项，单击“票据制单”按钮，如图2-1-65所示。

(2) 进入后，单击“单据图片”按钮，进入单据图片选择界面。

(3) 选择上传起止时间(本任务上传起止时间为2022年12月)，点击“查询”按钮，如图2-1-66所示。

(4) 双击选择所有图片，如图2-1-67所示。

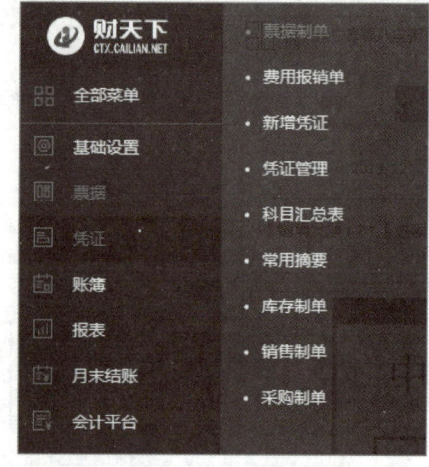

图2-1-65　新增凭证界面

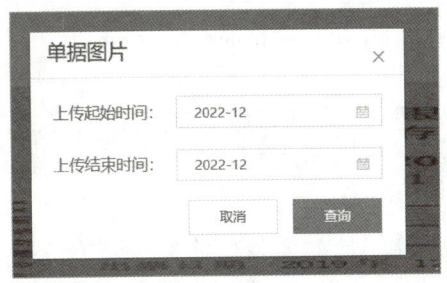

| 图 2-1-66 单据图片起止时间 | 图 2-1-67 双击选择图片 |

(5) 填写分录,如图 2-1-68 所示。

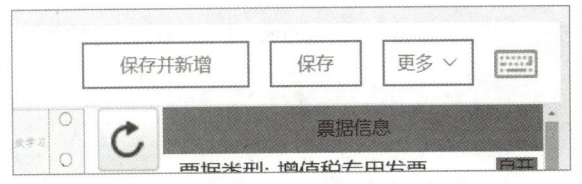

图 2-1-68 会计分录参考

(6) 填写完毕后,修改日期,点击"保存"按钮,此任务完成,如图 2-1-69 所示。

图 2-1-69 保存界面

任务二 生产成本核算

一、任务场景

泰福八宝粥公司将"生产成本核算"业务外包给乙公司办理,双方签订合同。

工作分为"库存管理业务"和"成本费用核算业务"两个部分。

(一) 生产工艺过程

原材加工部:工人们将各种原材料目测、筛选、去杂质按干料配方表称量,将原材料过水浸泡、沥干。将称量好的沥干的原材料混合放入大锅中煮熟。

灌装部:将煮熟的八宝粥加上糖水,少量添加剂,经过灌装程序,将熟料灌入到杀菌后的空易拉罐中,封口。

成品部:工人们将装满八宝粥的易拉罐放入半自动卧式杀菌锅进行高温高压杀菌,使八宝粥在高温中进一步膨化,防止返生,然后对其冷却。

质检部:八宝粥加工完成后,由质检部门进行检验、贴标、出厂合格品。

(二)成本核算

成本核算采用综合结转分步法,分成三个步骤,分别是八宝粥熟料加工、八宝粥灌装、八宝粥成品加工(含杀菌、包装、质检等)。

第一步:原料部将原材料经过预处理、煮熟,处理的原材料全部形成生产成本——八宝粥熟料,无须半成品入库核算。该生产成本全部一次性转到八宝粥灌装车间。

第二步:八宝粥灌装车间接收八宝粥熟料生产成本转入,将八宝粥熟料灌装到清洁易拉罐中,并对易拉罐封口。月末按约当产量法分配生产成本,约当产量比例为50%。加工完成的产品进入八宝粥灌装自制半成品库。

第三步:八宝粥成品加工,接收八宝粥灌装成本,高温灭菌,质检,喷码包装。

各步骤原材料投料比例均在该车间开始生产时一次投入。

(三)存货核算

公司存货包括原材料、周转材料、产成品等。

(1)原材料发出成本采用移动加权平均法计算,库存商品发出成本采用全月加权平均法计算。

(2)周转材料根据其实际使用情况进行摊销。

(3)期末按产品产量比例分配生成工人职工薪酬、制造费用等。

二、任务布置

财税共享服务公司工作人员唐明负责处理泰福八宝粥公司的生产成本核算业务。

(一)知识准备

库存管理,生产成本核算等。

(二)业务要领

(1)库存管理。通过入库业务、出库业务、库存管理业务等功能,结合库存盘点、即时库存管理等综合管理系统,对仓存业务全过程进行有效控制和跟踪,实现完善的企业仓储信息管理。

(2)生产成本核算,主要内容包括固定资产折旧的计提、水电费用计提、周转材料——低值易耗品摊销、租金分摊、生产八宝粥产品领料、职工薪酬核算、五险一金核算、自制半成品入库、产品入库的核算。

成本核算采用综合结转分步法,即上一生产步骤的半成品成本转入下一生产步骤时,是以"半成品"或"直接材料"综合项目记入下一生产步骤成本计算单的方法。

三、业务操作

(一)库存管理类题目

业务1:12月13日,与南宁茶花山矿泉水有限公司签订采购合同,购买生产用矿泉水250吨,单价为250元/吨,增值税税率为13%;购买生产用的矿泉水14日到货,仓库组织入库250吨,请根据单据编制分录。相应原始单据如图2-1-70和图2-1-71所示。

购销合同

合同编号 95797519

购货单位（甲方）： 南宁泰福八宝粥有限公司
供货单位（乙方）： 南宁茶花山矿泉水有限公司

根据《中华人民共和国合同法》及国家相关法律、法规之规定，甲乙双方本着平等互利的原则，就甲方购买乙方货物一事达成以下协议。

一、货物的名称、数量及价格：

货物名称	规格型号	单位	数量	单价	金额	税率	价税合计
矿泉水		吨	250	250.00	62 500.00	13%	70 625.00
合计（大写） 柒万零陆佰贰拾伍元整							70 625.00

二、交货方式和费用承担：交货方式 销货方送货 ，交货时间：2022年12月14日 前。
交货地点：南宁市邕宁龙亭路3号 ，运费由 销货方 承担。

三、付款时间与付款方式： 转账支票方式结算，贰零贰贰年拾贰月壹拾肆日到期。

四、质量异议期：订货方对供货方货物质量有异议时，应在收到货物后 10天 提出，逾期视为货物质量合格。

五、未尽事宜经双方协商可作为补充协议，与本合同具有同等效力。

六、本合同自双方签字、盖章之日起生效，本合同壹式贰份，甲乙双方各执壹份。

甲方（签章）：　　　　　　　　　　　　乙方（签章）：
授 权 代 表： 梁林　　　　　　　　　授 权 代 表： 广旭
地　　　址： 南宁市邕宁龙亭路3号　　地　　　址： 南宁市兴宁区华阳路西里298号
电　　　话： 0771-4846158　　　　　　电　　　话： 0771-5267532
日　　　期： 2022 年 12 月 13 日　　　日　　　期： 2022 年 12 月 13 日

图 2-1-70　矿泉水采购合同

入 库 单

No 40643995

供货单位： 南宁茶花山矿泉水有限公司　　2022 年 12 月 14 日

编号	品　　名	规　格	单位	数　量	单　价	金　　额	备注
	矿泉水		吨	250	250.00	62 500.00	
	合　　　计					62 500.00	

仓库主管：黄忠力　　记账：赵秀芬　　保管：　　经手人：　　制单：赵秀芬

图 2-1-71　矿泉水入库单

业务 2：本月生产桂圆海带八宝粥罐装 15 400 箱，罐装部领取原材料。请根据领料表编制分录，相应原始单据如图 2-1-72 所示。

领 料 单

领料部门：罐装部
用　　途：桂圆海带八宝粥罐装　　2022 年 12 月 30 日　　编号：347

材料编号	材料名称	规格	计量单位	数量		成本	
				请领	实发	单价	金额
	白糖		千克	2 016	2 016	8.00	16 128.00
	食用盐		千克	84	84	5.00	420.00
	易拉罐		罐	369 600	369 600	0.70	258 720.00
合　　计				371 700	371 700		275 268.00

主管：王冰冰　　记账：赵秀芬　　仓管主管：黄忠力　　领料：　　发料：

图 2-1-72　领料单

业务 3：本月生产养生八宝粥罐装 21 384 箱，罐装部领取原材料。请根据领料表编制分录，相应原始单据如图 2-1-73 所示。

领 料 单

领料部门：罐装部
用　　途：养生八宝粥罐装　　2022 年 12 月 30 日　　编号：259

材料编号	材料名称	规格	计量单位	数量		成本	
				请领	实发	单价	金额
	白糖		千克	2 799.36	2 799.36	8.00	22 394.88
	食用盐		千克	116.64	116.64	5.00	583.20
	易拉罐		罐	513 216	513 216	0.70	359 251.20
合　　计				516 132	516 132		382 229.28

主管：王冰冰　　记账：赵秀芬　　仓管主管：黄忠力　　领料：　　发料：

图 2-1-73　领料单

业务 4：12 月 30 日，按本月生产计划，成品部从罐装库领取原材料——自制半成品领取桂圆海带八宝粥罐装 14 800 箱，总金额为 472 712 元，生产桂圆海带八宝粥，编制自制半成品出库的分录。

成品部从罐装库领取养生八宝粥罐装 20 860 箱，总价值为 655 629 元，生产养生八宝粥,编制自制半成品出库的分录。相应原始单据如图 2-1-74 所示。

2022 年 12 月 30 日　　　　　　　　　　　　　　　　　金额单位：元

项目	收入			发出			结存		
月初	数量	单价	金额	数量	单价	金额	数量	单价	金额
10 日									0.00
11 日	12 900	31.75	409 573.39	12 600	31.75	400 048.43	300	31.75	9 524.96
12 日	15 000	32.80	491 400.00	14 800	32.74	484 552.00	500	32.74	16 372.98

2022 年 12 月 30 日　　　　　　　　　　　　　　　　　金额单位：元

项目	收入			发出			结存		
月初	数量	单价	金额	数量	单价	金额	数量	单价	金额
10 日									
11 日	23 660	30.59	723 737.44	23 500	30.59	718 843.18	160	30.59	4 894.26
12 日	21 000	31.88	669 480.00	20 860	31.87	664 808.20	300	31.87	9 566.06

图 2-1-74　材料出库单

操作步骤：

（1）进入系统点击"开始练习"按钮,调整会计期（2022 年 12 月）,点击"票据—票据采集",点击"采集（教学平台图片）",选择"全选"按钮,如图 2-1-75 所示。

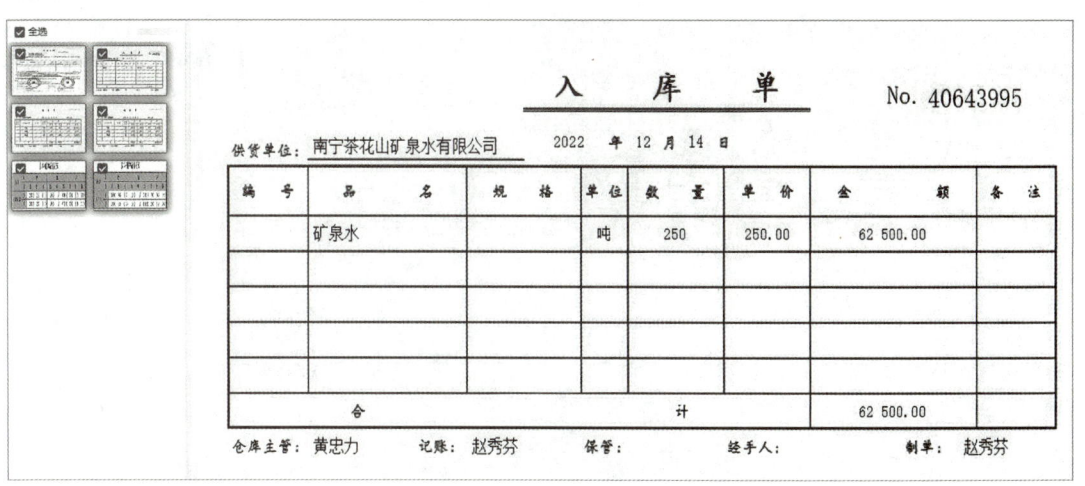

图 2-1-75　采集票据

（2）审核票据如图 2-1-76 所示。

（3）填写凭证：将所有图片审核完毕后进行凭证的填制,菜单栏选择"凭证—新增凭证"选项,选择制单日期（2022 年 12 月 31 日）进行凭证的填制,添加单据图片,检查无误后点击"保存"按钮,如图 2-1-77 至图 2-1-80 所示。

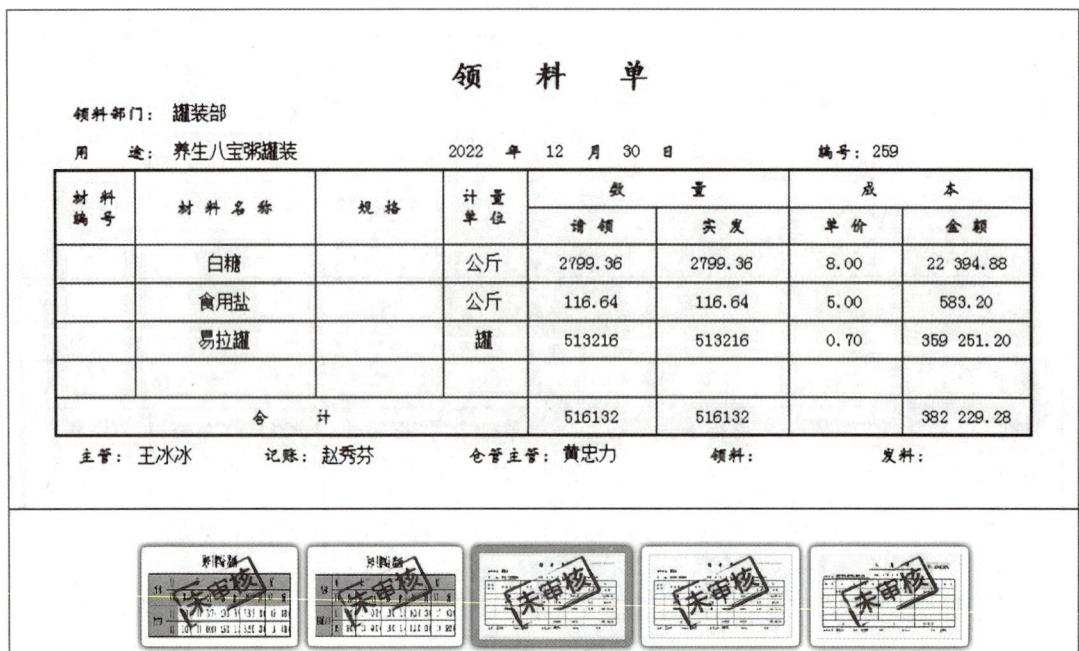

图 2-1-76 审核票据

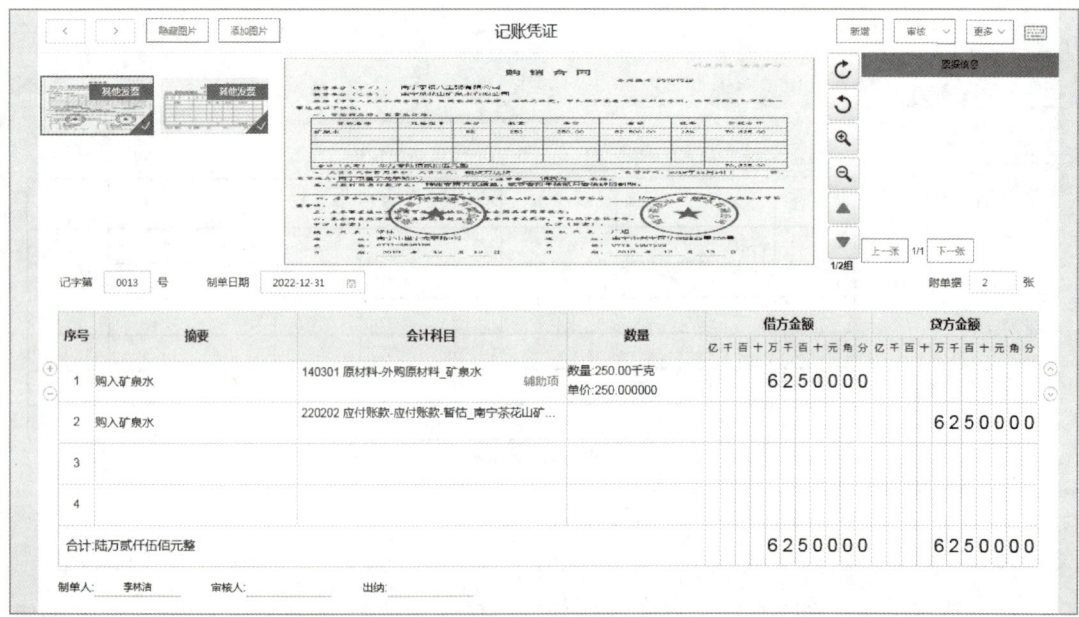

图 2-1-77 填制记账凭证(1)

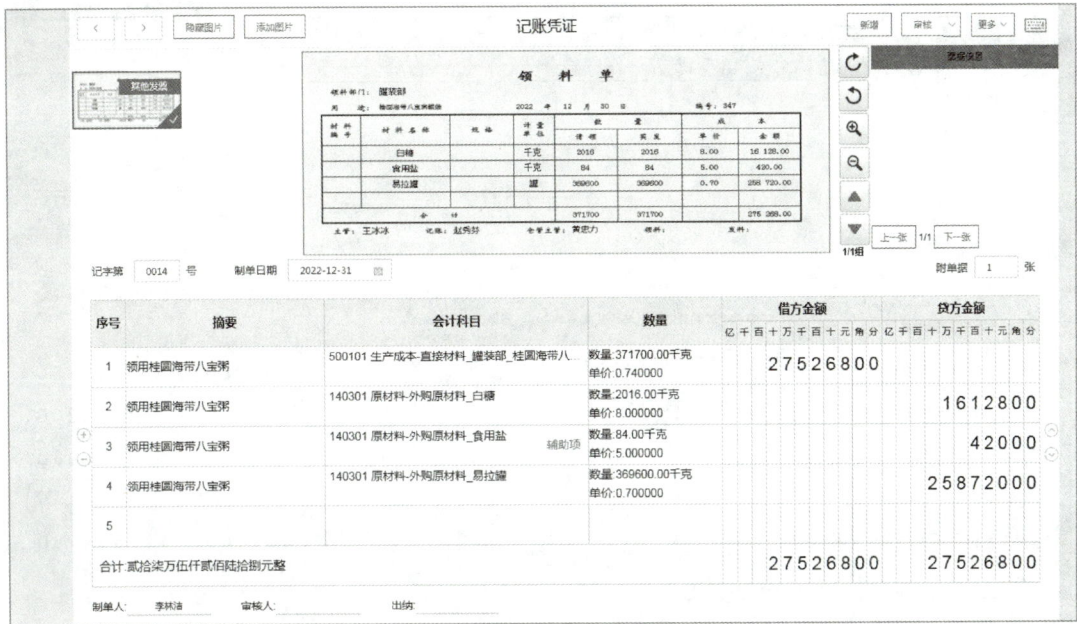

图 2-1-78　填制记账凭证(2)

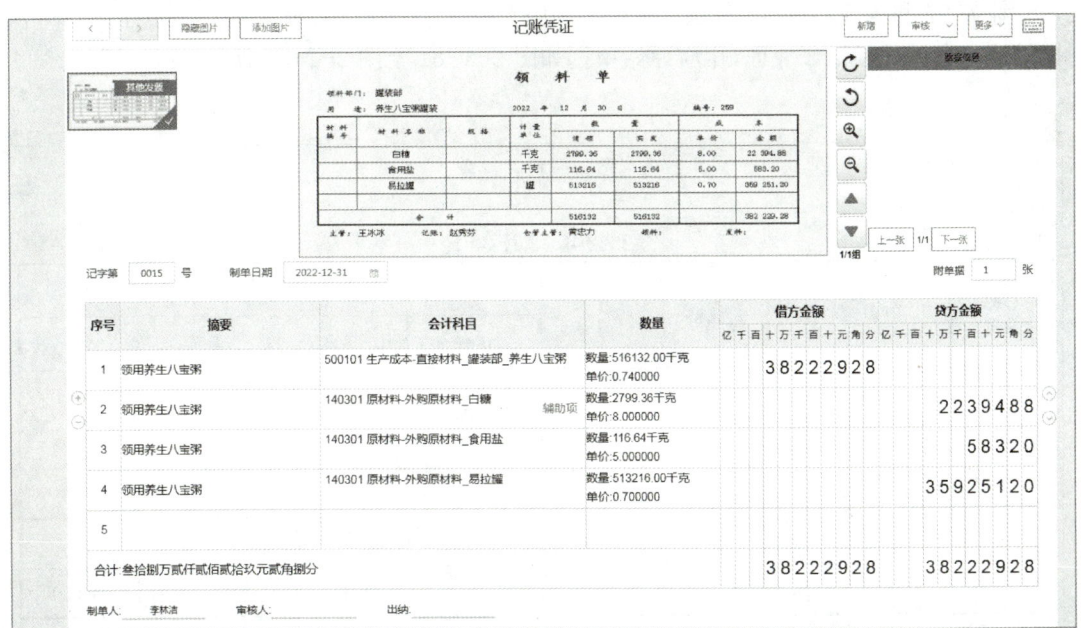

图 2-1-79　填制记账凭证(3)

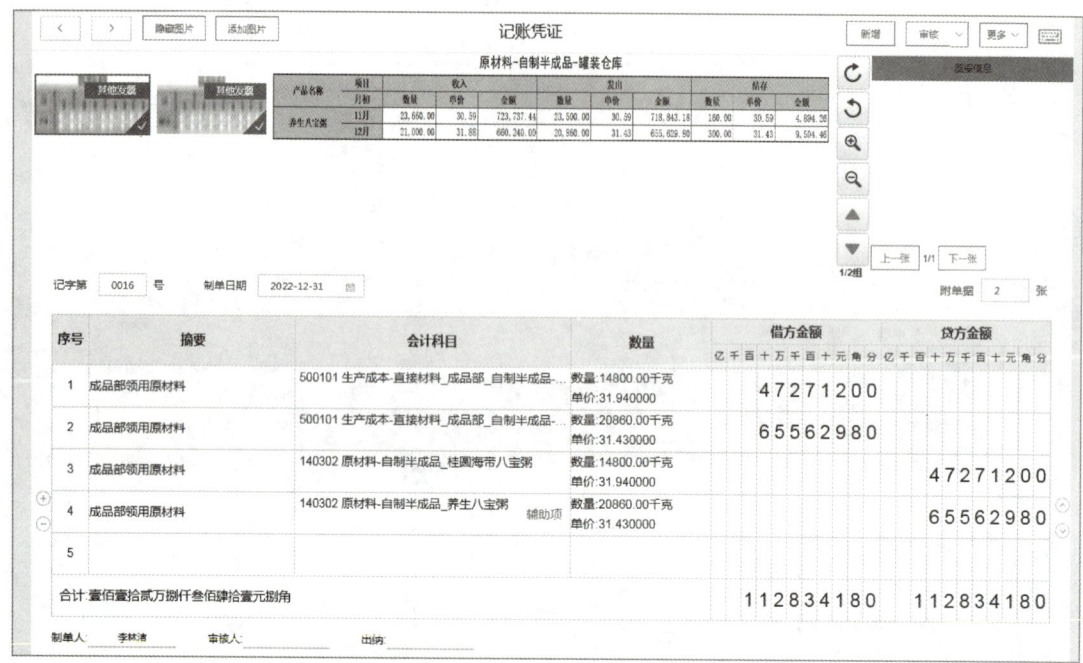

图 2-1-80　填制记账凭证(4)

(二) 成本核算(一次摊销法)

业务 5：将入库后的 35 套职工夏季工装服总价为 12 250 元，分配给在职员工。按一次摊销法。会计编制记账凭证，相应原始单据如图 2-1-81 至图 2-1-88 所示。

领 料 单

领料部门：行政部

用　　途：　　　　　　　　2022 年 12 月 30 日　　　　　　　　编号：383

材料编号	材料名称	规格	计量单位	数 量		成 本 (元)	
				请领	实发	单价	金额
	夏季工装服		套	11	11	350.00	3 850.00
	合　　计			11	11		3 850.00

主管：王冰冰　　记账：赵秀芬　　仓管主管：黄忠力　　领料：　　　　发料：

图 2-1-81　行政部领料单

领 料 单

领料部门：财务部
用　　途：　　　　　　　　2022 年 12 月 30 日　　　　　　　　　编号：384

材料编号	材料名称	规格	计量单位	数　量		成　本（元）	
				请领	实发	单价	金额
	夏季工装服		套	3	3	350.00	1 050.00
	合　计			3	3		1 050.00

主管：王冰冰　　记账：赵秀芬　　仓管主管：黄忠力　　领料：　　　　发料：

图 2-1-82　财务部领料单

领 料 单

领料部门：销售部
用　　途：　　　　　　　　2022 年 12 月 30 日　　　　　　　　　编号：385

材料编号	材料名称	规格	计量单位	数　量		成　本（元）	
				请领	实发	单价	金额
	夏季工装服		套	2	2	350.00	700.00
	合　计			2	2		700.00

主管：王冰冰　　记账：赵秀芬　　仓管主管：黄忠力　　领料：　　　　发料：

图 2-1-83　销售部领料单

领 料 单

领料部门：原材加工部
用　　途：　　　　　　　　2022 年 12 月 30 日　　　　　　　　　编号：386

材料编号	材料名称	规格	计量单位	数　量		成　本（元）	
				请领	实发	单价	金额
	夏季工装服		套	6	6	350.00	2 100.00
	合　计			6	6		2 100.00

主管：王冰冰　　记账：赵秀芬　　仓管主管：黄忠力　　领料：　　　　发料：

图 2-1-84　原材加工部领料单

领 料 单

领料部门：罐装部

用　　途：　　　　　　　2022 年 12 月 30 日　　　　　　　编号：387

材料编号	材料名称	规格	计量单位	数量		成本（元）	
				请领	实发	单价	金额
	夏季工装服		套	5	5	350.00	1 750.00
	合　　计			5	5		1 750.00

主管：王冰冰　　记账：赵秀芬　　仓管主管：黄忠力　　领料：　　发料：

图 2-1-85　罐装部领料单

领 料 单

领料部门：成品部

用　　途：　　　　　　　2022 年 12 月 30 日　　　　　　　编号：388

材料编号	材料名称	规格	计量单位	数量		成本（元）	
				请领	实发	单价	金额
	夏季工装服		套	5	5	350.00	1 750.00
	合　　计			5	5		1 750.00

主管：王冰冰　　记账：赵秀芬　　仓管主管：黄忠力　　领料：　　发料：

图 2-1-86　成品部领料单

领 料 单

领料部门：质检部

用　　途：　　　　　　　2022 年 12 月 30 日　　　　　　　编号：389

材料编号	材料名称	规格	计量单位	数量		成本（元）	
				请领	实发	单价	金额
	夏季工装服		套	3	3	350.00	1 050.00
	合　　计			3	3		1 050.00

主管：王冰冰　　记账：赵秀芬　　仓管主管：黄忠力　　领料：　　发料：

图 2-1-87　质检部领料单

劳保费用分配表			金额单位：元
部门	领用数量	单价	金额
行政部	11		3 850.00
财务部	3		1 050.00
销售部	2		700.00
原材加工部	6	350.00	2 100.00
罐装部	5		1 750.00
成品部	5		1 750.00
质检部	3		1 050.00
合计	35		12 250.00

图 2-1-88　劳保费用分配表

操作步骤：

（1）进入系统，点击"开始练习"按钮，调整会计期（2022 年 12 月），点击"票据—票据采集—采集（教学平台图片）"按钮，点击"全选"，将所有的图片进行采集。

（2）点击"审核"按钮，审核所有采集好的图片。

（3）将所有图片审核完毕后进行凭证的填制，菜单栏选择"凭证—新增凭证"选项，选择制单日期（2022 年 12 月 31 日）进行凭证的填制，点击"单据图片"按钮，添加图片，检查无误后点击"保存"按钮，如图 2-1-89 所示。

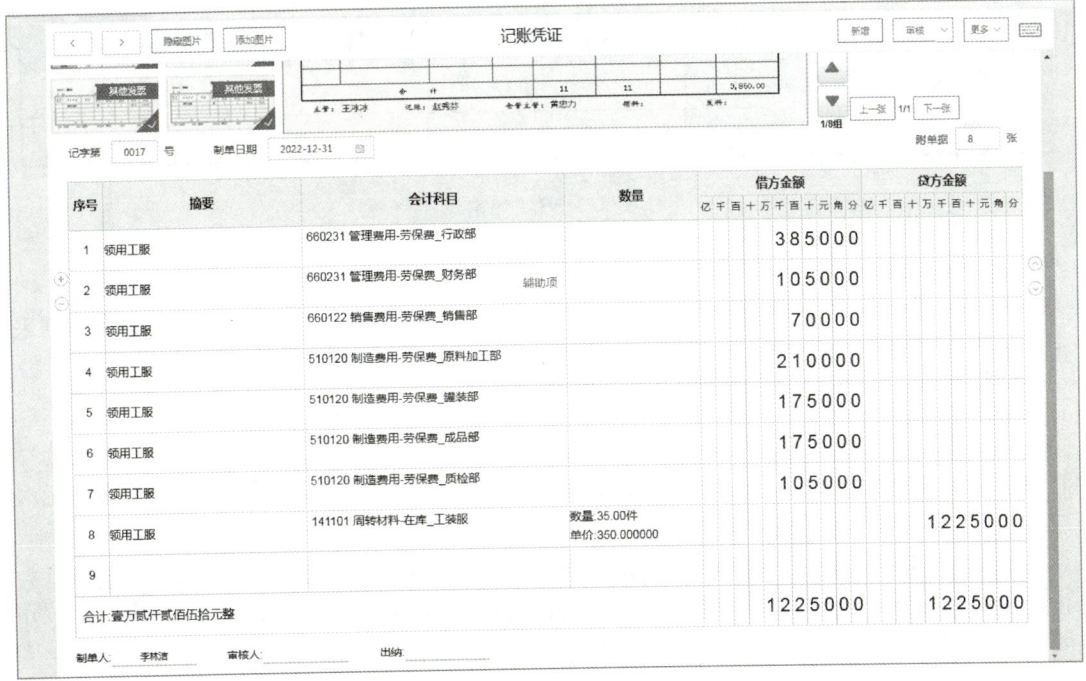

图 2-1-89　记账凭证

(三) 成本核算(低值易耗品)

业务6：12月28日，本月领用质检部周转材料——低值易耗品一批，金额为35 000元，请编制周转材料——低值易耗品领用的分录，领料单如图2-1-90所示。

领　料　单

领料部门：质检部
用　　途：　　　　　　2022年12月30日　　　　　　编号：390

材料编号	材料名称	规格	计量单位	数量		成本	
				请领	实发	单价	金额(元)
019	化学试剂		批	1	1	35 000.00	35 000.00
合　　计				1	1		35 000.00

主管：王冰冰　　　记账：赵秀芬　　　仓管主管：朱英　　　领料：　　　　发料：

图2-1-90　领料单

业务7：12月28日，领用质检部周转材料——低值易耗品一批，并进成本17 500元，按五五摊销法，请编制摊销分录，摊销表如图2-1-91所示。

周转材料——低值易耗品摊销表

部门	品名	待摊金额(元)	摊销次数	本月摊销金额(元)
质检部	化学试剂	35 000.00	2	17 500
合计		35 000.00		17 500

图2-1-91　摊销表

操作步骤：

(1) 进入系统，点击"开始练习"按钮，调整会计期(2022年12月)，点击"票据—票据采集—采集(教学平台图片)"按钮，点击"全选"按钮，将所有的图片进行采集。

(2) 点击"审核"按钮，审核所有采集好的图片。

(3) 将所有图片审核完毕后进行凭证的填制，菜单栏选择"凭证—新增凭证"选项，选择制单日期(2022年12月31日)进行凭证的填制，点击"单据图片"按钮，添加图片，检查无误后点击"保存"，如图2-1-92和图2-1-93所示。

业务8：12月29日，计提本月水电费。电费增值税13%，进项税为1 311.13元。自来水增值税率为9%，进项税为265.73元。会计编制记账凭证，相应原始单据如图2-1-94和图2-1-95所示。本月水费、电费分配表如图2-1-96所示。

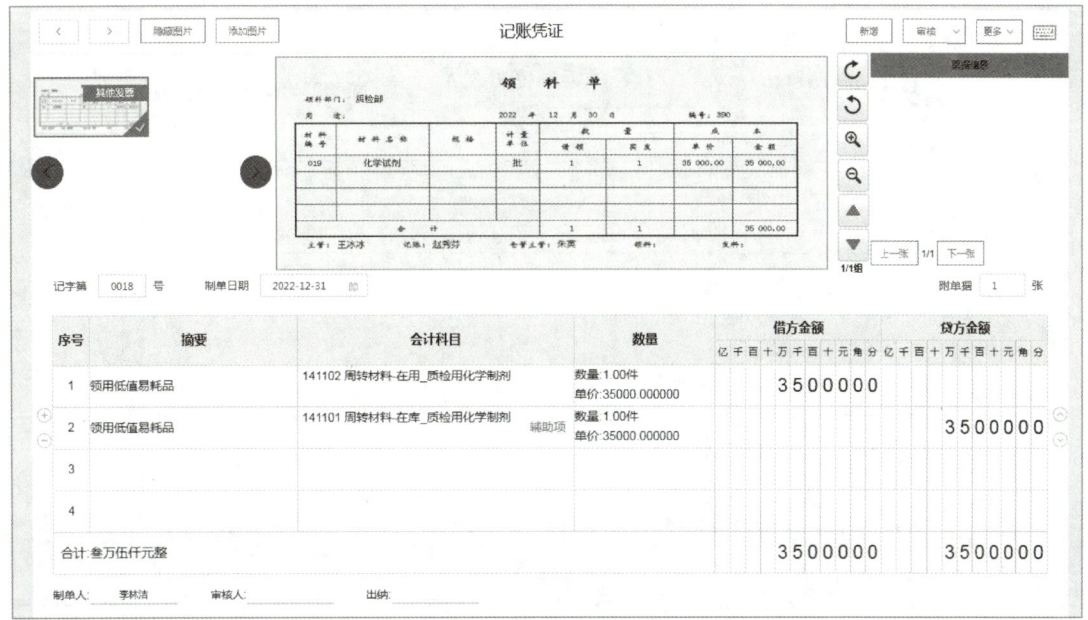

图 2-1-92　记账凭证(1)

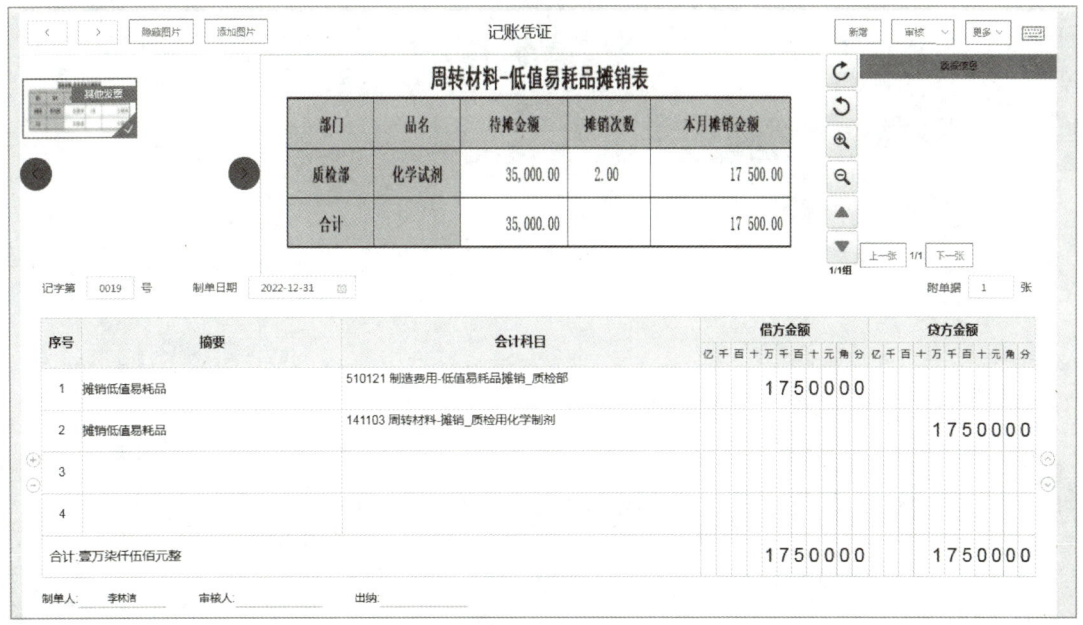

图 2-1-93　记账凭证(2)

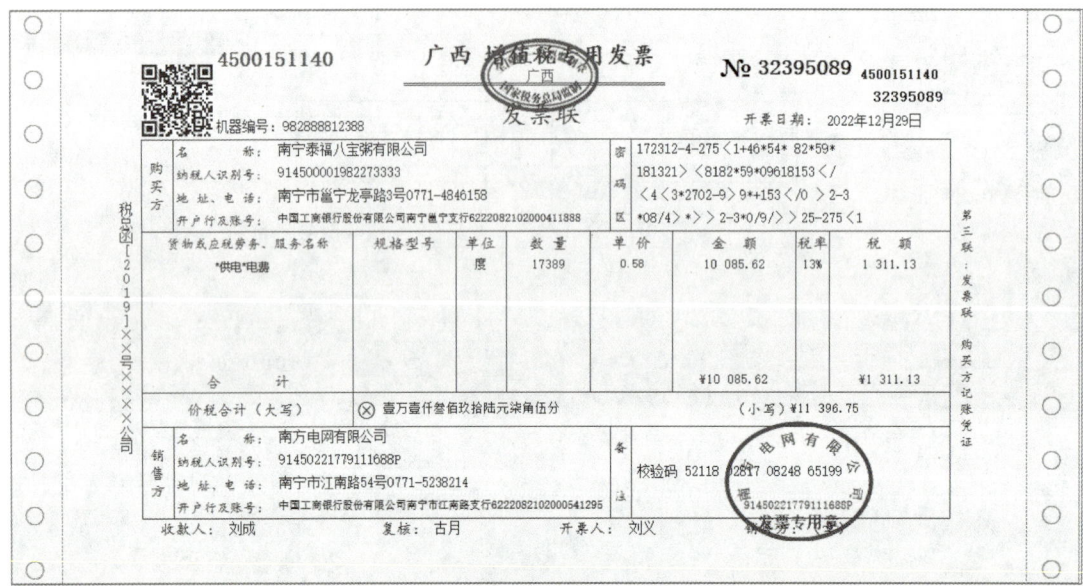

图 2-1-94　增值税专用发票(1)

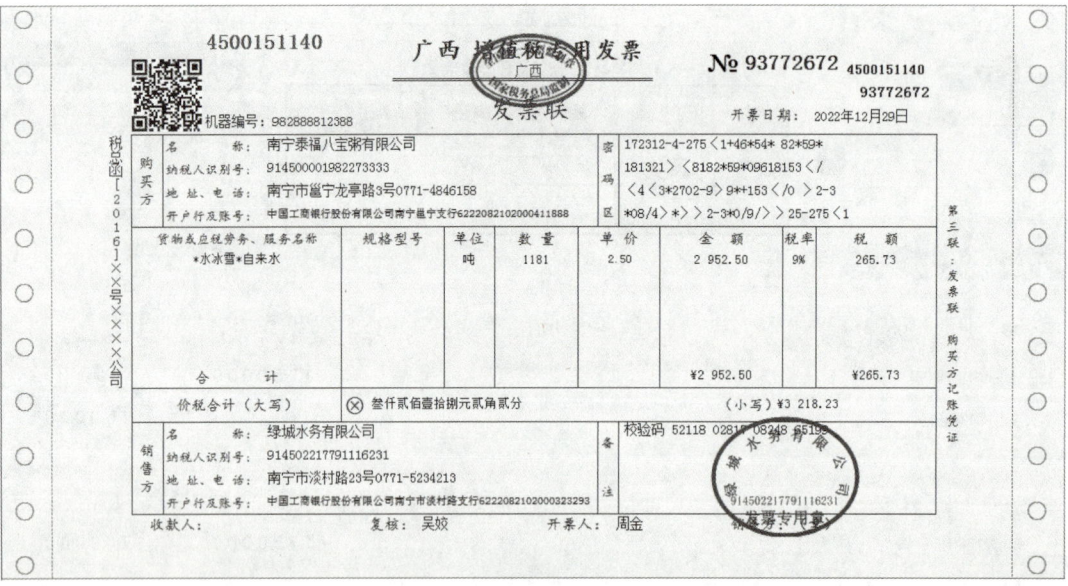

图 2-1-95　增值税专用发票(2)

水电费分配表

金额单位：元

部门	用电量（度）	电单价	用水量（吨）	水单价	金额
行政部	1 664.00		131.00		1 292.62
销售部	125.00		15.00		110.00
原材加工部	2 184.00	0.58	330.00	2.50	2 091.72
罐装部	2 652.00		232.00		2 118.16
成品部	9 984.00		375.00		6 728.22
质检部	780.00		98.00		697.40
合计	17 389.00		1 181.00		13 038.12

图 2-1-96　水电费分配表

操作步骤：

（1）点击"开始练习"，进入"财天下"。

（2）点击"票据"选项，如图 2-1-97 所示。

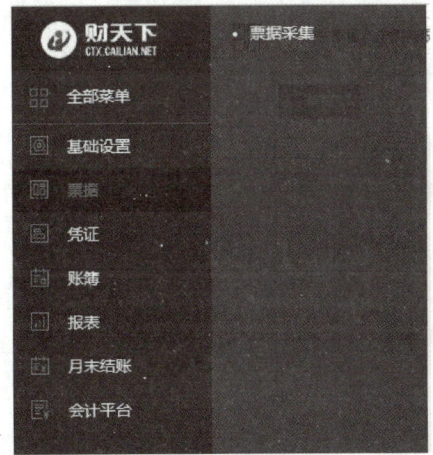

图 2-1-97　票据采集

（3）点击"票据采集"选项，进入到票据采集界面，如图 2-1-98 所示。

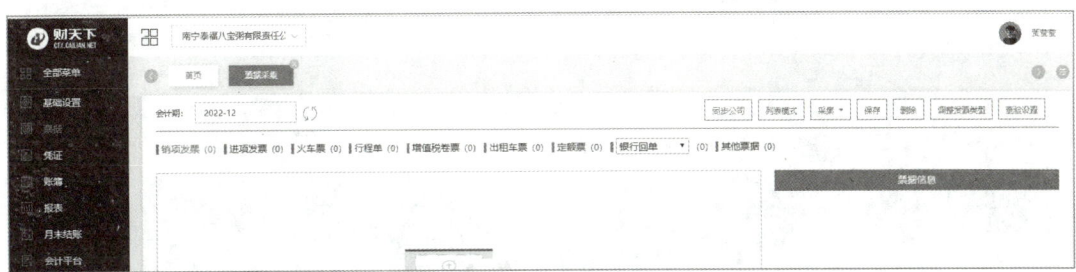

图 2-1-98　票据采集界面

(4) 在票据采集界面,选择对应会计期,该任务为 2022 年 12 月,点击"采集"按钮,上传教学平台图片,点击"全选"选框,单击"确定"按钮,完成上传,如图 2-1-99 和图 2-1-100 所示。

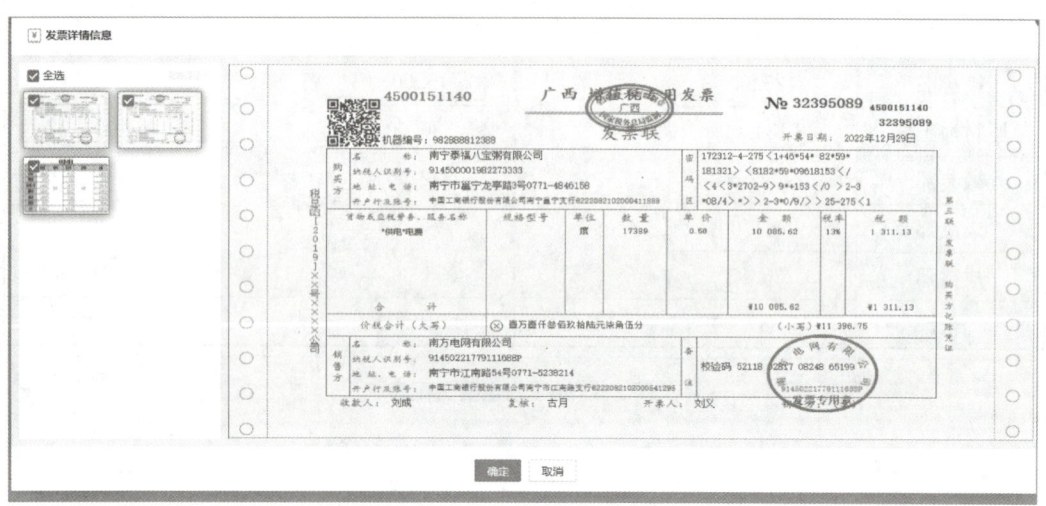

图 2-1-99　选择原始单据

(5) 检查核对分类是否准确,水电费分配表不属于行程单,因此调整发票类型。选择"调整发票类型"选项,将水电费分配表调至"其他票据"分类,如图 2-1-101 所示。

(6) 依次审核三张原始凭证,有错误及时修改完善,审核无误则审核通过。

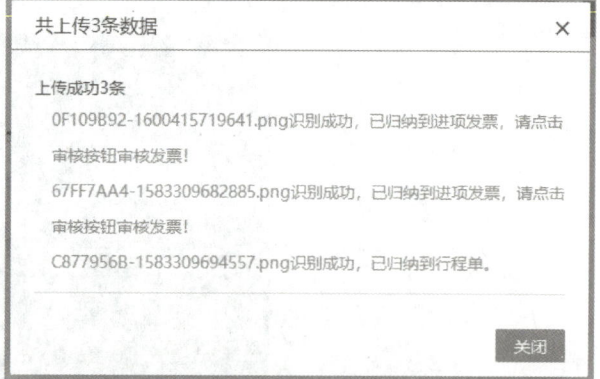

图 2-1-100　原始单据上传成功

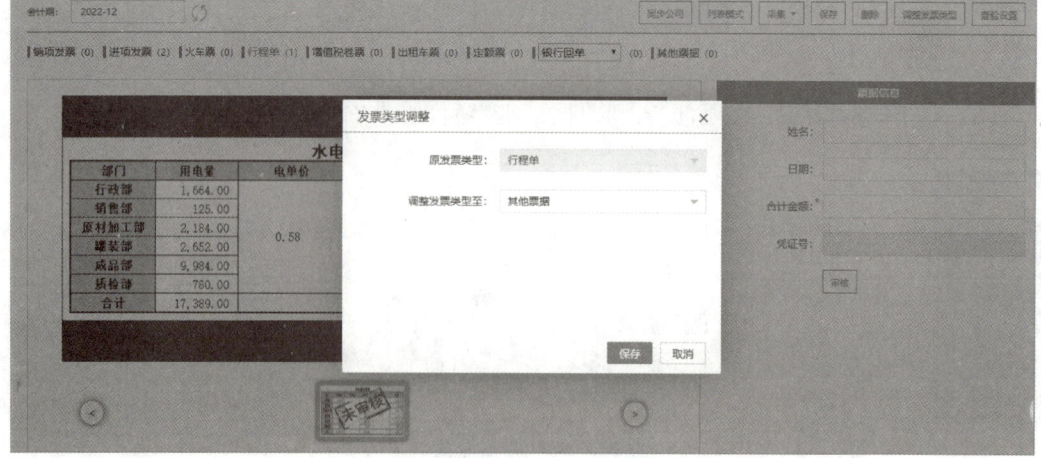

图 2-1-101　调整发票类型

（7）审核完成后，选择“凭证”选项，单击“票据制单”按钮查看并修改完善会计分录，先取消凭证，再合并生成一张，如图 2-1-102 所示。

	序号	业务类型	结算方式	摘要	凭证号	金额	税额	联查票据	发票号码	票据日期	借方科目	贷方科目
	1	采购库存商品	欠供应商款	南方电网有限公司电费	记-0001	10 085.62	1 311.13	增值税专用发票	32395089	2022-12-29	1405,140	220201,22
	2	采购库存商品	欠供应商款	绿城水务有限公司自来水	记-0001	2 952.50	265.73	增值税专用发票	93772672	2022-12-29	1405,140	220201,22

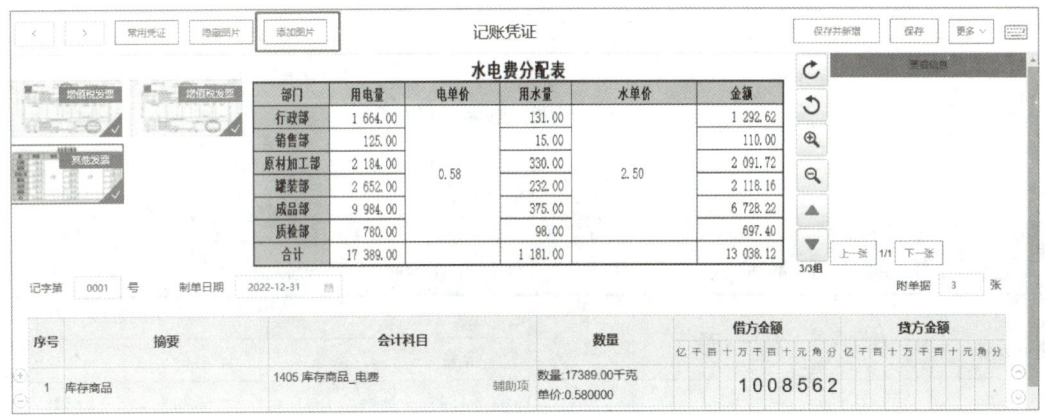

图 2-1-102　票据制单中查看凭证

（8）点击凭证编号进入，然后点击“添加图片”按钮，将本任务的其他发票添加进来，如图 2-1-103 所示。

水电费分配表

部门	用电量	电单价	用水量	水单价	金额
行政部	1 664.00	0.58	131.00	2.50	1 292.62
销售部	125.00		15.00		110.00
原材加工部	2 184.00		330.00		2 091.72
罐装部	2 652.00		232.00		2 118.16
成品部	9 984.00		375.00		6 728.22
质检部	780.00		98.00		697.40
合计	17 389.00		1 181.00		13 038.12

序号	摘要	会计科目	数量	借方金额	贷方金额
1	库存商品	1405 库存商品_电费 辅助项	数量:17389.00千克 单价:0.580000	1008562	

图 2-1-103　添加图片

（10）分析本题，应为分配水电费，因此，会计分录修改如图 2-1-104 所示。

记字第 0001 号　制单日期 2022-12-31　附单据 3 张

序号	摘要	会计科目	借方金额	贷方金额
1	分配水电费	66020803 管理费用-办公费-水电费	129263	
2	分配水电费	66010903 销售费用-办公费-水电费	11000	
3	分配水电费	510104 制造费用-水电费	1163549	
4	进项税	22210101 应交税费-应交增值税-进项税额-本期认证抵扣	157686	
5	欠供应商款	220201 应付账款-应付账款-一般_南方电网有限公司		1139675
6	欠供应商款	220201 应付账款-应付账款-一般_绿城水务有限公司		321823
7				
合计:壹万肆仟陆佰壹拾肆元玖角捌分			1461498	1461498

图 2-1-104　会计分录

（11）修改完成后，点击“保存”按钮，本任务完成。

业务 9：12 月 30 日，本月生产桂圆海带八宝粥 15 400 箱，原料部领用原材料（期间 12 月 1 日至 31 日）。请根据领料表编制生产领料分录，相关业务原始单据如图 2-1-105 至 2-1-107 所示。

领 料 单

领料部门：原材加工部
用　　途：桂圆海带八宝粥熟料　　2022 年 12 月 30 日　　编号：391

材料编号	材料名称	规格	计量单位	数量		成本（元）	
				请领	实发	单价	金额
	矿泉水		吨	84	84	250.00	21 000
	合 计			84	84		21 000

主管：王冰冰　　记账：赵秀芬　　仓管主管：朱英　　领料：　　发料：

图 2-1-105　领料单(1)

领 料 单

领料部门：原材加工部
用　　途：桂圆海带八宝粥熟料　　2022 年 12 月 30 日　　编号：204

材料编号	材料名称	规格	计量单位	数量		成本（元）	
				请领	实发	单价	金额
	红豆		千克	2 184	2 184	6.80	14 851.20
	绿豆		千克	1 260	1 260	10.00	12 600.00
	花生		千克	1 344	1 344	8.80	11 827.20
	桂圆		千克	336	336	48.00	16 128.00
	合 计			5 124	5 124		55 406.40

主管：王冰冰　　记账：赵秀芬　　仓管主管：黄忠力　　领料：　　发料：

图 2-1-106　领料单(2)

领 料 单

领料部门：原材加工部
用　　途：桂圆海带八宝粥熟料　　2022 年 12 月 30 日　　编号：864

材料编号	材料名称	规格	计量单位	数量		成本（元）	
				请领	实发	单价	金额
	糯米			6 216	6 216	4.80	29 836.80
	海带			1 512	1 512	18.00	27 216.00
	薏米			1 008	1 008	12.00	12 096.00
	燕麦			840	840	5.20	4 368.00
	合 计			9 576	9 576		73 516.80

主管：王冰冰　　记账：赵秀芬　　仓管主管：黄忠力　　领料：　　发料：

图 2-1-107　领料单(3)

操作步骤：

(1) 点击"开始练习"按钮，进入"财天下"。

(2) 点击"票据"选项，如图 2-1-108 所示。

(3) 点击"票据采集"按钮，进入到票据采集界面。

(4) 将本业务的三张原始凭证选择后进行采集并选中，如图 2-1-109 所示。

(5) 审核三张票据。

(6) 进入"凭证"界面，单击"新增凭证"按钮，如图 2-1-110 所示。

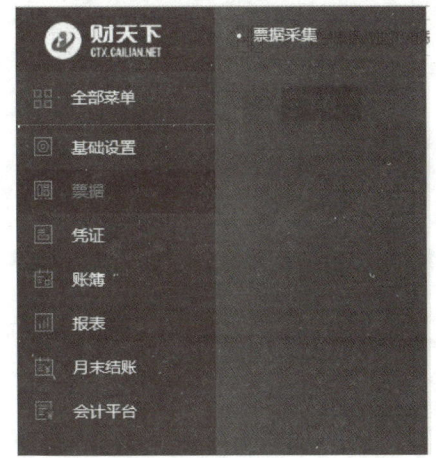

图 2-1-108　票据采集

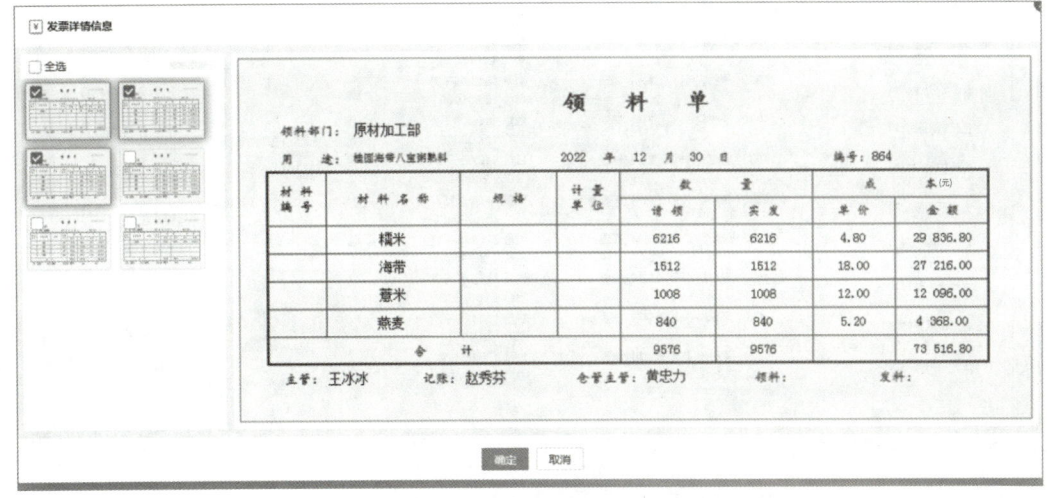

图 2-1-109　选择原始单据

(7) 选择单据图片，添加本业务的三张原始凭证，如图 2-1-111 所示。

(8) 分析题目，此题为生产桂圆海带八宝粥领用原材料，手动进行分录填写如下（注意辅助核算及数量单价填写），如图 2-1-112 所示。

(9) 点击"保存"按钮，此任务完成。

业务 10：12 月 30 日，本月生产养生八宝粥 21 384 箱，销售部根据市场调研，建议实验室调整配方，实验室根据顾客口味，在配方中调减了红豆 380 千克，同时增加绿豆 380 千克，调整后的原材料在领料单中反映。请根据领料单编制分录。领料单如图 2-1-113 至图 2-1-115 所示。

图 2-1-110　新增凭证

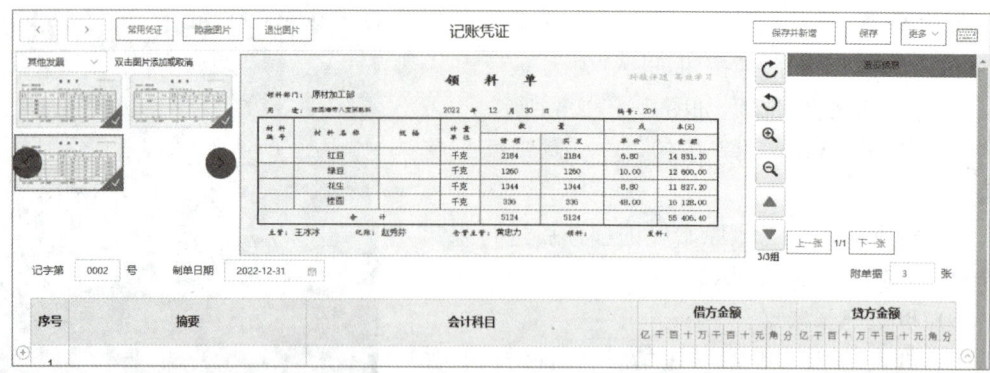

图 2-1-111　选择单据图片

序号	摘要	会计科目	数量	借方金额	贷方金额
1	生产领用原材料	500101 生产成本-直接材料_原料加工部_桂...	数量:15400.00糖 单价:9.735273	14992320	
2	生产领用原材料	140301 原材料-外购原材料_糯米	数量:6216.00千克 单价:4.800000		2983680
3	生产领用原材料	140301 原材料-外购原材料_海带	数量:1512.00千克 单价:18.000000		2721600
4	生产领用原材料	140301 原材料-外购原材料_薏米	数量:1008.00千克 单价:12.000000		1209600
5	生产领用原材料	140301 原材料-外购原材料_燕麦	数量:840.00千克 单价:5.200000		436800
6	生产领用原材料	140301 原材料-外购原材料_矿泉水	数量:84.00千克 单价:250.000000		2100000
7	生产领用原材料	140301 原材料-外购原材料_红豆	数量:2184.00千克 单价:6.800000		1485120
8	生产领用原材料	140301 原材料-外购原材料_绿豆	数量:1260.00千克 单价:10.000000		1260000
9	生产领用原材料	140301 原材料-外购原材料_花生	数量:1344.00千克 单价:8.800000		1182720
10	生产领用原材料	140301 原材料-外购原材料_桂圆	数量:336.00千克 单价:48.000000		1612800
11					
合计:壹拾肆万玖仟玖佰贰拾叁元贰角				14992320	14992320

图 2-1-112　会计分录

领　料　单

领料部门：原材加工部

用　　途：养生八宝粥熟料　　　2022 年 12 月 30 日　　　　　　　　编号：140

材料编号	材料名称	规格	计量单位	数量		成　本(元)	
				请领	实发	单价	金额
	糯米		千克	8 398.08	8 398.08	4.80	40 310.78
	紫米		千克	3 965.76	3 965.76	8.00	31 726.08
	薏米		千克	1 399.68	1 399.68	12.00	16 796.16
	燕麦		千克	3 849.12	3 849.12	5.20	20 015.42
	合　　计			17 612.64	17 612.64		108 848.44

主管：王冰冰　　记账：赵秀芬　　仓管主管：黄忠力　　领料：　　　发料：

图 2-1-113　领料单(1)

领 料 单

领料部门：原材加工部
用　　途：养生八宝粥熟料　　　2022 年 12 月 30 日　　　编号：411

材料编号	材料名称	规格	计量单位	数量		成本(元)	
				请领	实发	单价	金额
	红豆		千克	319.84	319.84	6.80	2 174.91
	绿豆		千克	1 079.84	1 079.84	10.00	10 798.40
	花生		千克	699.84	699.84	8.80	6 158.59
	木耳		千克	699.84	699.84	50.00	34 992.00
	合　计			2 799.36	2 799.36		54 123.90

主管：王冰冰　　　记账：赵秀芬　　　仓管主管：黄忠力　　　领料：　　　发料：

图 2-1-114　领料单(2)

领 料 单

领料部门：原材加工部
用　　途：养生八宝粥熟料　　　2022 年 12 月 30 日　　　编号：048

材料编号	材料名称	规格	计量单位	数量		成本(元)	
				请领	实发	单价	金额
	矿泉水		吨	116.64	116.64	250.00	29 160.00
	合　计			116.64	116.64		29 160.00

主管：王冰冰　　　记账：赵秀芬　　　仓管主管：黄忠力　　　领料：　　　发料：

图 2-1-115　领料单(3)

操作步骤：

（1）点击"开始练习"按钮，进入"财天下"。

（2）点击"票据"选项，如图 2-1-116 所示。

（3）点击"票据采集"按钮，进入到票据采集界面。

（4）将本业务的三张原始凭证选择后进行采集，如图 2-1-117 所示。

（5）进行票据审核。

（6）审核完毕后，点击"凭证—新增凭证"按钮，如图 2-1-118 所示。

（7）选择单据图片，将此任务的三张凭证选择进入，如图 2-1-119 所示。

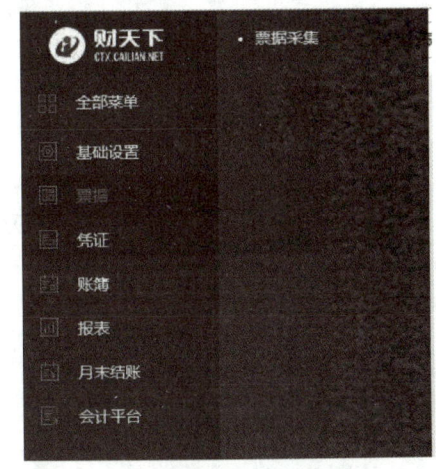

图 2-1-116　票据采集

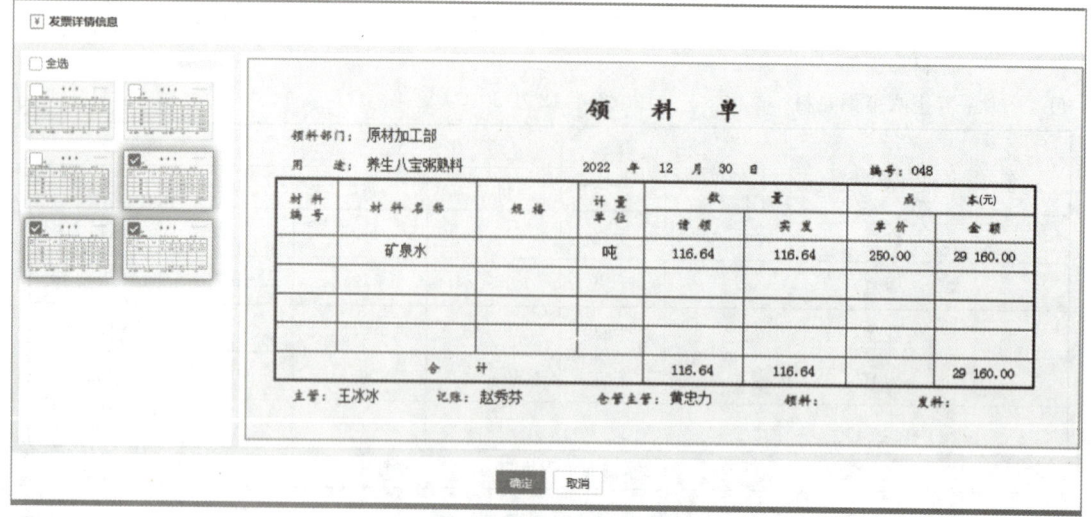

图 2-1-117　选择原始凭证

图 2-1-118　新增凭证

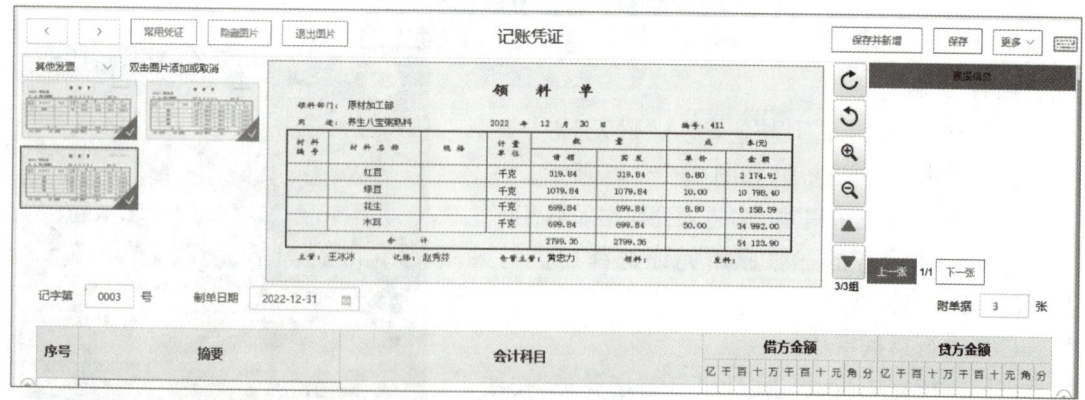

图 2-1-119　选择单据图片

（8）分析题目，此题为生产养生八宝粥领用原材料，手动新增凭证（注意辅助核算及数量单价填写），如图 2-1-120 所示。

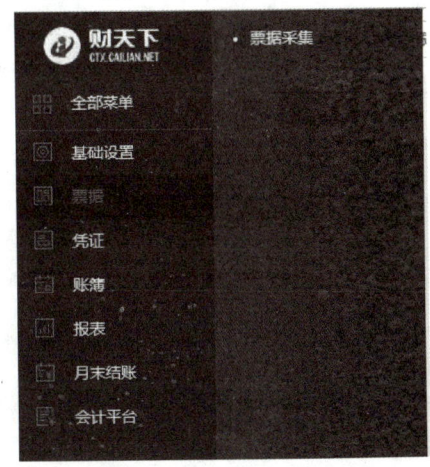

图 2-1-120 会计分录

（9）点击"保存"按钮，此任务完成。

业务 11：12 月 30 日，将摊销过的正使用的蒸汽管路 1 500 元、已经损坏的压缩空气管路 1 500 元结转入产品成本，请编制摊销分录，周转材料——低值易耗品摊销表如图 2-1-121 所示。

周转材料——低值易耗品摊销表				金额单位：元
部门	品名	待摊金额	摊销次数(次)	本月摊销金额
罐装部	蒸汽管路	3 000.00	2	1 500.00
罐装部	压缩空气管路	3 000.00	2	1 500.00
合计		6 000.00		3 000.00

图 2-1-121 周转材料——低值易耗品摊销表

操作步骤：

（1）点击"开始练习"按钮，进入"财天下"。

（2）点击"票据"选项，如图 2-1-122 所示。

（3）点击"票据采集"按钮，进入票据采集界面。

（4）选择该任务的凭证，单击"确定"按钮，如图 2-1-123 所示。

（5）由于系统自动将凭证分配到行程单中，因此需要调整发票类型至其他票据，如图 2-1-124 所示。

（6）审核完成。

（7）点击"凭证"选项，单击"新增凭证"按钮，如图 2-1-125 所示。

图 2-1-122 票据采集

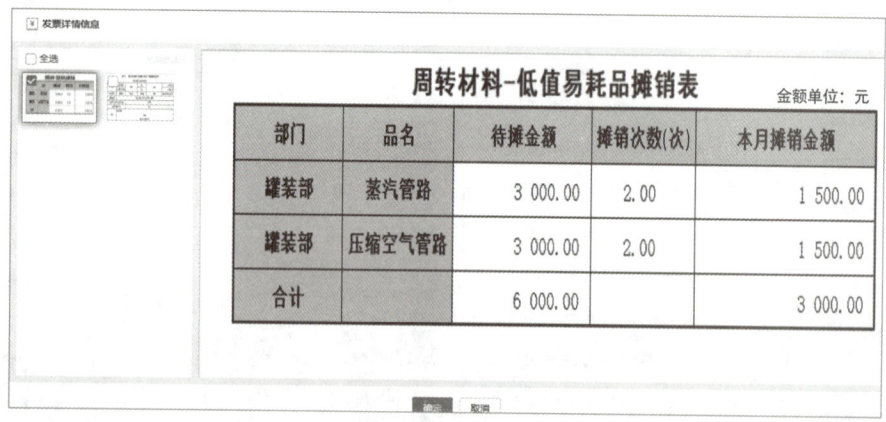

图 2-1-123　选择原始凭证

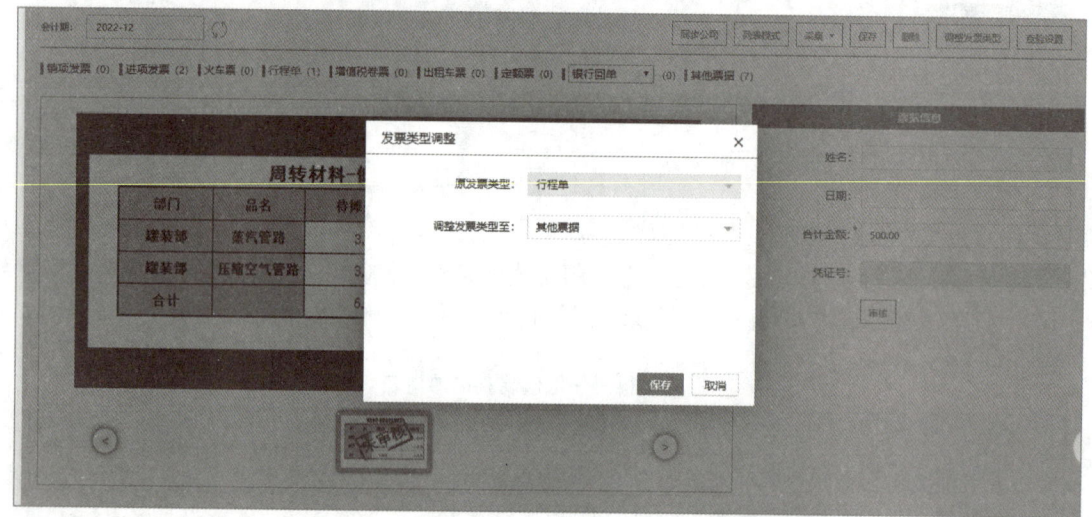

图 2-1-124　调整发票类型

（8）选择单据图片，将该任务图片添加进来，如图 2-1-126 所示。

（9）分析题目，此题为 11 月摊销过的正使用的蒸汽管路 1 500 元、已经损坏的压缩空气管路 1 500 元结转入产品成本，手动新增凭证，如图 2-1-127 所示。

（注意直接选择时，周转材料没有存货辅助核算，需要进入"基础设置"界面，点击"会计科目"按钮修改周转材料科目辅助核算，如图 2-1-128 所示。）

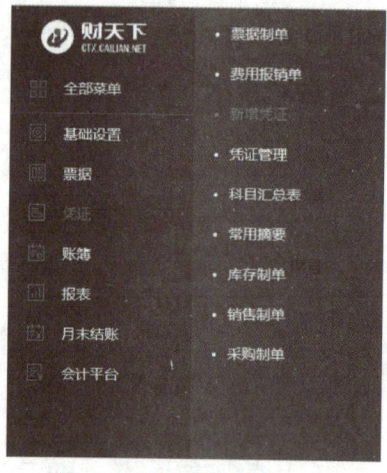

图 2-1-125　新增凭证

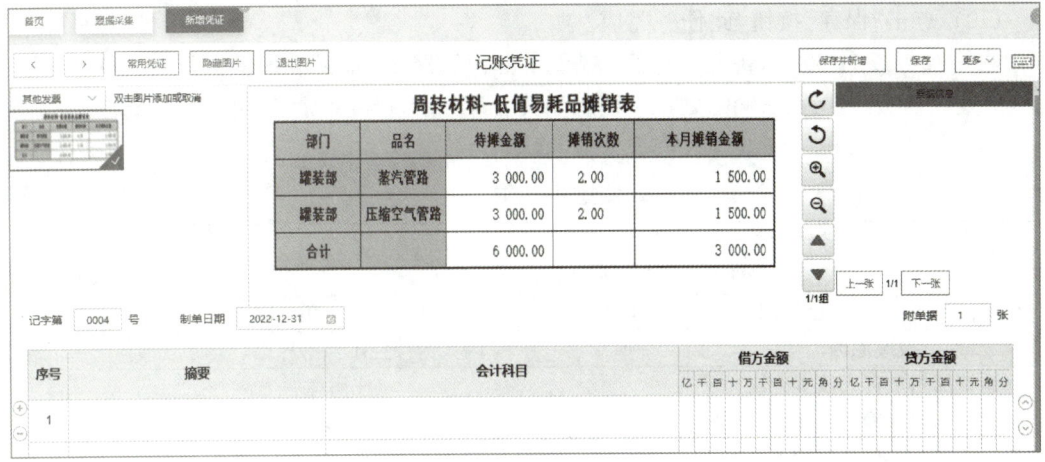

图 2-1-126　选择单据图片

图 2-1-127　会计分录

图 2-1-128　辅助核算设置

(10) 点击"保存"按钮,此任务完成。

业务 12:12 月 30 日,将上一任务中摊销的蒸汽管路 1 500 元和压缩空气管路 1 500 元进行报废处理,做五五摊销法销账处理。编制相关会计分录,报废申请单如图 2-1-129 所示。

表 2-1 南宁泰福八宝粥有限公司报废申请单

2022 年 12 月 30 日

名称	蒸汽管路	数量	1 批	金额(元)	3 000.00
	压缩空气管路		1 批		3 000.00
申请部门	罐装部	申请人	董英胜	日期	2022 年 12 月 29 日
报废原因		因人为操控不当等原因,爆管			
申请部门负责人核实确认		庄阳煌			
行政办确认签字		李文			
审核	同意报废 梁林 2022 年 12 月 29 日				

图 2-1-129 报废申请单

操作步骤:

(1) 点击"开始练习"按钮,进入"财天下"。

(2) 点击"票据"选项,如图 2-1-130 所示。

(3) 点击"票据采集"按钮,进入票据采集界面。

(4) 选择该任务的凭证,单击"确定"按钮,如图 2-1-131 所示。

(5) 审核票据。

(6) 进入"凭证"界面,单击"新增凭证"按钮,如图 2-1-132 所示。

(7) 点击"单据图片"按钮,上传图片,如图 2-1-133 所示。

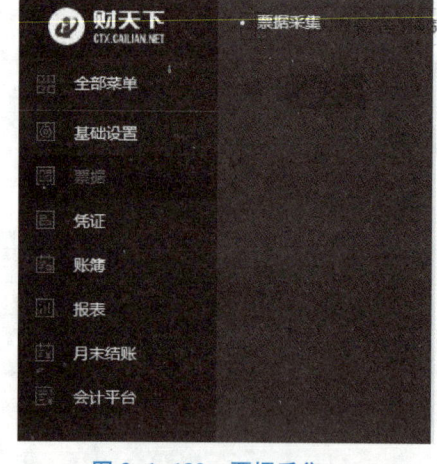

图 2-1-130 票据采集

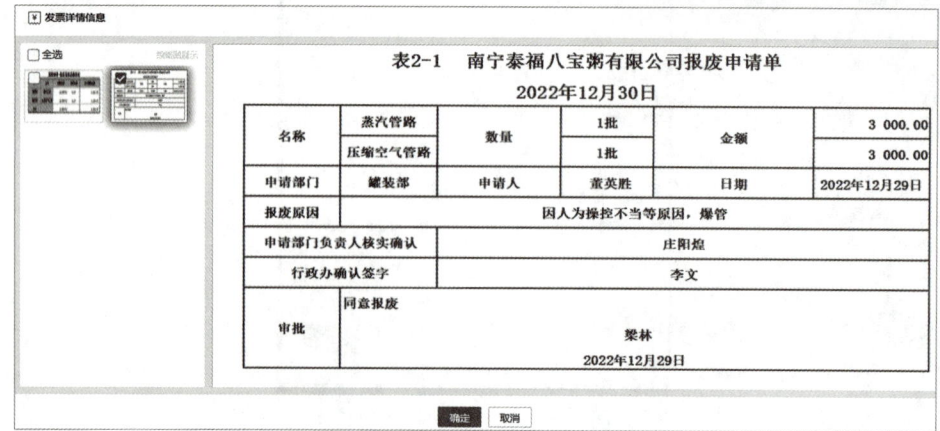

图 2-1-131 原始凭证选择

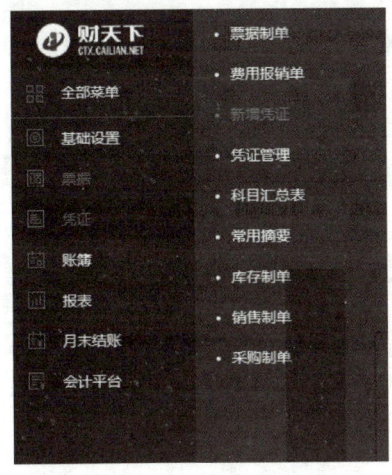

图 2-1-132　新增凭证

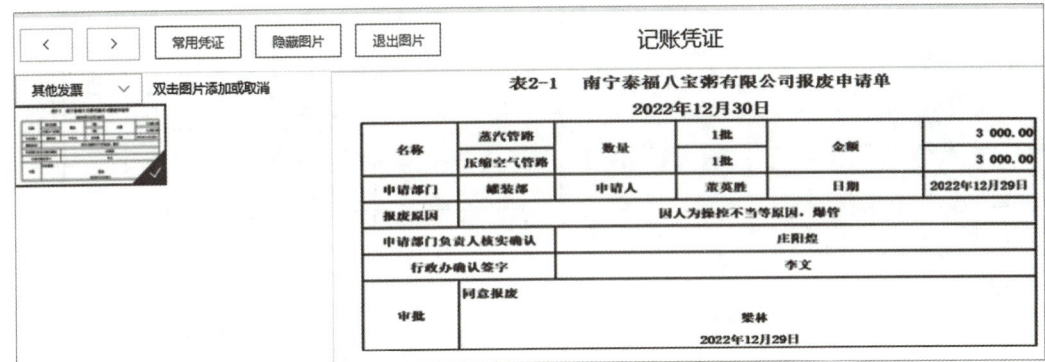

图 2-1-133　选择单据图片

（8）分析题目，本题为低值易耗品报废，手动新增凭证如图 2-1-134 所示。

图 2-1-134　会计分录

（9）点击"保存"按钮，此任务完成。

业务 13：12 月 30 日，月末财务收到公司人力资源管理部门提供的部门工资汇总表一份，请会计根据工资汇总表进行相关工资业务成本核算，通过调用"常用凭证"方式编制相应的记账凭证，工作汇总表如图 2-1-135 所示，工资分配表如图 2-1-136 所示。

南宁泰福八宝粥有限公司部门工资汇总表

2022 年 12 月 22 日

金额单位：元

项目	人数(人)	基本工资	岗位工资	绩效工资	交通补贴	误餐补助	应发合计	养老保险	医疗保险	失业保险	公积金	扣款合计	税前应发	个人所得税	税后应发
行政财务	11	21 500.00	25 100.00	11 403.04	2 200.00	1 100.00	61 303.04	3 728.00	932	466	5 592.00	10 718.00	50 585.04	83.46	50 501.58
销售部	2	4 000.00	4 700.00	2 023.12	400	200	11 323.12	696	174	87	1 044.00	2 001.00	9 322.12	3.5	9 318.62
原材加工部	管理	2 200.00	2 500.00	1 103.52	200	100	6 103.52	376	94	47	564	1 081.00	5 022.52	3.5	5 019.02
	工人	7 600.00	8 800.00	4 046.24	1 00.00	500	21 946.24	1 312.00	328	164	1 968.00	3 772.00	18 174.24	—	
	6	9 800.00	11 300.00	5 149.76	1 200.00	600	28 049.76	1 688.00	422	211	2 532.00	4 853.00	23 196.76	3.5	23 193.26
罐装部	管理	2 200.00	2 500.00	1 103.52	200	100	6 103.52	376	94	47	564	1 081.00	5 022.52	3.5	5 019.02
	工人	6 200.00	7 200.00	3 310.56	800	400	17 910.56	1 072.00	268	134	1 608.00	3 082.00	14 828.56	—	
	5	8 400.00	9 700.00	4 414.08	1 000.00	500	24 014.08	1 448.00	362	181	2 172.00	4 163.00	19 851.08	3.5	19 847.58
成品部	管理	2 200.00	2 500.00	1 103.52	200	100	6 103.52	376	94	47	564	1 081.00	5 022.52	3.5	5 019.02
	工人	6 400.00	7 400.00	3 494.48	800	400	18 494.48	1 104.00	276	138	1 656.00	3 174.00	15 320.48	—	
	5	8 600.00	9 900.00	4 598.00	1000	500	24 598.00	1 480.00	370	185	2 220.00	4 255.00	20 343.00	3.5	20 339.50
质检部	3	5 400	6 300.00	2 758.80	600	300	15 358.80	936	234	117	1 404.00	2 691.00	12 667.80	3.5	12 664.30
合计		57 700.00	67 000.00	30 346.80	6 400.00	3 200.00	164 646.80	9 976.00	2 494.00	1 247.00	14 964.00	28 681.00	135 965.80	100.96	135 864.84

图 2-1-135 工资汇总表

生产工人工资分配表

2022 年 12 月 30 日　　　　　　　　　　　金额单位：元

项目	产量（箱）	原材加工部	罐装部	成品部	合计
生产工人工资		21 946.24	17 910.56	18 494.48	58 351.28
桂圆海带八宝粥熟料	15 400	9 188.02			9 188.02
养生八宝粥熟料	21 384	12 758.22			12 758.22
桂圆海带八宝粥罐装	15 400		7 498.44		7 498.44
养生八宝粥罐装	21 384		10 412.12		10 412.12
桂圆海带八宝粥	15 400			7 742.90	7 742.90
养生八宝粥	21 384			10 751.58	10 751.58
合计		21 946.24	17 910.56	18 494.48	58 351.28

图 2-1-136　工资分配表

操作步骤：

（1）点击"开始练习"按钮，进入"财天下"。

（2）点击"票据"选项，如图 2-1-137 所示。

（3）点击"票据采集"按钮，进入票据采集界面。

（4）选择该任务的凭证，单击"确定"按钮。

（5）调整发票类型至其他票据，然后完成审核。

（6）进入"凭证—新增凭证"界面。

（7）点击"单据图片"按钮，选择进入，如图 2-1-138 所示。

（8）选择"常用凭证"选项，经分析该题为计提工资，因此选择常用凭证中的计提工资，如图 2-1-139 所示。

（9）分析凭证，将金额填入，完善凭证如图 2-1-140 所示。

（10）点击"保存"按钮，此任务完成。

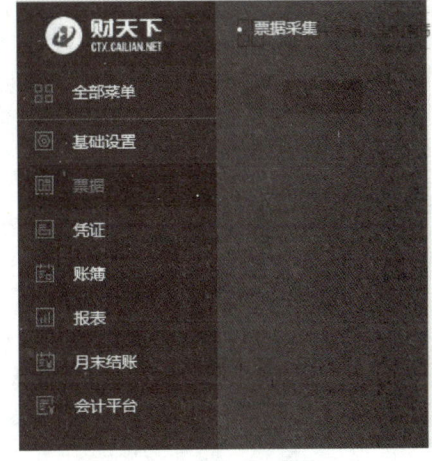

图 2-1-137　票据采集

图 2-1-138　选择原始单据

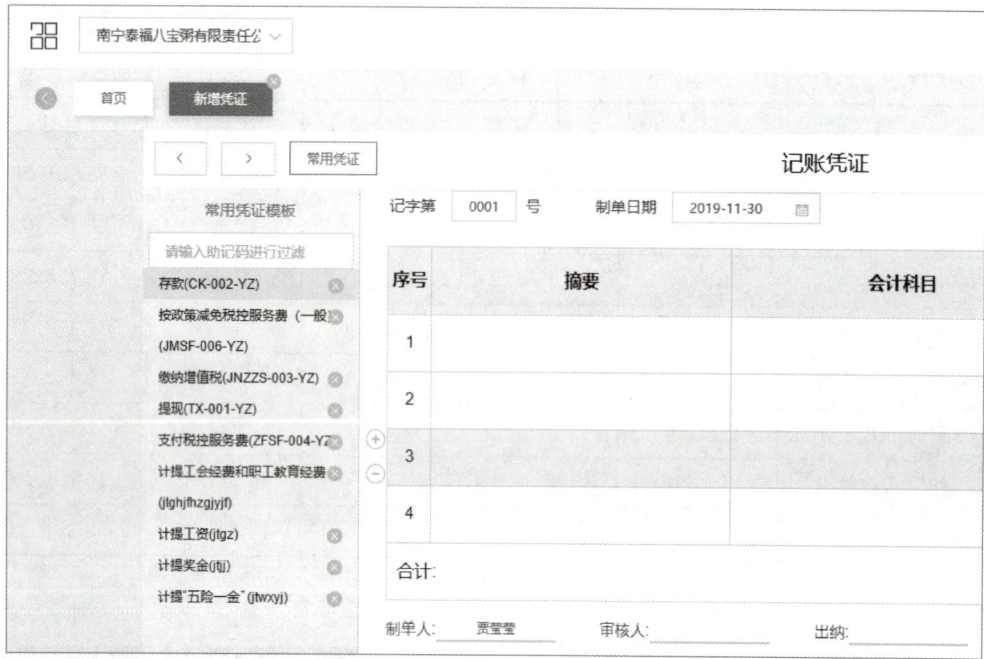

图 2-1-139　常用凭证-计提工资

序号	摘要	会计科目	数量	借方金额	贷方金额
1	计提工资	66020101 管理费用-职工薪酬-工资薪金		6130304	
2	计提工资	66010101 销售费用-职工薪酬-工资薪金		1132312	
3	计提工资	500102 生产成本-职工工资_原料加工部_桂圆海带	数量:15400.00千克 单价:0.600000	918802	
4	计提工资	500102 生产成本-职工工资_原料加工部_养生八宝	数量:21384.00千克 单价:0.600000	1275822	
5	计提工资	500102 生产成本-职工工资_罐装部_桂圆海带八	数量:15400.00千克 单价:0.490000	749844	
6	计提工资	500102 生产成本-职工工资_罐装部_养生八宝粥	数量:21384.00千克 单价:0.490000	1041212	
7	计提工资	500102 生产成本-职工工资_成品部_桂圆海带八	数量:15400.00千克 单价:0.500000	774290	
8	计提工资	500102 生产成本-职工工资_成品部_养生八宝粥	数量:21384.00千克 单价:0.500000	1075158	
9	计提工资	510109 制造费用-职工工资_原料加工部		610352	
10	计提工资	510109 制造费用-职工工资_罐装部		610352	
11	计提工资	510109 制造费用-职工工资_成品部		610352	
12	计提工资	510109 制造费用-职工工资_质检部		1535880	
13	计提工资	221101 应付职工薪酬-职工工资			13586484
14	计提工资	224101 其他应付款-代扣代缴个人社保			1371700
15	计提工资	224102 其他应付款-代扣代缴个人公积金			1496400
16	计提工资	222131 应交税费-应交个人所得税			10096
17					
合计 壹拾陆万肆仟陆佰肆拾陆元捌角				16464680	16464680

图 2-1-140　会计分录

业务 14：12 月 30 日，公司根据部门工资表汇总表，计提公司"五险一金"，通过调用"常用凭证"方式编制相应的记账凭证，"五险一金"计提表如图 2-1-141 所示，"五险一金"分配表如图 2-1-142 所示。

南宁泰福八宝粥有限公司部门职工"五险一金"计提表

2022 年 12 月 30 日　　　　　　　　　　　　　　　　　　　　单位：元

人员类别		五险一金工资基数	养老保险费(16%)	医疗保险费(10%)	失业保险费(0.8%)	工伤保险费(0.2%)	生育保险费(0.8%)	住房公积金(12%)	合计
行政财务		46 600.00	7 456.00	4 660.00	372.80	93.20	372.80	5 592.00	18 546.80
销售部		8 700.00	1 392.00	870.00	69.60	17.40	69.60	1 044.00	3 462.60
基本生产车间原料加工部	工人	16 400.00	2 624.00	1 640.00	131.20	32.80	131.20	1 968.00	6 527.20
	管理	4 700.00	752.00	470.00	37.60	9.40	37.60	564.00	1 870.60
基本生产车间罐装部	工人	13 400.00	2 144.00	1 340.00	107.20	26.80	107.20	1 608.00	5 333.20
	管理	4 700.00	752.00	470.00	37.60	9.40	37.60	564.00	1 870.60
基本生产车间产成品部	工人	13 800.00	2 208.00	1 380.00	110.40	27.60	110.40	1 656.00	5 492.40
	管理	4 700.00	752.00	470.00	37.60	9.40	37.60	564.00	1 870.60
制造费用质检部		11 700.00	1 872.00	1 170.00	93.60	23.40	93.60	1 404.00	4 656.00
合计		124 700.00	19 952.00	12 470.00	997.60	249.40	997.60	14 964.00	49 630.60

图 2-1-141　"五险一金"计提表

南宁泰福八宝粥有限公司生产工人"五险一金"分配表

2022 年 12 月 30 日　　　　　　　　　　　　　　　　　　　　单位：元

项目	产量(箱)	原料加工部	罐装部	成品部	合计
生产工人五险一金		6 527.20	5 333.20	5 492.40	17 352.80
按产量分配系数		0.181 905 2	0.148 629 8	0.153 067	
桂圆海带八宝粥熟料	15 400.00	2 732.68			2 732.68
养生八宝粥熟料	21 384.00	3 794.52			3 794.52
桂圆海带八宝粥罐装	15 400.00		2 232.80		2 232.80
养生八宝粥罐装	21 384.00		3 100.40		3 100.40
桂圆海带八宝粥	15 400.00			2 299.45	2 299.45
养生八宝粥	21 384.00			3 192.95	3 192.95
合计		6 527.20	5 333.20	5 492.40	17 352.80

图 2-1-142　"五险一金"分配表

操作步骤：

（1）点击"开始练习"按钮，进入"财天下"。
（2）点击"票据"选项，如图 2-1-143 所示。
（3）点击"票据采集"按钮，进入票据采集界面。
（4）选择该任务的凭证，单击"确定"按钮，如图 2-1-144 所示。
（5）调整发票类型至其他票据，完成审核。
（6）进入"凭证—新增凭证"界面。
（7）点击"单据图片"按钮，选择进入，如图 2-1-145 所示。

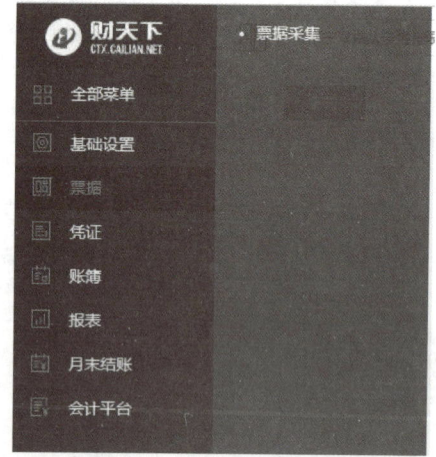

图 2-1-143　票据采集

图 2-1-144　选择原始凭证

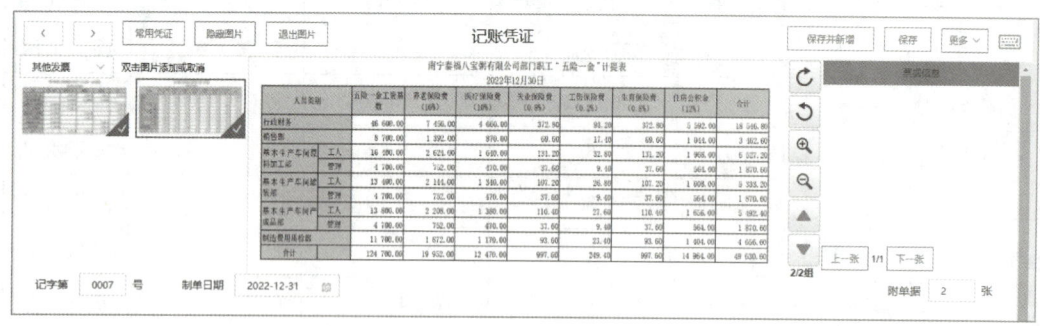

图 2-1-145　选择单据图片

（8）选择常用凭证，此题为计提"五险一金"，点击"常用凭证"选项，并选择计提"五险一金"，双击进入，如图 2-1-146 所示。
（9）分析题目，将金额填入，完善凭证，分录如图 2-1-147 至图 2-1-149 所示。
（10）点击"保存"按钮，此任务完成。

图 2-1-146　常用凭证-计提"五险一金"

序号	摘要	会计科目	数量	借方金额	贷方金额
1	计提五险一金	6601010501 销售费用-职工薪酬-各类基本社会...		139200	
2	计提五险一金	6601010502 销售费用-职工薪酬-各类基本社会...		87000	
3	计提五险一金	6601010503 销售费用-职工薪酬-各类基本社会...		6960	
4	计提五险一金	6601010504 销售费用-职工薪酬-各类基本社会...		1740	
5	计提五险一金	6601010505 销售费用-职工薪酬-各类基本社会...		6960	
6	计提五险一金	66010106 销售费用-职工薪酬-住房公积金		104400	
7	计提五险一金	6602010501 管理费用-职工薪酬-各类基本社会...		745600	
8	计提五险一金	6602010502 管理费用-职工薪酬-各类基本社会...		466000	
9	计提五险一金	6602010503 管理费用-职工薪酬-各类基本社会...		37280	

图 2-1-147　会计分录

序号	摘要	会计科目	借方金额
10	计提五险一金	6602010504 管理费用-职工薪酬-各类基本社会...	9320
11	计提五险一金	6602010505 管理费用-职工薪酬-各类基本社会...	37280
12	计提五险一金	66020106 管理费用-职工薪酬-住房公积金	559200
13	计提五险一金	510110 制造费用-社会保险费_原料加工部	130660
14	计提五险一金	510111 制造费用-住房公积金_原料加工部	56400
15	计提五险一金	510110 制造费用-社会保险费_罐装部	130660
16	计提五险一金	510111 制造费用-住房公积金_罐装部	56400
17	计提五险一金	510110 制造费用-社会保险费_成品部	130660
18	计提五险一金	510111 制造费用-住房公积金_成品部	56400
19	计提五险一金	510110 制造费用-社会保险费_质检部　辅助项	325260

图 2-1-148　会计分录

	摘要	科目		借方	贷方
20	计提五险一金	510111 制造费用-住房公积金_质检部		140400	
21	计提五险一金	500102 生产成本-职工工资_原料加工部_桂圆海...	数量:15400.00千克 单价:0.180000	273268	
22	计提五险一金	500102 生产成本-职工工资_原料加工部_养生八...	数量:21384.00千克 单价:0.180000	379452	
23	计提五险一金	500102 生产成本-职工工资_罐装部_桂圆海甜八...	数量:15400.00千克 单价:0.140000	223280	
24	计提五险一金	500102 生产成本-职工工资_罐装部_养生八宝粥	数量:21384.00千克 单价:0.140000	310040	
25	计提五险一金	500102 生产成本-职工工资_成品部_桂圆海甜八...	数量:15400.00千克 单价:0.150000	229945	
26	计提五险一金	500102 生产成本-职工工资_成品部_养生八宝粥	数量:21384.00千克 单价:0.150000	319295	
27	计提五险一金	22110301 应付职工薪酬-社会保险费-基本养老保...			1995200
28	计提五险一金	22110303 应付职工薪酬-社会保险费-基本医疗保...			1247000
29	计提五险一金	22110305 应付职工薪酬-社会保险费-失业保险费			99760
30	计提五险一金	22110307 应付职工薪酬-社会保险费-工伤保险费			24940
31	计提五险一金	22110306 应付职工薪酬-社会保险费-生育保险费			99760
32	计提五险一金	221104 应付职工薪酬-住房公积金			1496400
33					
	合计 肆万玖仟陆佰叁拾元陆角			4963060	4963060

图 2-1-149　会计分录

任务三　销售业务核算

一、任务场景

泰福八宝粥有限公司与财税共享服务中心签订的外包服务合同中,同时将"销售业务核算"进行外包。每月月初将上月所有的有关票据移交到财税共享服务中心,委托记账并要求提供存货、客户、供应商辅助核算以及相关科目的数量核算。

二、任务布置

由财税共享服务中心工作人员唐宋负责泰福八宝粥公司"销售与收款业务核算"业务,具体要求如下:

(1) 接收 2022 年 12 月的 7 笔销售、5 笔收款业务的有关票据,将每张纸质票据扫描形成独立的影像文件。

(2) 使用会计核算云平台,采集票据影像文件,并识别与校验,存入数字档案系统。

(3) 对业务审批流程与票据进行审核。

(4) 根据每笔销售与收款业务的原始票据,自动生成记账凭证或手工编制记账凭证,同时进行存货、客户、供应商辅助核算以及相关科目的数量核算,并进行人工审核。

(5) 查询本任务编制的所有记账凭证。

三、业务流程

在财税共享服务中心启用会计核算云平台的总账系统的环境下,销售业务核算外包服务处理过程主要包括票据接收、票据识别、票据制单等处理环节。在有销售合同并开具发票的条件下,销售与收款业务核算外包服务处理流程如图 2-1-150 所示。

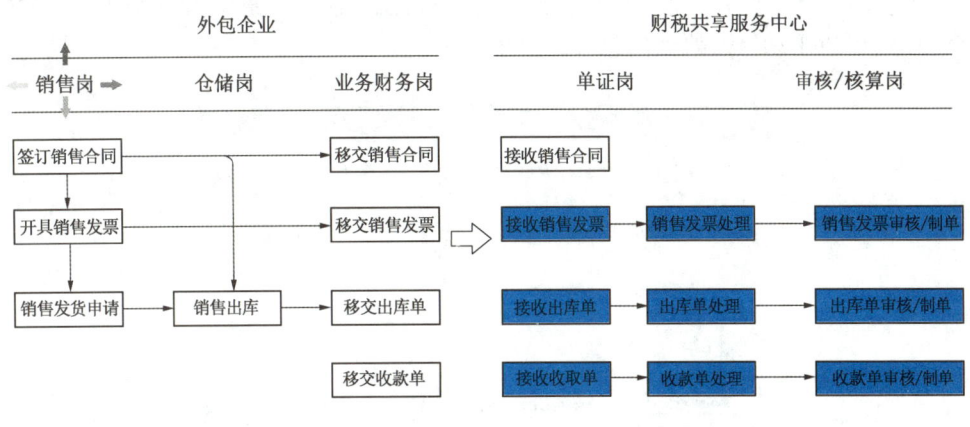

图 2-1-150　销售与收款业务外包服务处理流程

四、业务操作

业务 1：12 月 30 日,本月累计销售桂圆海带八宝粥 12 000 箱(288 000 罐),每箱不含税价格为 50.4 元,销售收入为 604 800 元,增值税税额 78 624 元,税率为 13%。本月累计销售养生八宝粥 21 000 箱(504 000 罐),每箱不含税价格为 45.6 元,销售收入为 957 600 元,增值税税额 124 488 元,税率为 13%。以上业务均已发货,此处出库单省略,共开具 7 张销售发票。

操作步骤：

(一) 票据采集与识别

(1) 在"财天下"页面,选择"票据"选项,打开"票据采集"窗口。

(2) 在"票据采集"窗口,点击"采集—本地图片/PDF"按钮,选中发票的扫描文件,将发票上传至"财天下",如图 2-1-151 所示。

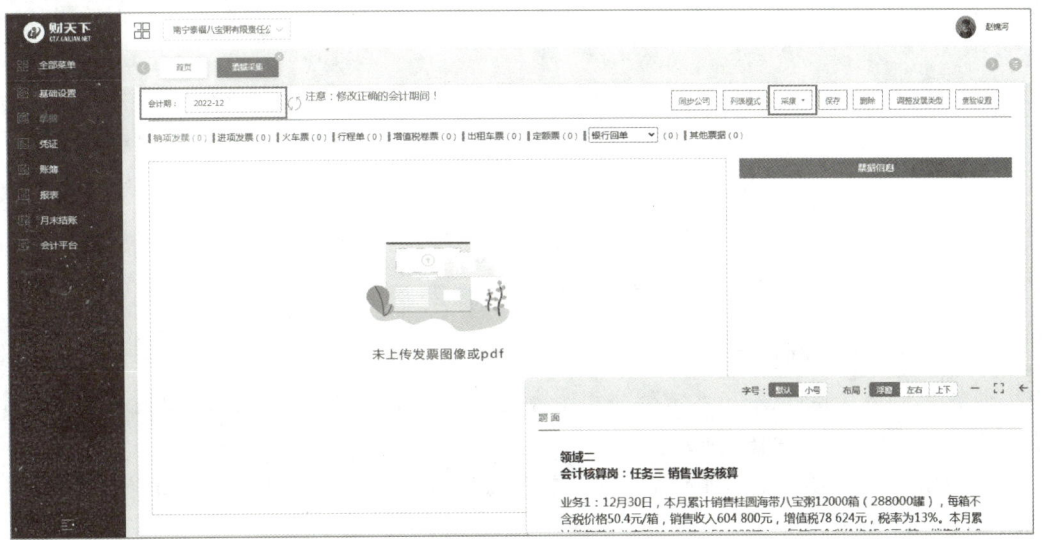

图 2-1-151　上传图片/PDF

(3)弹出"共上传×条数据"对话框,系统自动识别票据信息。

(4)校验票据信息,并补充完整。①在"票据信息"的"发票类型"文本框中,选择"销项发票",如图2-1-152所示。②校验"票据信息""行信息""制单信息"。若查验中数据与票面信息不一致,可以手动修改票据信息及行信息。

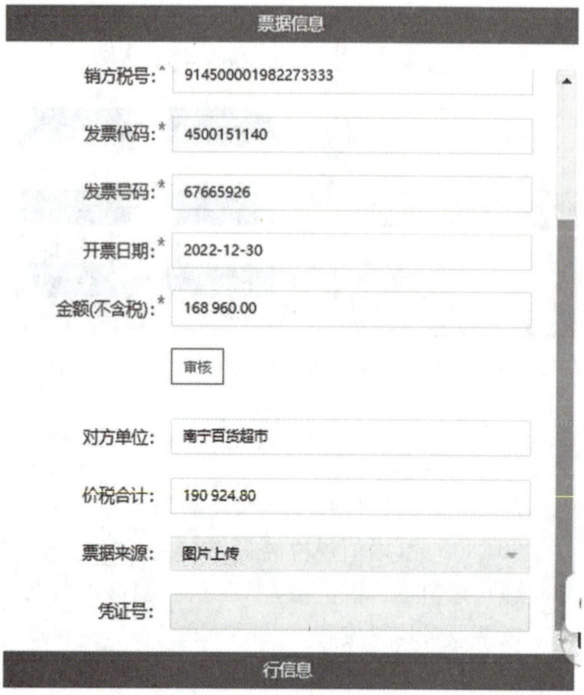

图 2-1-152 上传发票

（二）票据审查与制单

(1)对票据进行审查,通过后单击"审核"按钮,进行保存,即可自动生成记账凭证,如图2-1-153所示。

图 2-1-153 "审核"界面

(2)生成的记账凭证可在"凭证管理"中查看,如图2-1-154所示。

业务2:12月6日,泰福八宝粥公司工商银行账户收到南宁南城岭南超市公司八宝粥货款30万元,如图2-2-155所示。

业务3:12月13日,收到南城百货超市有限公司货款550 000元,存入工商银行账户,如图2-1-156所示。

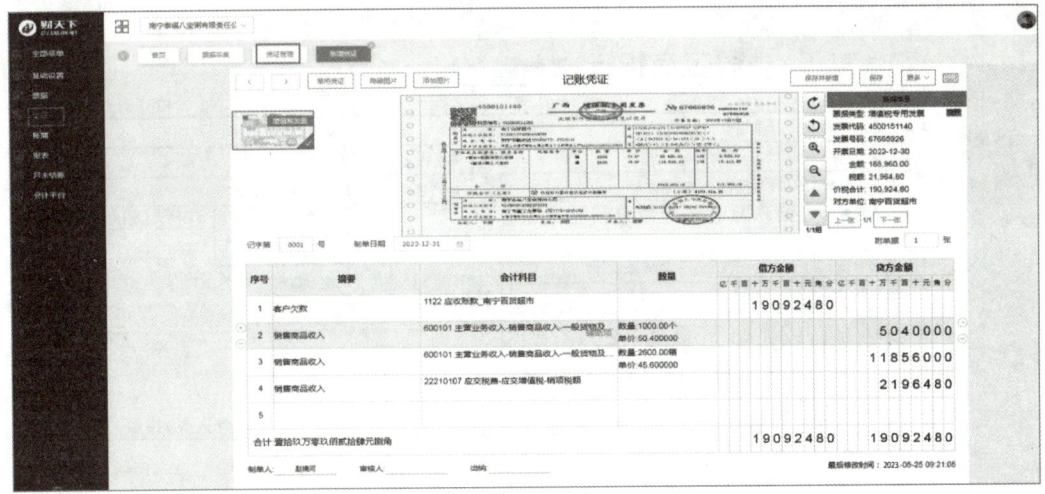

图 2-1-154　销售发票扫描生成凭证

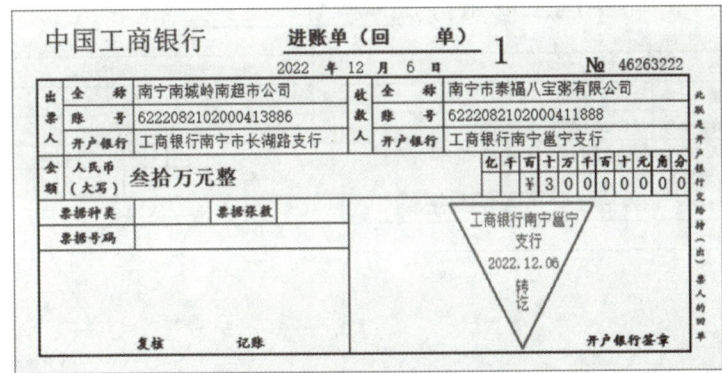

图 2-1-155　工商银行进账单

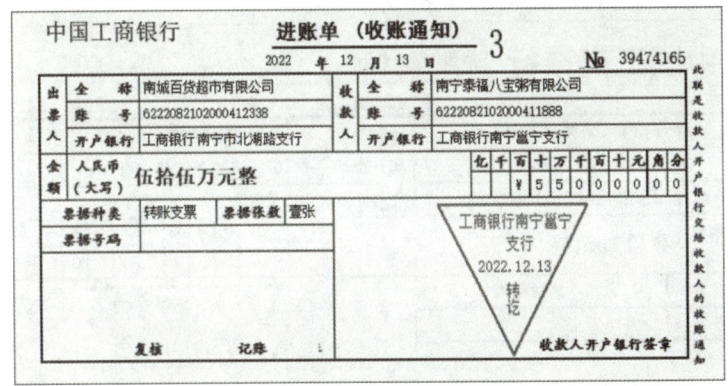

图 2-1-156　工商银行进账单

业务 4：12 月 30 日收到南宁南城岭南超市货款 300 000 元，收到桂林阳光超市货款 191 196 元，收到柳州江北宁新超市货款 263 064 元，货款已入工商银行账户，如图 2-1-157 至图 2-1-159 所示。

中国工商银行 进账单（回 单） 1

2022 年 12 月 30 日 № 34287489

出票人	全称	桂林阳光超市	收款人	全称	南宁泰福八宝粥有限公司
	账号	6222082102100521321		账号	6222082102000411888
	开户银行	工商银行桂林市阳桥支行		开户银行	工商银行南宁邕宁支行
金额	人民币（大写）	壹拾玖万壹仟壹佰玖拾陆元整		亿千百十万千百十元角分	¥19119600
票据种类		票据张数			
票据号码					
复核	记账			工商银行南宁邕宁支行 2022.12.30 转讫	开户银行签章

此联是开户银行交给持（出）票人的回单

图 2-1-157 工商银行进账单(1)

中国工商银行 进账单（回 单） 1

2022 年 12 月 30 日 № 66168170

出票人	全称	柳州江北宁新超市	收款人	全称	南宁泰福八宝粥有限公司
	账号	6227073380500756382		账号	6222082102000411888
	开户银行	建设银行柳州市鱼峰路支行		开户银行	工商银行南宁邕宁支行
金额	人民币（大写）	贰拾陆万叁仟零陆拾肆元整		亿千百十万千百十元角分	¥26306400
票据种类	转账支票	票据张数	壹张		
票据号码					
复核	记账			中国工商银行南宁邕宁支行 2022.12.30 转讫	开户银行签章

此联是开户银行交给持（出）票人的回单

图 2-1-158 工商银行进账单(2)

中国工商银行 进账单（回 单） 1

2022 年 12 月 30 日 № 34287489

出票人	全称	南宁南城岭南超市公司	收款人	全称	南宁泰福八宝粥有限公司
	账号	6222082102000413886		账号	6222082102000411888
	开户银行	工商银行南宁市长湖路支行		开户银行	工商银行南宁邕宁支行
金额	人民币（大写）	叁拾万元整		亿千百十万千百十元角分	¥30000000
票据种类		票据张数			
票据号码					
复核	记账			工商银行南宁邕宁支行 2022.12.30 转讫	开户银行签章

此联是开户银行交给持（出）票人的回单

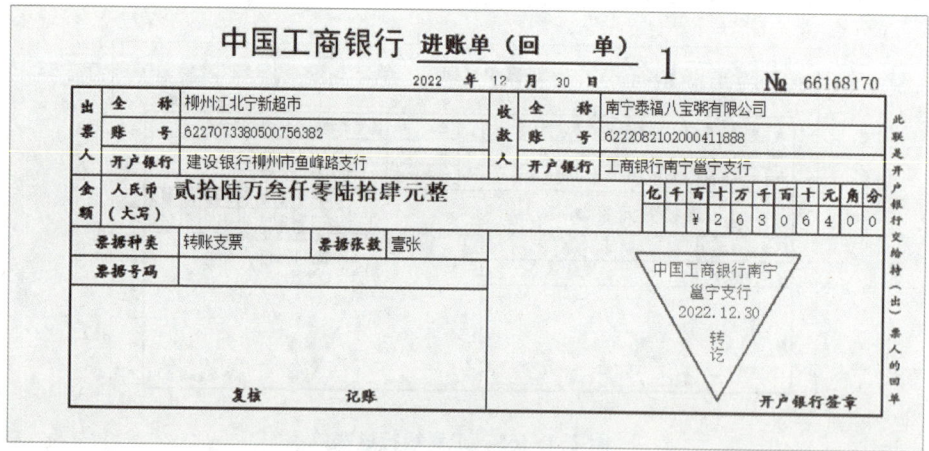

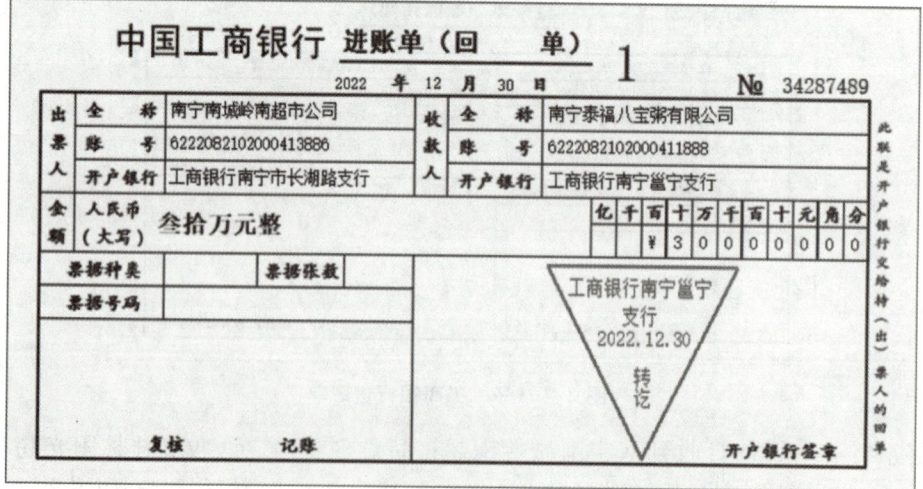

图 2-1-159 工商银行进账单(3)

业务 2、3、4 操作相同,步骤如下。

(一) 票据采集与识别

(1) 在"财天下"页面,选择"票据"选项,打开"票据采集"窗口。

(2) 在"票据采集"窗口,点击"采集—本地图片/PDF",选中发票的扫描文件,将发票上传至"财天下",如图 2-1-160 所示。

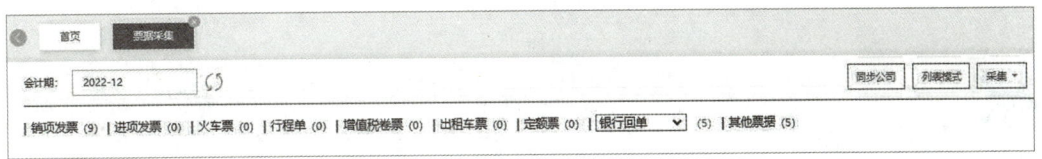

图 2-1-160　采集并审核银行进账单信息

(二) 新增凭证

在"凭证"中选择"新增凭证"窗口,选择进账单所属日期,点击"单据图片"按钮,选择上传起始日期为"2022 年 12 月",上传结束日期为"2022 年 12 月",发票类型为"银行回单",如图 2-1-161 所示。选择该笔业务对应的银行回单,并填制记账凭证,如图 2-1-162 所示。

图 2-1-161　导入凭证单据图片

记字第 0001 号	制单日期 2022-12-31		借方金额	贷方金额
序号	摘要	会计科目	亿千百十万千百十元角分	亿千百十万千百十元角分
1	收到货款	100201 银行存款-工商银行崇宁支行 余额:400 000.00	5 5 0 0 0 0 0 0	
2	收到货款	1122 应收账款_南城百货超市有限公司 余额:557 472.00		5 5 0 0 0 0 0 0
3				
4				
合计:伍拾伍万元整			5 5 0 0 0 0 0 0	5 5 0 0 0 0 0 0

图 2-1-162　新增凭证

工作领域二　纳税申报、工资及社保外包

技能目标

1. 能够在智能化税务操作平台上导入财务报表数据，并生成纳税申报表。
2. 能够在智能化税务操作平台上填写企业所得税、增值税基本信息，并能生成企业所得税、增值税的纳税申报表。
3. 能够在智能化税务操作平台上对企业财务报表、企业所得税、企业增值税数据计算及账务处理进行复核。
4. 能够在智能化税务操作平台上对各税种的扣款数额和对应科目进行核对。
5. 能够根据法律法规和当地税务机关的企业所得税汇算清缴政策及时办理纳税申报及退税。
4. 能够在智能化工资操作平台上完成对工资表的导入，并根据工资表数据自动生成记账凭证。
5. 能够收集整理现场办理个人社保所需材料，并能办理代扣代缴协议。
6. 了解现场办理报销生育医疗保险、养老保险、社保减员及增员、工伤认定等业务所需的材料和流程，并能实际应用。
7. 能够在智能化工资操作平台上录入员工信息、工资表及获取专项附加扣除信息。

任务一　纳税申报服务

一、任务场景

北京子林文化有限公司（简称子林文化）是一家以文化活动策划及实施、赛事活动策划及推广、摄影服务等为主的公司，该公司为一般纳税人，12月将其纳税申报业务外包给财税共享中心办理，双方签订合同，合同约定按国家有关规定，负责公司纳税报表复核与申报业务。

该外包公司账套号：302；

账套名称：北京子林文化有限公司；

存储路径：电脑D盘新建文件夹北京子林文化有限公司；

账套启用会计期：2022年12月；

公司法人代表：冯庄，企业类型：服务；

行业性质：2007年新会计制度科目；

单位地址：北京市怀柔区府前东街58号；

邮政编码：124022，电话：010-69601285；

纳税人识别号：95730106317958313D；

开户行：中国工商银行股份有限公司北京府前东街支行；

银行账号：21997394464679，本位币代码：RMB（人民币）；

预置科目：按行业性质预置科目；

公司 2022 年四季度季初从业人数为 4 人，季末从业人数为 5 人，季初资产总额为 2 000 000 元、季末资产总额为 2 036 750 元。

二、任务布置

财税共享中心李司根据合同约定为北京子林文化有限公司办理纳税申报表复核与申报业务，具体要求如下：

（1）审核已导入"金税师"的公司资产负债表。

（2）增值税税表审核与申报。

（3）企业所得税（季报）审核与申报。

三、业务流程

纳税申报表复核与申报流程如图 2-2-1 所示。

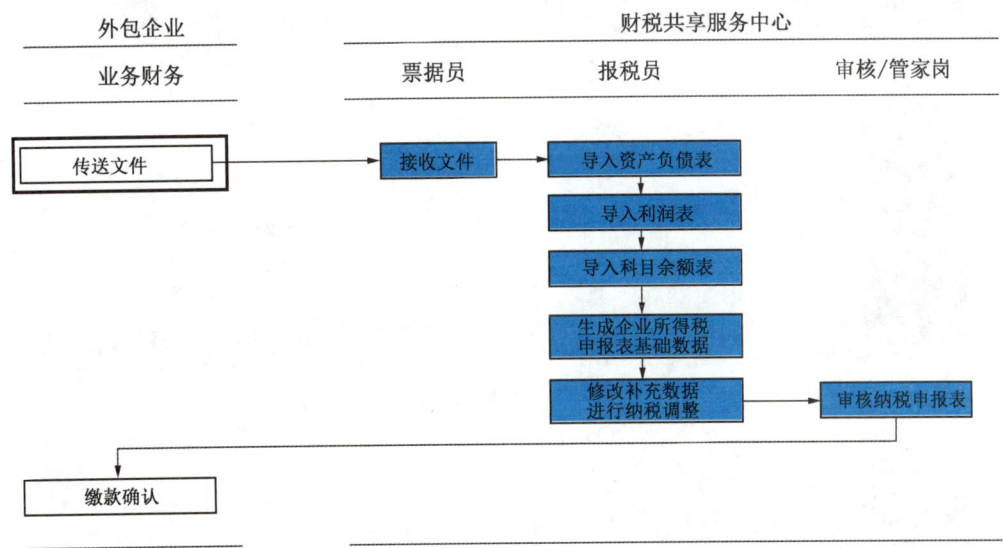

图 2-2-1　纳税申报表复核与申报流程

四、业务操作

（一）导入增值税

（1）进入"金税师"，选择"数据导入"选项，点击"增值税"按钮，如图 2-2-2 所示。

（2）日期选择 2022 年 12 月，如图 2-2-3 所示。

（3）分别导入"进项"和"销项"，进项导入"附表 3-5 认证抵扣发票清单.xlsx"，销项导入"附表 3-6 销项发票一般人模板下载.xlsx"，如图 2-2-4 所示。

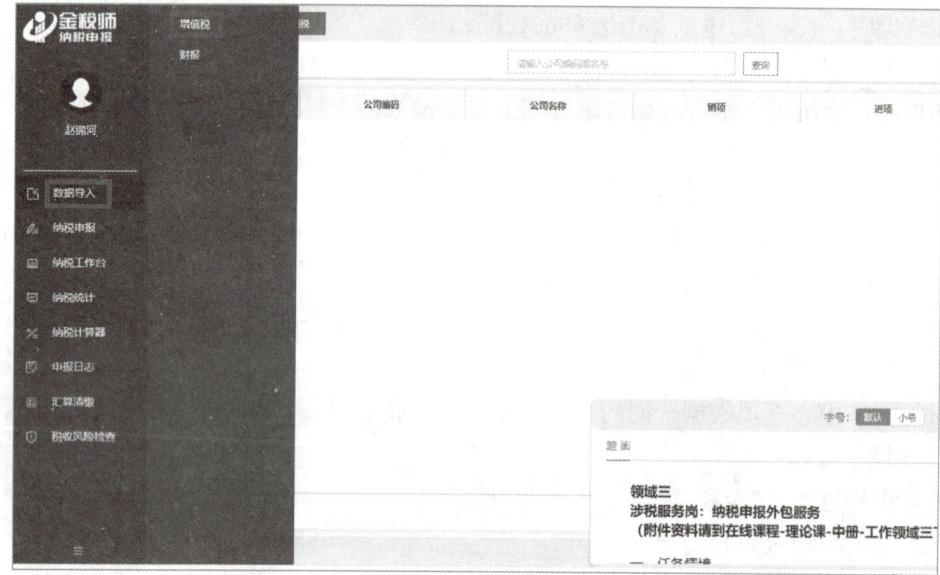

图 2-2-2　进入导入增值税界面

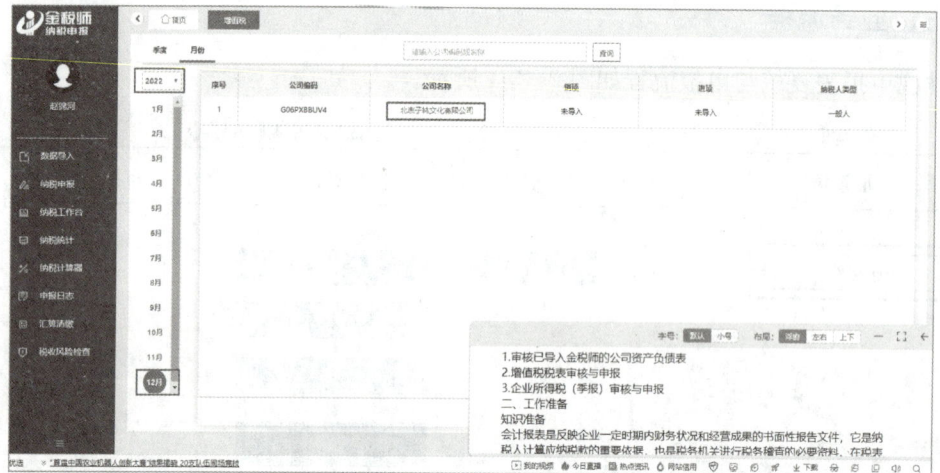

图 2-2-3　选择对应的日期

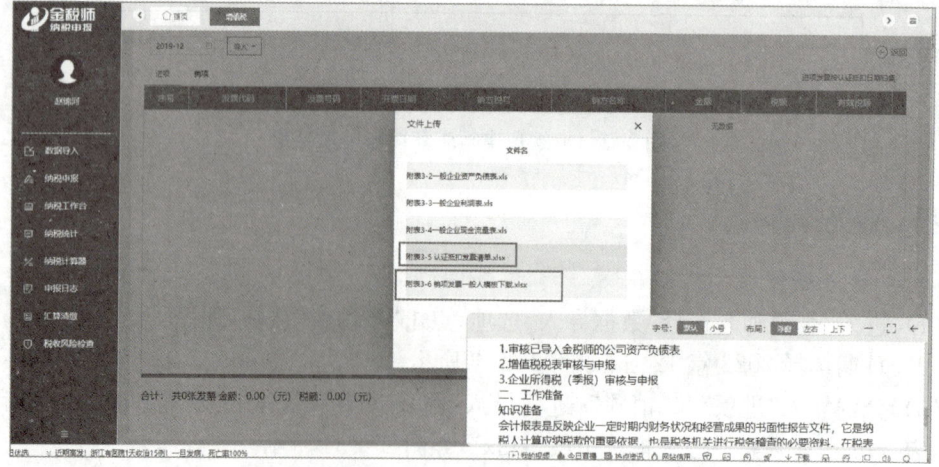

图 2-2-4　导入进项和销项

(二)导入财报

(1)进入"金税师",选择"数据导入"选项,点击"财报"按钮,如图 2-2-5 所示。

(2)选择"北京子林文化有限公司"选项,点击"教学平台导入 Excel"选项,导入"利润表"和"资产负债表",点击"保存"按钮,如图 2-2-6 所示。

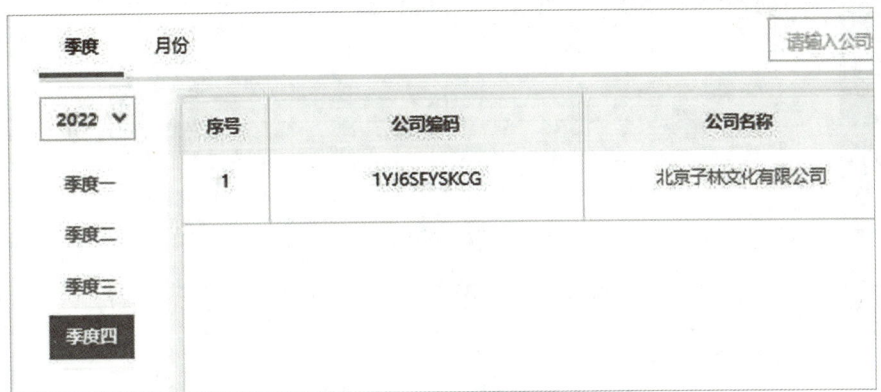

图 2-2-5 导入财报界面

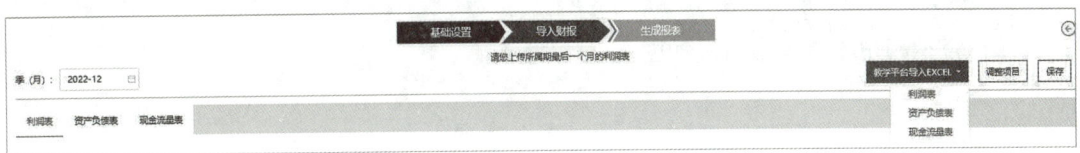

图 2-2-6 导入利润表和资产负债表

(三)审核申报财务报表

1. 审核

(1)财务报表项目匹配。

(2)查看资产负债表试算平衡结果。

(3)查看资产负债表中资产是否有项目值。

2. 申报

确认报表无误后,单击"审核"按钮,选择"通过"选项,之后可单击"申报"按钮,若审核通过后仍需更改信息,可单击"反审核"按钮,如图 2-2-7 所示。

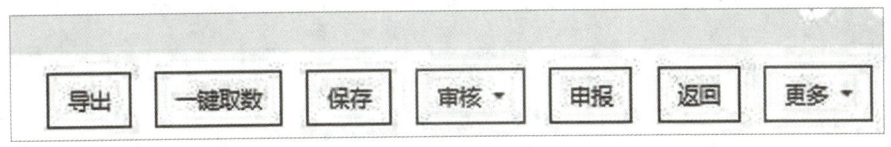

图 2-2-7 审核申报财务报表

(四)增值税纳税申报表审核与申报

1. 税表审核

子林文化增值税纳税申报表附列资料如图 2-2-8 所示,若审核有误,则进行修改,审核无误后点击"保存"按钮。

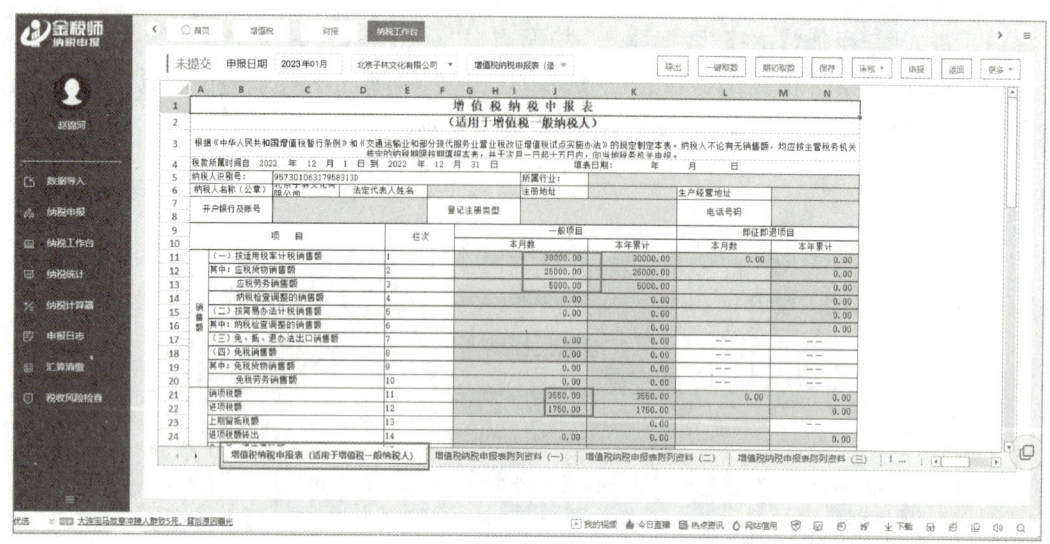

图 2-2-8 增值税纳税申报表附列资料

2. 申报

增值税纳税申报表申报情况如图 2-2-9 所示。

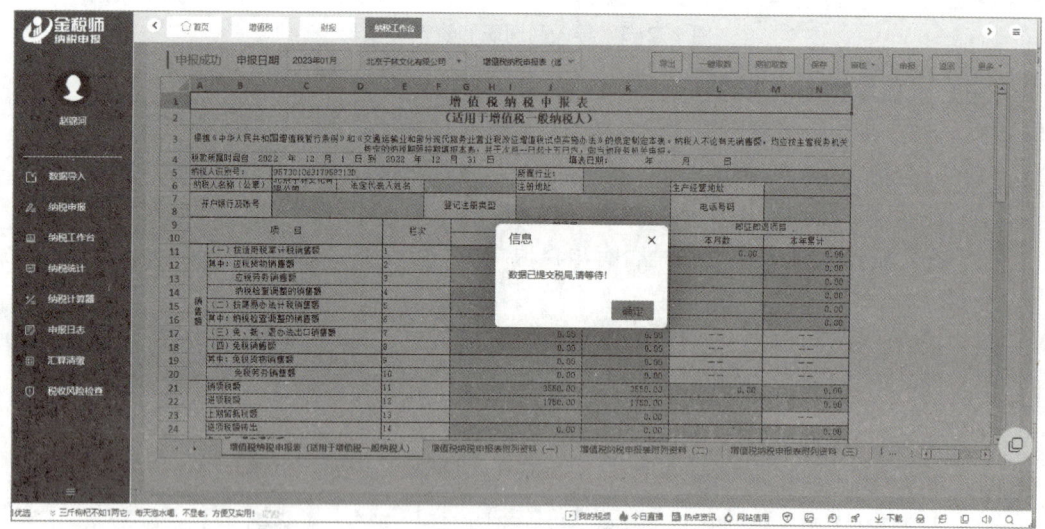

图 2-2-9 申报成功

(五) 企业所得税 (季报) 审核与申报

(1) 选择"中华人民共和国企业所得税月(季)度预缴纳税申报表(A 类)"选项, 如图 2-2-10 所示。

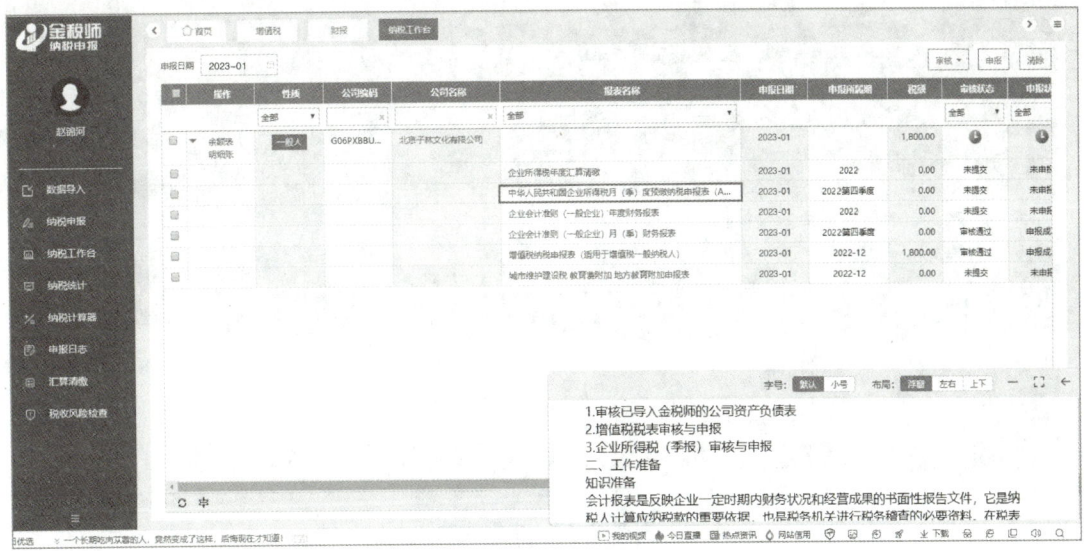

图 2-2-10　选择申报表

（2）审核"中华人民共和国企业所得税月（季）度预缴纳税申报表（A 类）"，审核无误后，点击"通过"按钮，如图 2-2-11 所示。

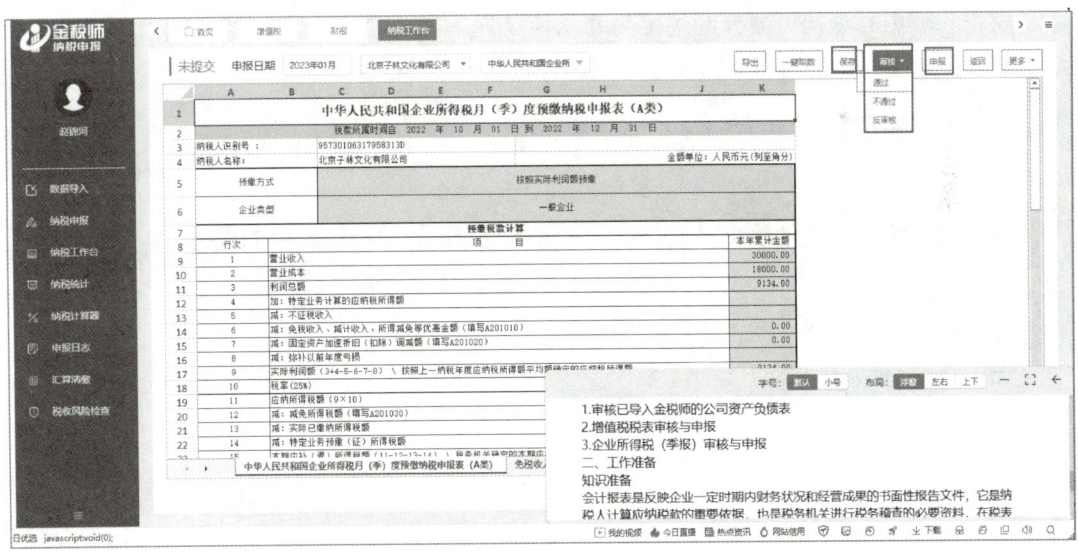

图 2-2-11　审核通过

（3）申报

点击"申报"按钮，申报成功如图 2-2-12 所示。

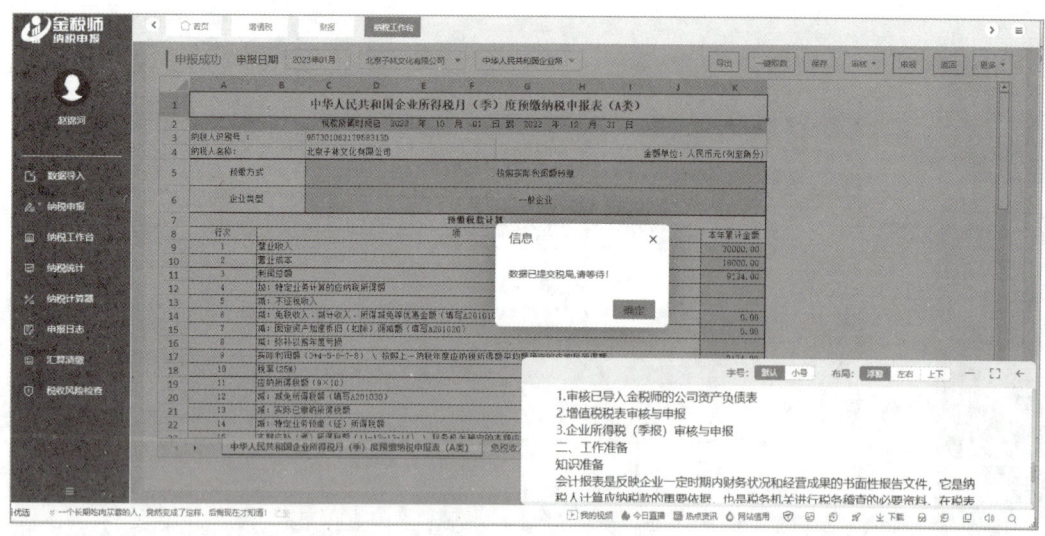

图 2-2-12　申报成功

任务二　工资及社保业务

一、任务场景

财税共享中心李司根据合同约定为北京佳晟食品有限责任公司办理 2022 年 11 月工资单编制及发放工资的账务处理业务。

二、任务布置

（1）登录"财天下"。
（2）启用智能工资模块（启用日期：2022 年 11 月），并计算个人所得税。
（3）根据工资表数据自动生成记账凭证。
备注：生产部门人员属于生产车间。

三、业务操作

1. 启用"智能工资"模块

登录"财天下"，选择"基础设置"选项，单击"账套信息"按钮，将"启用智能工资"前面的"√"勾上，修改启用日期为：2022 年 11 月，如图 2-2-13 所示。

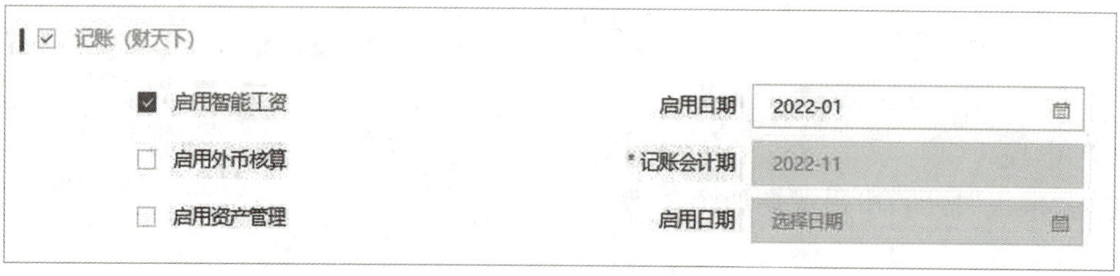

图 2-2-13　启用智能工资

2. 编制并上传工资表

（1）单击"智能工资"按钮进入"人员信息"界面，单击"导入/导出"按钮，导入人员信息文件，单击"同步人员"按钮，同步人员信息，如图 2-2-14 所示。

图 2-2-14　导入并同步人员信息

（2）进入"智能工资"界面，在"人员信息"中选择"人员基本信息采集"选项，日期选择"2022 年 11 月"，点击"同步人员信息—当期确认"按钮，如图 2-2-15 所示。

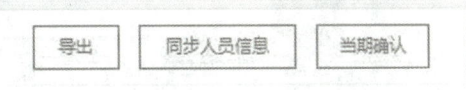

图 2-2-15　人员基本信息采集

（3）进入"智能工资"界面，在"人员信息"中选择"人员专项信息采集"选项，日期选择"2022 年 11 月"，点击"同步"按钮，结果如图 2-2-16 所示。

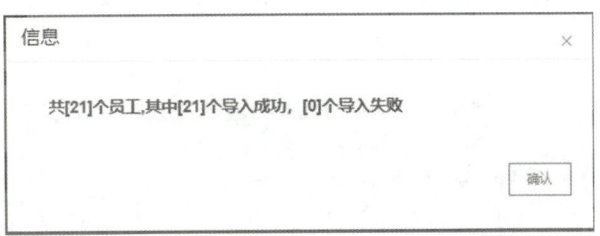

图 2-2-16　导入人员专项信息

（4）在"智能工资"界面选择"智能算税"选项，日期选择"2022 年 11 月"，点击"导入"按钮，选择"平台导入"选项，如图 2-2-17 所示。

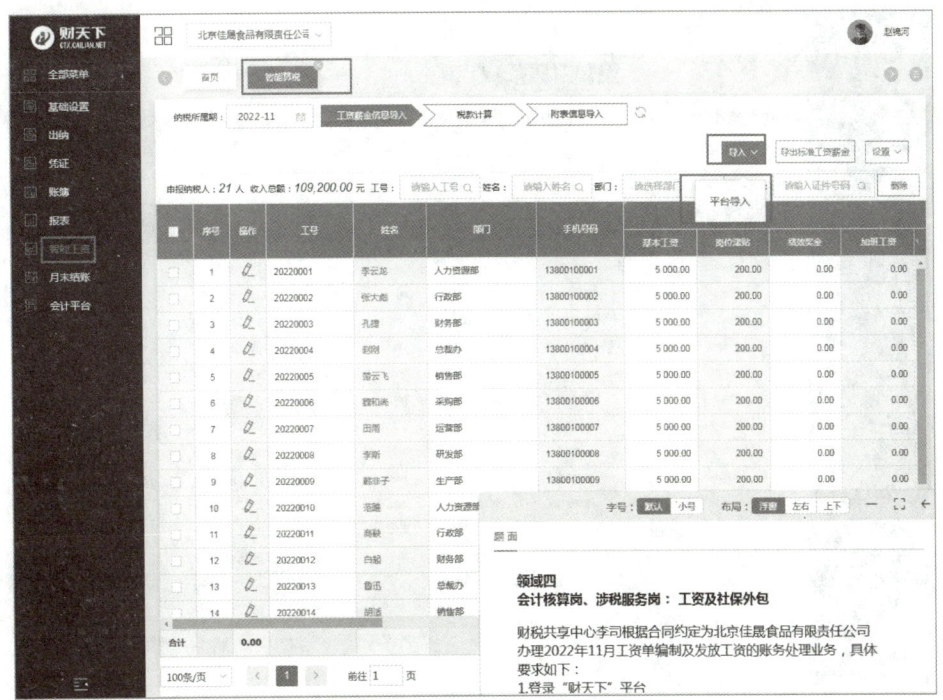

图 2-2-17　智能算税导入工资表

（5）在"智能工资"界面选择"智能算税"模块，单击"税款计算"按钮，点击"点击计算"按钮，结果如图 2-2-18 所示。

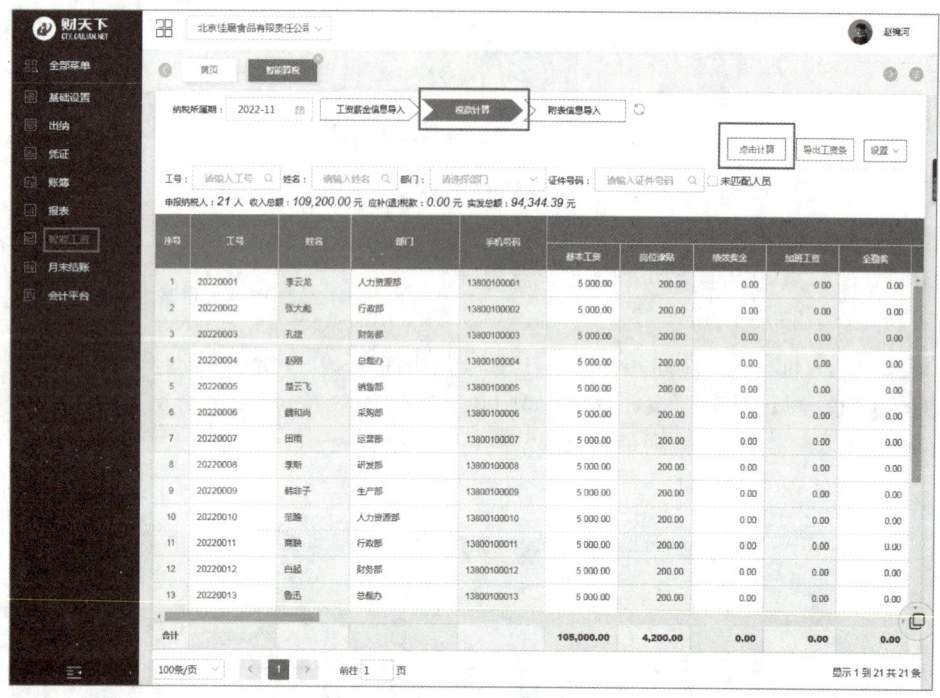

图 2-2-18　税款计算

（6）在"智能工资"界面选择"个人所得税申报表查询"模块，日期选择"2022 年 11 月"，结果如图 2-2-19 所示。

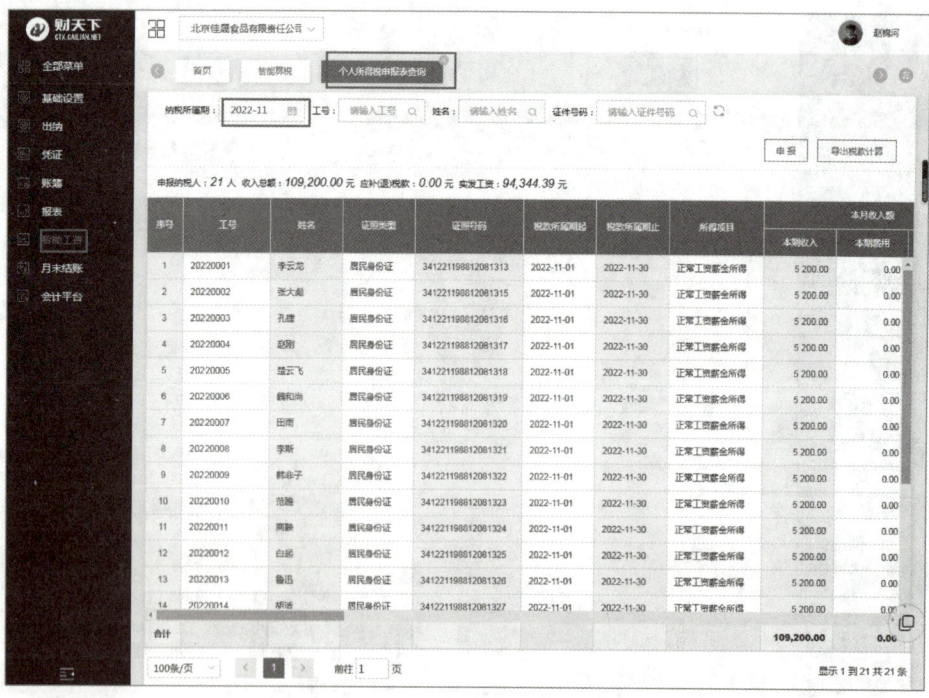

图 2-2-19　个人所得税申报表查询

（7）在"智能工资"界面选择"科目设置"模块，设置"计提工资借方科目"，结果如图 2-2-20 所示。

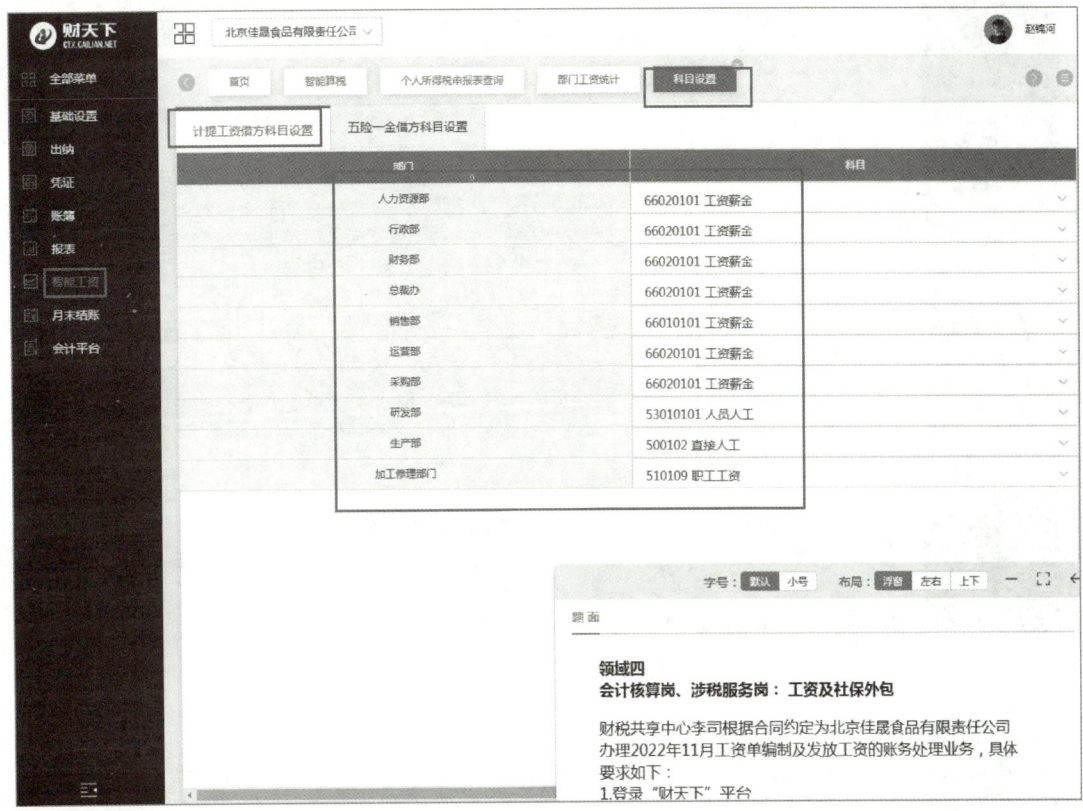

图 2-2-20　计提工资借方科目设置

（8）在"智能工资"界面选择"五险一金"模块，设置"五险一金"的基数及计提比例，结果如图 2-2-21 所示。

图 2-2-21　"五险一金"基数及计提比例设置

（9）在"智能工资"界面选择"科目设置"模块，设置"五险一金借方科目"，结果如图 2-2-22 所示。

（10）在"智能工资"界面选择"凭证生成"模块，点击"凭证生成"按钮，结果如图 2-2-23 所示。

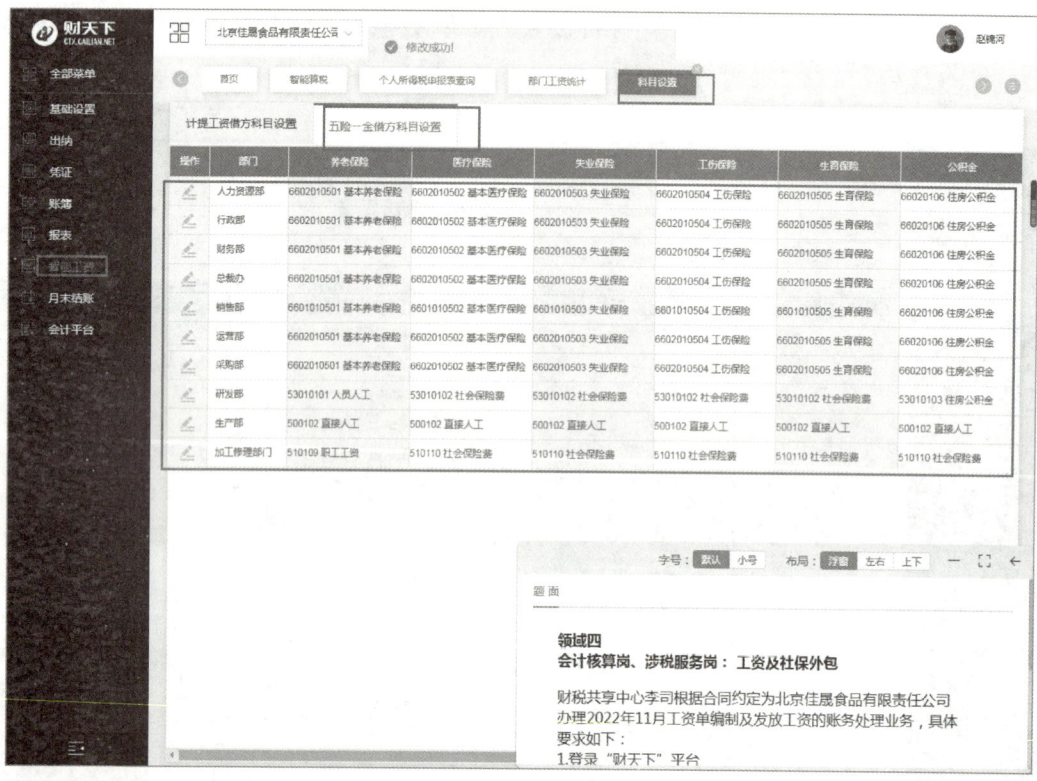

图 2-2-22 "五险一金"借方科目设置

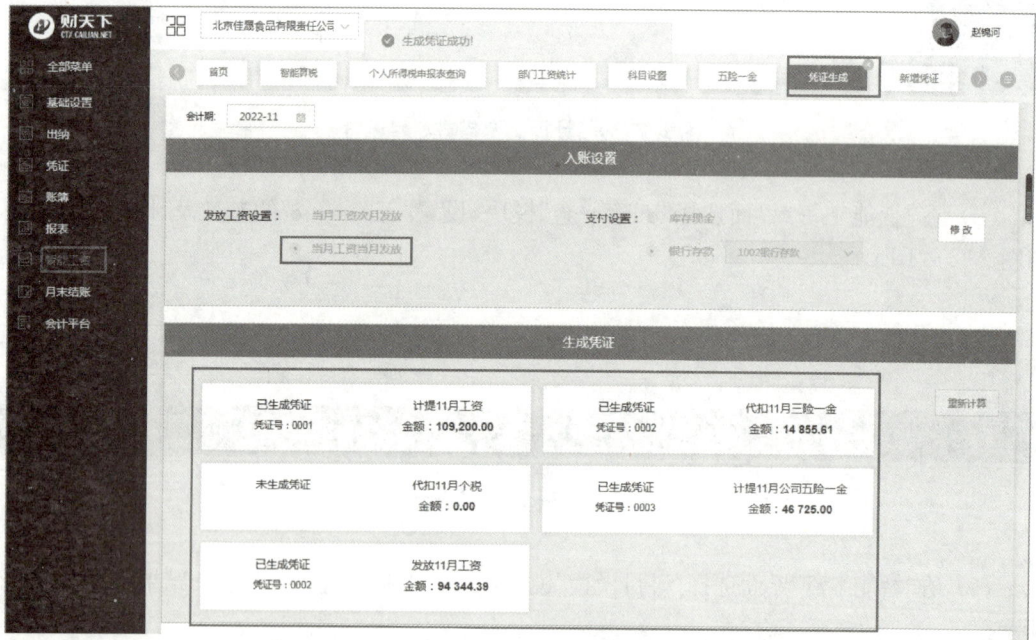

图 2-2-23 自动生成凭证

思政园地

第三部分

初级企业管家

工作领域一　企业设立、变更和信息公示

 **技能目标**

1. 了解企业设立登记、变更、信息公示填制申报、注销等业务相关法律法规的内容。
2. 掌握企业设立登记、变更、信息公示填制申报、注销等业务流程。
3. 能够根据有关法律法规规定和业务流程，在相关平台上熟练帮助客户办理企业设立登记、变更、信息公示填制申报、注销等业务。

任务一　企业设立登记

一、业务资料

2022年9月，林宇明、韩超、陈平三人拟共同出资设立一家软件开发的有限责任公司，名称定为：北京振兴科技有限公司（以下简称为振兴）。从事技术开发和服务，注册资本200万元人民币。三人决定：

(1) 设立时间：2022年9月10日（出资时间为2022年9月30日）。
(2) 股东会组成：公司由林宇明、韩超、陈平三人组成股东会。
(3) 设一名执行董事、一名监事、一名总经理，选举林宇明担任执行董事兼公司法定代表人，选举陈平为监事，并聘任韩超担任总经理同时兼财务负责人。
(4) 公司暂不建立工会组织。
(5) 企业的核算方式为独立核算。
(6) 确定职工的月工资标准。
(7) 招聘一名出纳兼秘书，协助办理公司设立登记相关事宜，并担任企业的联系人、办税员、社保和住房公积金缴费经办人、购票人。
(8) 行业特点：科技（主营业务：其他科技、技术推广服务）。
(9) 经营范围：传感网络信息服务，物联网信息服务；数字媒体；数字作品的数据库管理；数字作品的制作、集成，数字作品印刷出版、发行，数字出版领域内的技术开发、技术转让、技术咨询、技术服务。
(10) 主营业务：技术开发、技术服务。
(11) 拟登记市场主体所在地：北京市丰台区。
(12) 公司营业期限为30年。
(13) 没有位于中关村国家自主创新示范园及"三城一区"内。

(14) 投资人类型全部为自然人。

(15) 固定电话：010-67532981。

(16) 三人商定用系统自动生成的章程即可。

商定之后，他们招聘了王清担任公司出纳兼秘书。

林宇明等三人的出资及主要人员信息如下：

(1) 林宇明　男　汉　群众　研究生　在职　身份证　110106198503060235　北京市丰台区海棠园6号楼9层902室　18911223368。

认缴出资额（万元）：100　认缴出资比例：50%　认缴出资方式：货币　认缴出资来源：工资收入。

入职日期：2022.7.31　职务：执行董事　任期期限：三年　月工资标准（元）：20 000。

(2) 韩超　男　汉　群众　大学本科　在职　身份证　110223198709280912　北京市通州区紫云苑12号楼6层603室　18509862348　hanchao@163.com。

认缴出资额（万元）：60　认缴出资比例：30%　认缴出资方式：货币　认缴出资来源：工资收入。

入职日期：2022.7.31　职务：总经理兼财务负责人　任期期限：三年　月工资标准（元）：10 000。

(3) 陈平　男　汉　群众　大学本科　在职　身份证　110106198006150358　北京市丰台区未来家园3号楼7层701室　15090621293　chenping@163.com。

认缴出资额（万元）：40　认缴出资比例：20%　认缴出资方式：货币　认缴出资来源：工资收入。

入职日期：2022.7.31　职务：　监事　任职期限：三年　月工资标准（元）：10 000。

(4) 王清　女　汉　群众　在职　身份证　110106199003121263　北京市丰台区东安小区5号楼12层1206室　18902356781　wangqing@163.com。

职务：出纳兼秘书　月工资标准（元）：5 000。

(5) 刘庆　男　汉　群众　大学本科　在职　身份证　110106198503207832　北京市丰台区荷花苑3号楼10层1002室　18901675326。

职务：企业管家　月工资标准（元）：5 000。

说明：三名自然人股东的证件有效期起均为2010年1月1日，有效期止均为2030年1月1日。

为了有个经营场所，林宇明等三人租赁了王健位于北京市丰台区惠民路88号蓝天大厦6层620号房间作为经营场地（即为生产经营地）。该房间的建筑面积为100平方米，使用权限为40年，房屋用途为商用办公，属于王健个人私有房产，住房产权类型为有房产证，住所提供方式：租赁。每月租金20 000元，双方签订了租房协议，租赁期10年。申请工商营业执照副本1本。

税务信息确认相关信息如下：

姓名：王清

证件类型：中华人民共和国居民身份证

经过股东们的协商：

项目类别：非生产性项目

经营大类：综合技术服务业

经营明细：数字出版领域内的技术开发、技术转让、技术咨询、技术服务

行业名称：计算机应用服务业

预计经营占比：100%

企业管家已经进行过个人注册，注册账号为18901675326，密码为123456。

二、业务操作

进入"中联教育"平台首页，学生按学习账号和密码登录财税共享服务中心会计平台，选择我的课程，进入（实操）企业管家领域—任务—企业设立登记。

（1）根据业务资料提供的相关账户信息，点击"个人用户登录"按钮，如图3-1-1所示。

图3-1-1　北京市市场监督管理局网上登记申请平台

（2）进入"北京市统一身份认证平台"界面，点击"账号登录"按钮，输入注册账号"18901675326"、密码"123456"及系统给出的验证码，点击"登录"按钮，如图3-1-2所示。

图3-1-2　北京市统一身份认证平台

（3）根据业务资料提供的相关信息，点击"公司登记"按钮，弹出业务办理界面，再点击"设立"按钮，弹出公告对话框，点击"e窗通，点击从这里开始"按钮，进入北京市企业登记e窗通服务平台，如图3-1-3至图3-1-5所示。

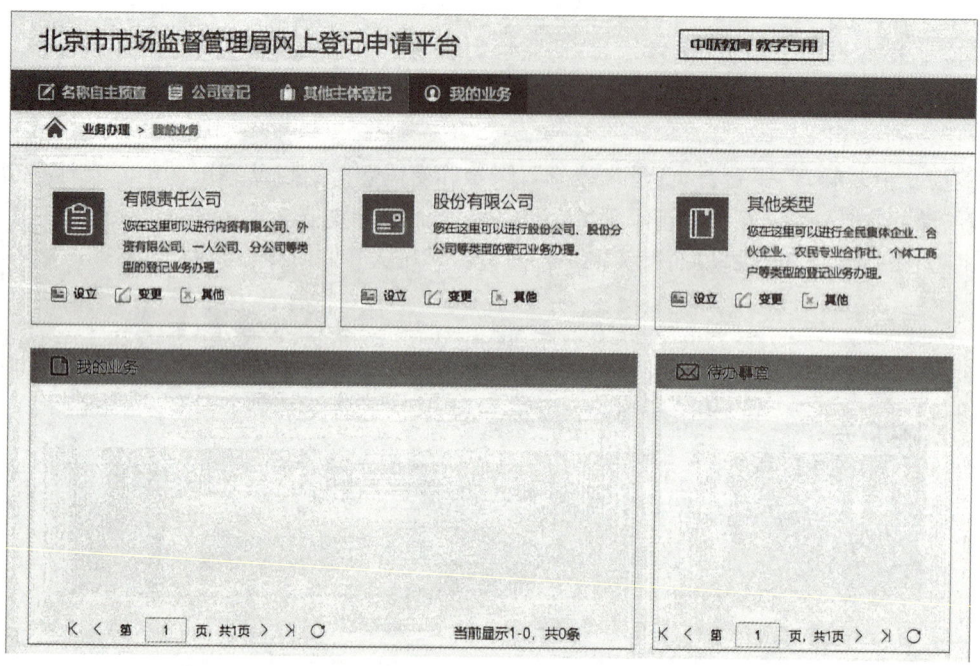

图3-1-3　公司登记

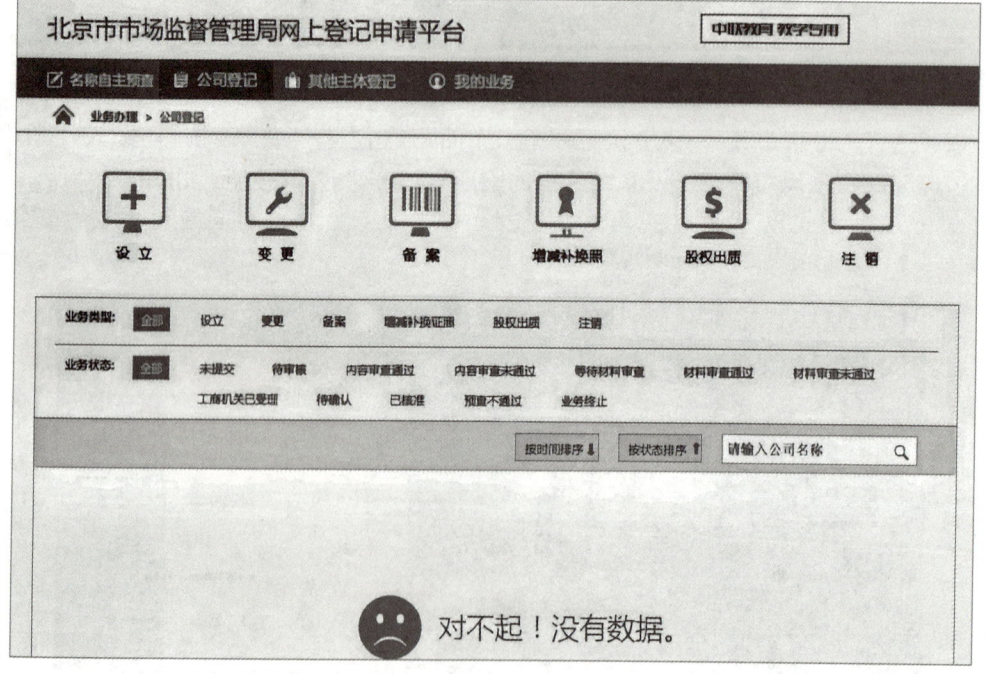

图3-1-4　公司设立

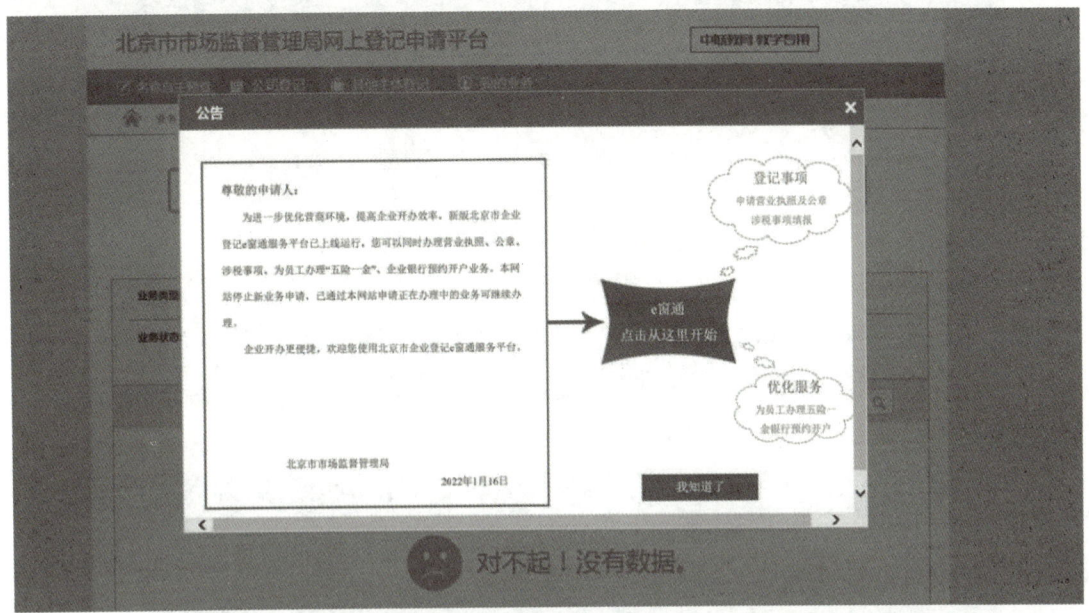

图 3-1-5　e 窗通

（4）进入北京市企业登记 e 窗通服务平台，点击"个人用户登录"按钮，弹出"业务引导"窗口，点击"进入办理"按钮，开办企业类型选择"企业开办"选项，如图 3-1-6 至图 3-1-8 所示。

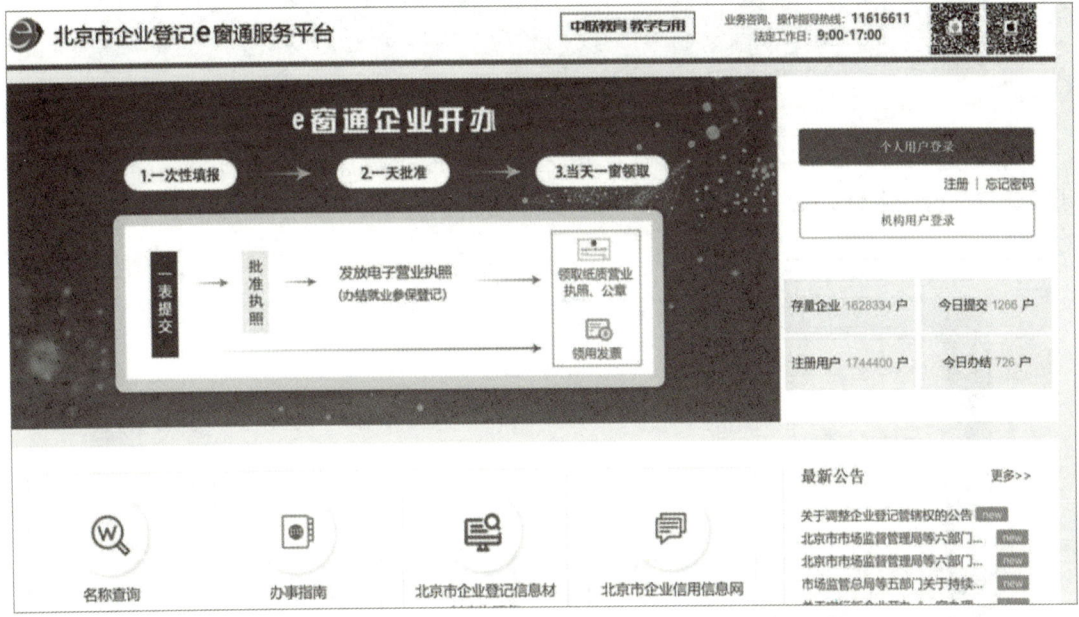

图 3-1-6　北京市企业登记 e 窗通服务平台

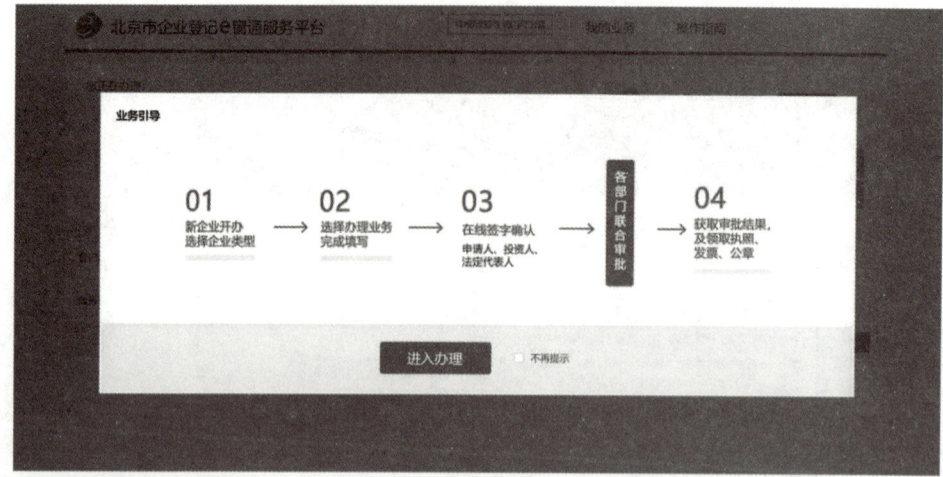

图 3-1-7　业务引导

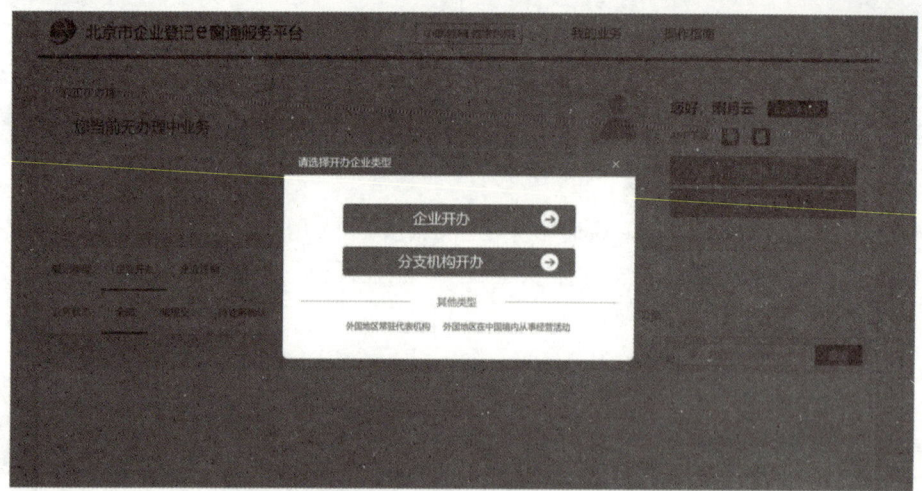

图 3-1-8　企业开办

（5）进入北京市企业登记 e 窗通服务平台，根据系统提供信息填列，开始申请营业执照，开始进行企业开办业务，如图 3-1-9 和图 3-1-10 所示。

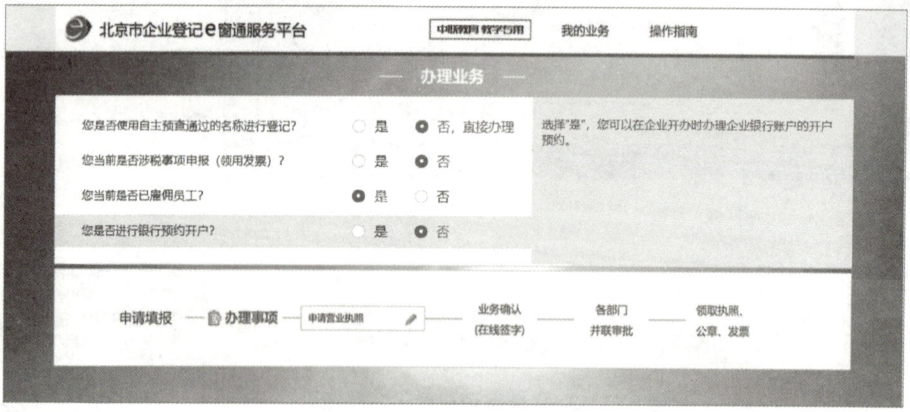

图 3-1-9　申请营业执照

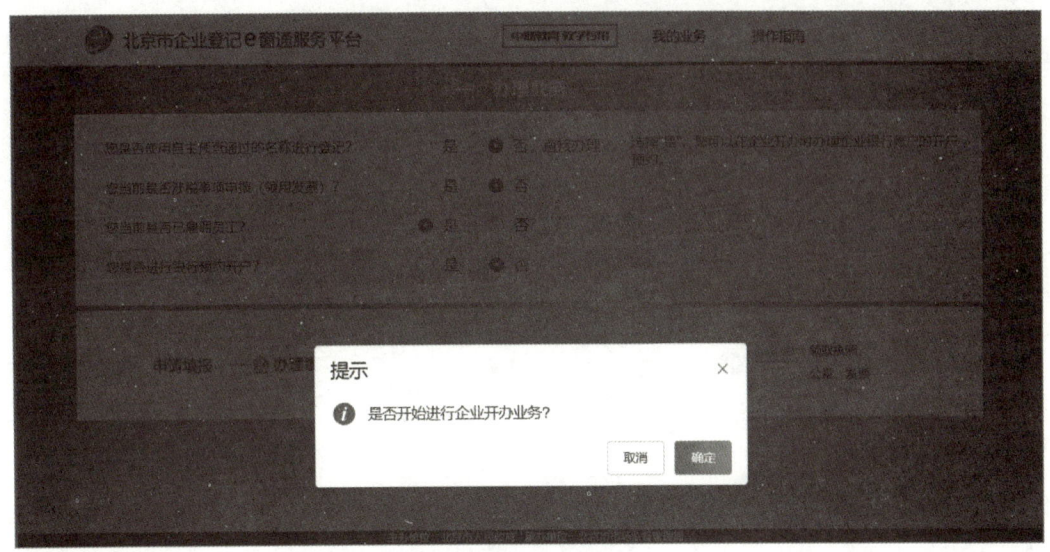

图 3-1-10 开始进行企业开办业务

（6）进入北京市企业登记 e 窗通服务平台，"企业基本信息"的"我要起名"页面，根据系统提供的资料，字号填写"振兴"，行业特点选择"科技（主营业务：其他科技、技术推广服务）"，组织形式选择"有限公司"，拟登记市场主体所在地选择"丰台区"，名称选择"北京振兴科技有限公司"，点击"检查"按钮，再点击"保存"按钮，最后点击"下一步"按钮，如图 3-1-11 和图 3-1-12 所示。

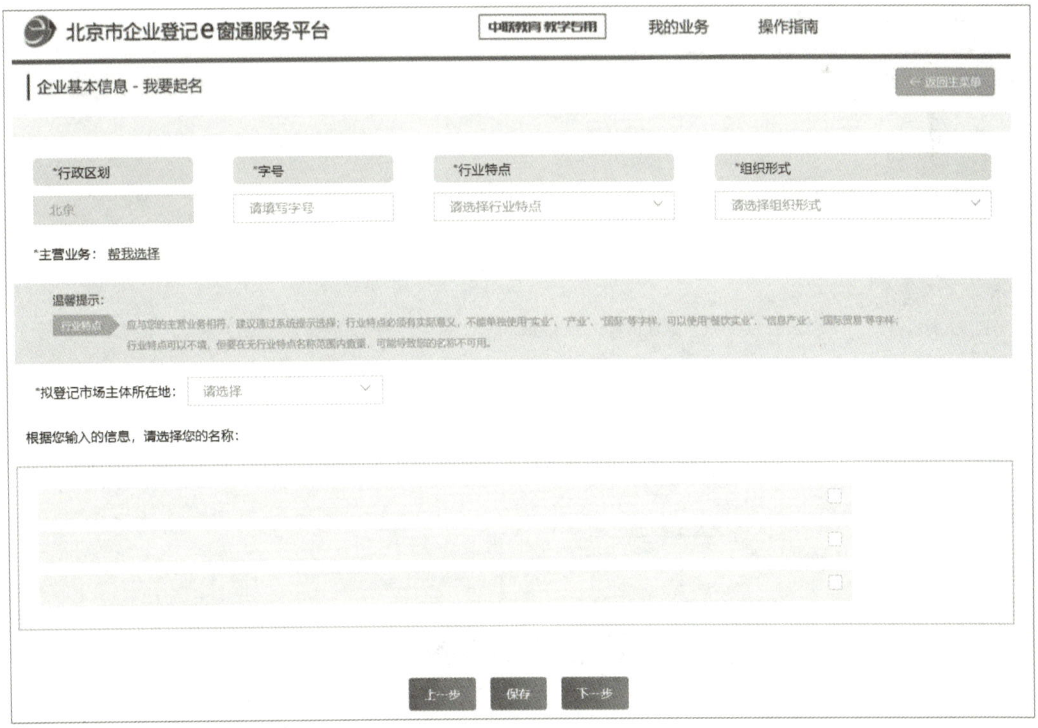

图 3-1-11 企业基本信息"我要起名"

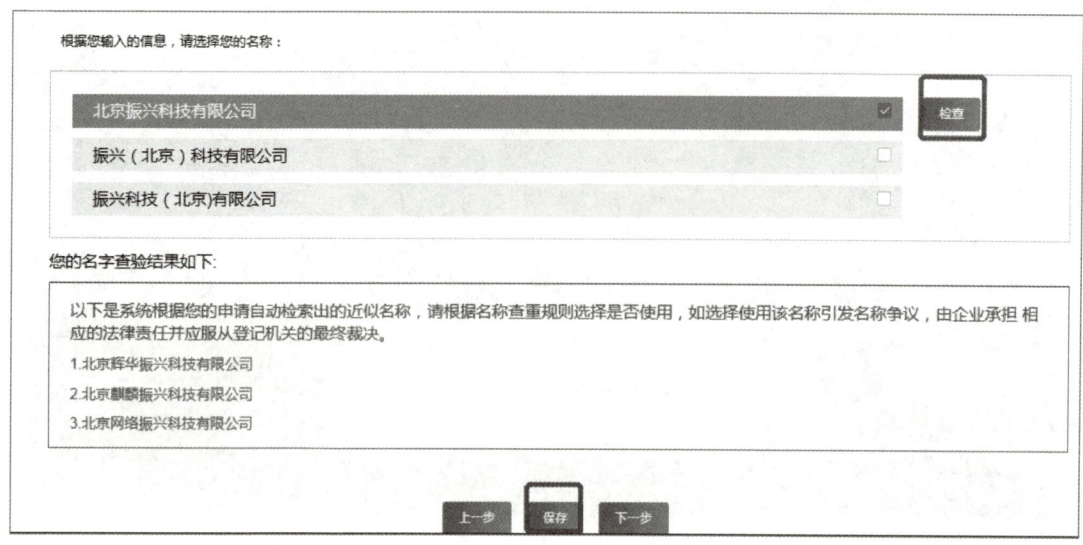

图 3-1-12　企业名称的检查

（7）进入企业基本信息"股东"界面，选择"自然人股东"选项，点击"＋"按钮，根据系统给出的股东信息资料进行填写，填写完毕点击"保存"按钮。（其他股东参照此办法填写），如图 3-1-13 至图 3-1-15 所示。

图 3-1-13　增加自然人股东

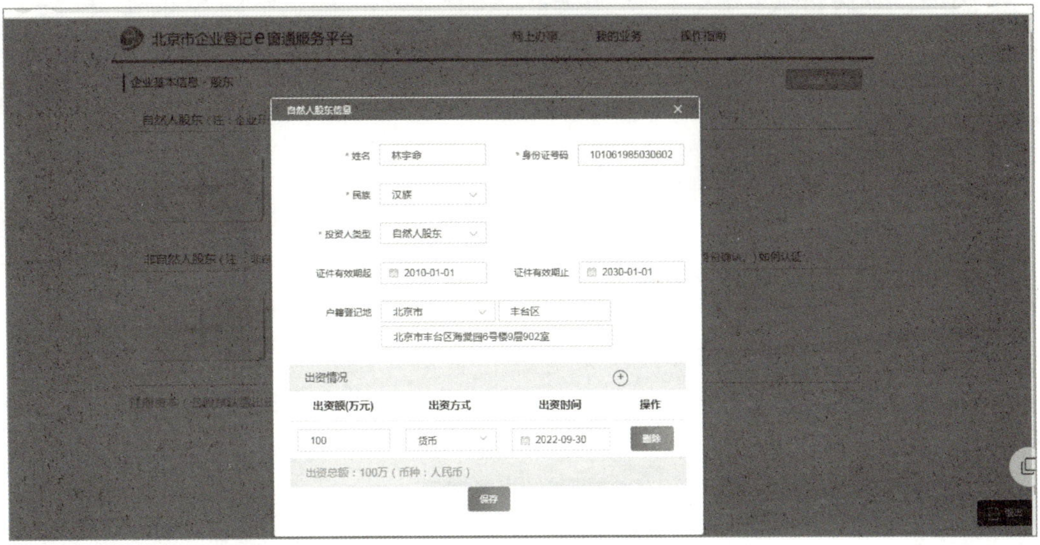

图 3-1-14 增加自然人股东信息

图 3-1-15 增加其他自然人股东

(8) 股东信息全部输入完成后点击"保存"按钮,再点击"下一步"按钮,进入企业基本信息填写界面[住所：北京市丰台区惠民路 88 号蓝天大厦 6 层 620 号;生产经营地：北京市丰台区惠民路 88 号蓝天大厦 6 层 620 号;住所使用期限：40 年;营业面积：100 平方米;房屋用途：商用办公;住所(产权人)：王健;住所产权类型：有房产证;住所提供方式：租赁;营业期限：10 年;执照副本数：1 本;是否位于中关村国家自主创新示范园及"三城一区"内：否]。填写完上述信息后点击"保存"按钮,如图 3-1-16 所示。

图 3-1-16　企业基本信息填写

（9）选择企业经营范围：传感网络信息服务，物联网信息服务；数字媒体；数字作品的数据库管理；数字作品的制作、集成，数字作品印刷出版、发行，数字出版领域内的技术开发、技术转让、技术咨询、技术服务，如图 3-1-17 所示。

图 3-1-17　企业经营范围

（10）根据系统所提供的信息资料，填写人员信息。设一名执行董事、一名监事、一名总经理，选举林宇明担任执行董事兼公司法定代表人，选举陈平为监事，并聘任韩超担任总经理同时兼财务负责人，填写完毕后点击"保存"按钮，再点击"下一步"按钮，如图3-1-18所示。

图3-1-18　人员信息填写

（11）进入文件上传界面，点击"教学平台上传"按钮，上传住所证明及房屋产权所有证图片及相关资料，点击"保存"按钮，再点击"下一步"按钮，如图3-1-19所示。

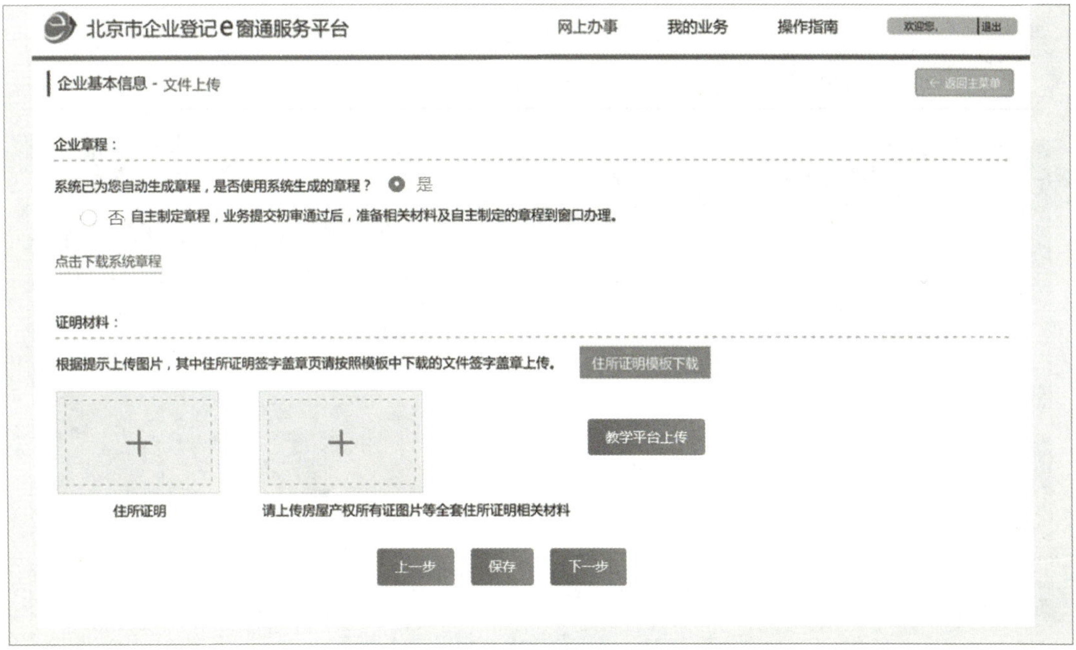

图3-1-19　文件上传

（12）根据系统提供的税务信息确认相关信息填写（姓名：王清；证件类型：中华人民共和国居民身份证；项目类别：非生产性项目；经营大类：综合技术服务业；经营明细：数字出版领域内的技术开发、技术转让、技术咨询、技术服务；行业名称：计算机应用服务业；预计经营占比：100%）。填写完毕后点击"保存"按钮，再点击"下一步"按钮，如图 3-1-20 所示。

图 3-1-20　税务信息确认相关信息

（13）完成企业设立登记操作，退出操作界面，如图 3-1-21 所示。

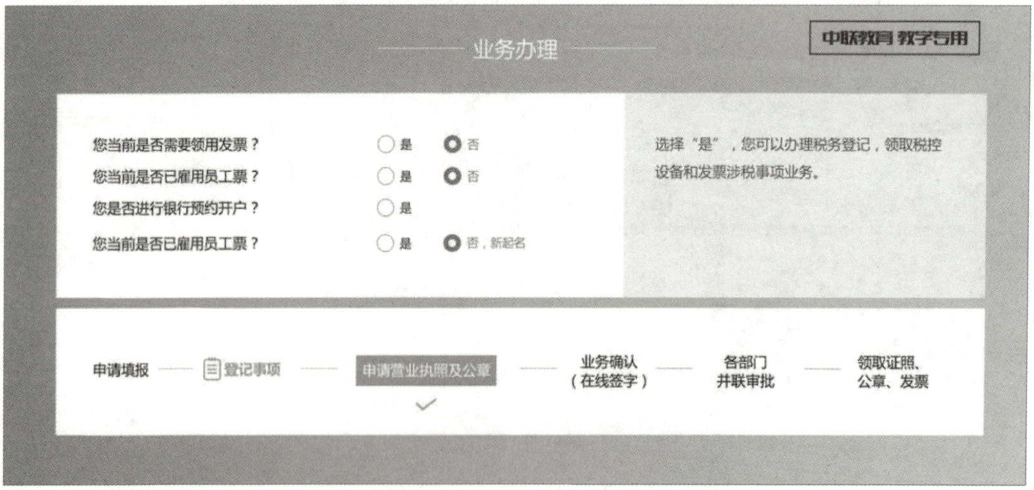

图 3-1-21　退出企业设立登记操作界面

任务二　企业信息公示填制申报管理

一、业务资料

北京清洁商贸有限公司成立于 2010 年，公司位于北京市，对其 2022 年度企业信息进行公示，金额四舍五入保留两位小数。如表 3-1-1 至表 3-1-3 所示。

表 3-1-1　企业信息表

项目	内容
公司名称	北京清洁商贸有限公司
通讯地址及邮政编码	通信地址：北京市朝阳区北新路 28 号，邮政编码：100018
经营场地性质	租赁
联系电话	010-67541923
电子邮箱	qingjie@163.com
主营业务活动	商品批发和零售
公司存续状态	开业
公司网站	有网站，网址为 http://www.qingjie.com，名称：北京清洁商贸，类型：企业无网店
营业期限和营业执照	营业期限 30 年，营业执照注册号（统一社会信用代码）：91110105371380216D，营业执照有效期：自 2010 年 6 月 1 日至 2040 年 6 月 1 日
公司从业人数	公司有职工 30 人（公示），其中女性职工 12 人（不公示） 高校毕业生人数：经营者 3 人，雇工 15 人 退役士兵人数、残疾人人数、事业人员再就业人数经营者和雇工均为 0 人
党建信息	无
控股情况	公司为私人控股（公示）
对外担保、对外投资、股东股权转让信息	2022 年度无对外担保、无对外投资、无股东股权转让及变更信息
单位社保缴费基数和实际缴费金额	2022 年社保参保职工数：30 人 2022 年单位职工基本养老保险缴费基数 338 642 元 2022 年单位职工基本医疗保险缴费基数 287 462 元 2022 年单位失业保险缴费基数 338 642 元 2022 年单位社保实际缴费金额：78 368 元，其中医疗保险 24 800 元，养老保险 47 120 元，失业保险 1 984 元，工伤保险 2 480 元 2022 年无社保欠缴情况（社保情况不公示）
报关信息	无
CA 证书密码	123456
CA 登录账号	北京清洁商贸有限公司

表 3-1-2　股东及出资信息表

姓名	性别	政治面貌	认缴出资额及实缴出资额(万元)	认缴出资比例	认缴出资方式	认缴及实缴出资时间
周林	男	群众	200	40%	货币	2010.12.31
张恺	男	群众	100	20%	货币	2010.12.31
李小炜	女	群众	100	20%	货币	2010.12.31
朱峰	男	群众	100	20%	货币	2010.12.31

表 3-1-3　其他信息表

项目	内容
实行会计电算化情况和财务管理软件	公司实行了会计电算化,使用的财务管理软件是畅捷通 T3
记账方式	自理记账
最近三年是否连续亏损	否
公司 2022 年度的资产负债表、利润表、现金流量表相关数据	资产总额 3 450 万元,存货 1 120 万元,流动资产 2 100 万元 负债总额 150 万元,流动负债 150 万元 所有者权益 3 300 万元 经营现金净流量 123 万元 营业总收入 4 500 万元,主营业务收入 4 496 万元 营业利润 1 349 万元,利润总额 612 万元,净利润 459 万元 纳税总额 349.37 万元 (以上数据均不公示)
2022 年公司财务报告审计情况	2023 年 1 月 10 日,聘请北京大地会计师事务所对公司 2022 年财务报告进行了审计(外部审计)
2022 年违法违规行为情况	无

二、操作步骤

进入"中联教育"平台首页,学生按学习账号和密码登录财税共享服务中心会计平台,选择我的课程,进入(实操)企业管家领域一任务四企业信息公示填制申报管理。

(1)进入国家企业信用信息公示系统,点击"企业信息填报"进入填报界面,根据图 3-1-22 和图 3-1-23 的相关资料,登记机关所在地选择"北京",如图 3-1-24 所示。

(2)点击"数字证书登录"按钮,(选择证书:北京清洁商贸有限公司,密码:123456),输入系统内给出的验证码,点击"登录"按钮,进入系统进行年度报告填写,如图 3-1-25 和图 3-1-26 所示。

图 3-1-22　企业信息填报

北京清洁商贸有限公司成立于 2010 年，公司位于北京市，对其 2022 年度企业信息进行公示，金额四舍五入保留两位小数。

项目	内容
公司名称	北京清洁商贸有限公司
通讯地址及邮政编码	通信地址：北京市朝阳区北新路 28 号，邮政编码：100018
经营场地性质	租赁
联系电话	010-67541923
电子邮箱	qingjie@163.com
主营业务活动	商品批发和零售
公司存续状态	开业
公司网站	有网站，网址为 http://www.qingjie.com，名称：北京清洁商贸，类型：企业无网店
营业期限和营业执照	营业期限 30 年，营业执照注册号（统一社会信用代码）：91110105371380216D，营业执照有效期：自 2010 年 6 月 1 日至 2040 年 6 月 1 日
公司从业人数	公司有职工 30 人（公示），其中女性职工 12 人（不公示） 其中高校毕业生人数经营者 3 人，雇工 15 人 其中退役士兵人数、残疾人人数、事业人员再就业人数经营者和雇工均为 0 人
党建信息	无
控股情况	公司为私人控股（公示）
对外担保、对外投资、股东股权转让信息	2022 年度无对外担保、无对外投资、无股东股权转让及变更信息

图 3-1-23　企业信息

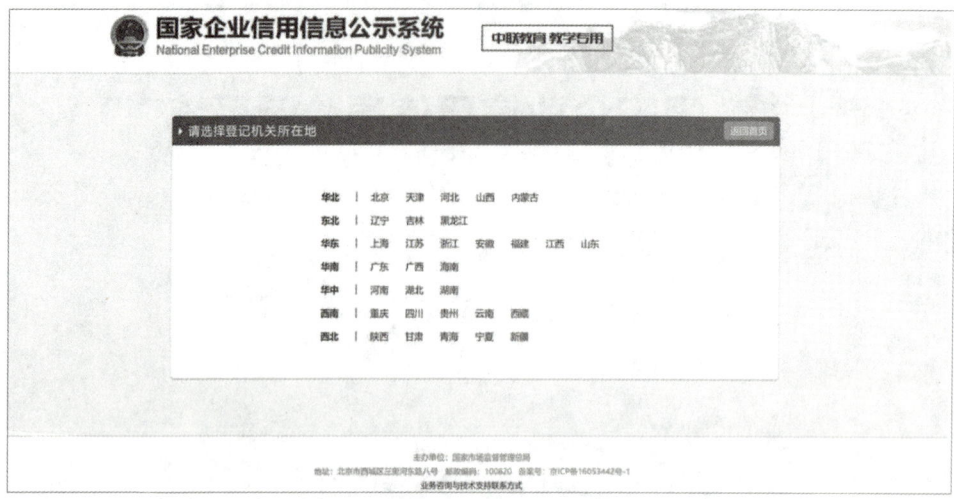

图 3-1-24　选择登记机关所在地

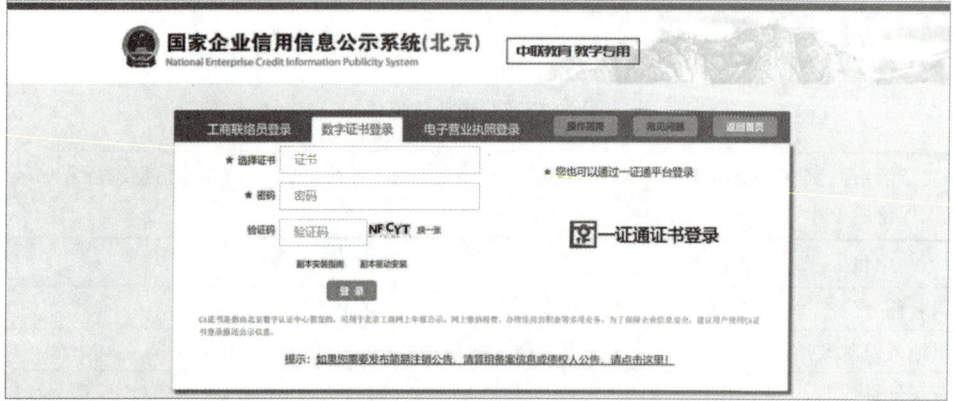

图 3-1-25　数字证书登录

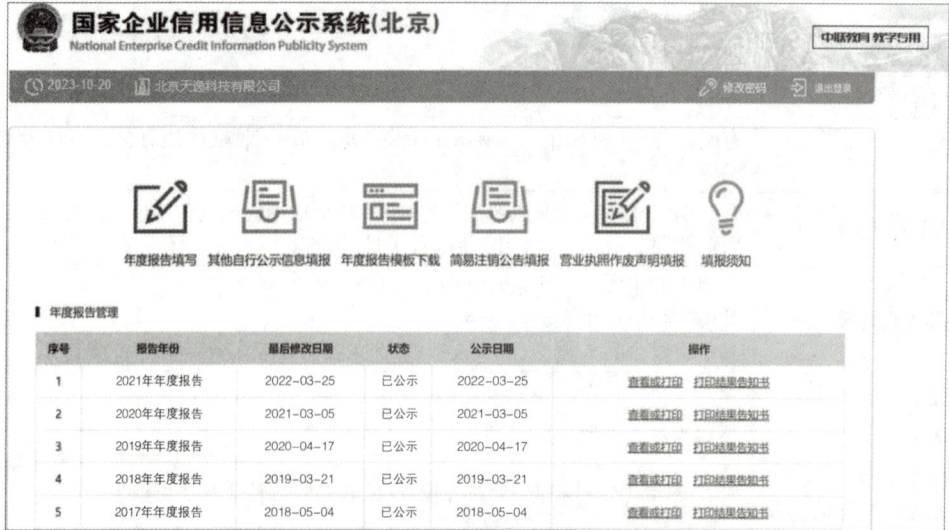

图 3-1-26　年度报告填写

（3）点击"企业基本信息"按钮，并根据业务资料填写企业基本信息，填写完信息后点击"保存"按钮，如图3-1-27和图3-1-28所示。

图3-1-27　企业基本信息

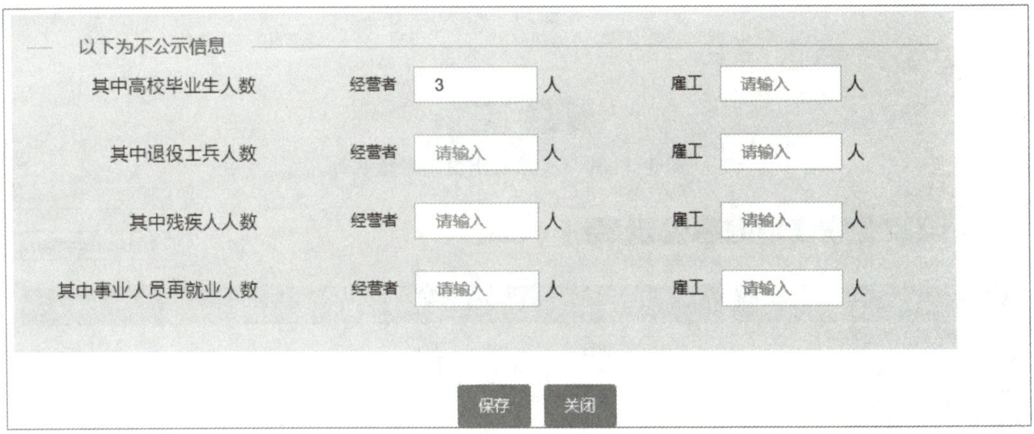

图3-1-28　企业基本信息

（4）进入"股东及出资信息"界面，点击"添加"按钮根据业务资料填写股东及出资信息，填写完信息后点击"保存"按钮，如图3-1-29和图3-1-30所示。

（5）进入"网店或网址信息"界面，点击"添加"按钮，进入"网店或网址信息"填写界面，如图3-1-31所示，根据表3-1-4所提供的信息进行填写，填写完成后点击"保存"按钮，如图3-1-32所示。

（6）进入"资产状况信息"界面，根据表3-1-5内容进行填写，填写完成后点击"保存"按钮，如图3-1-33所示。

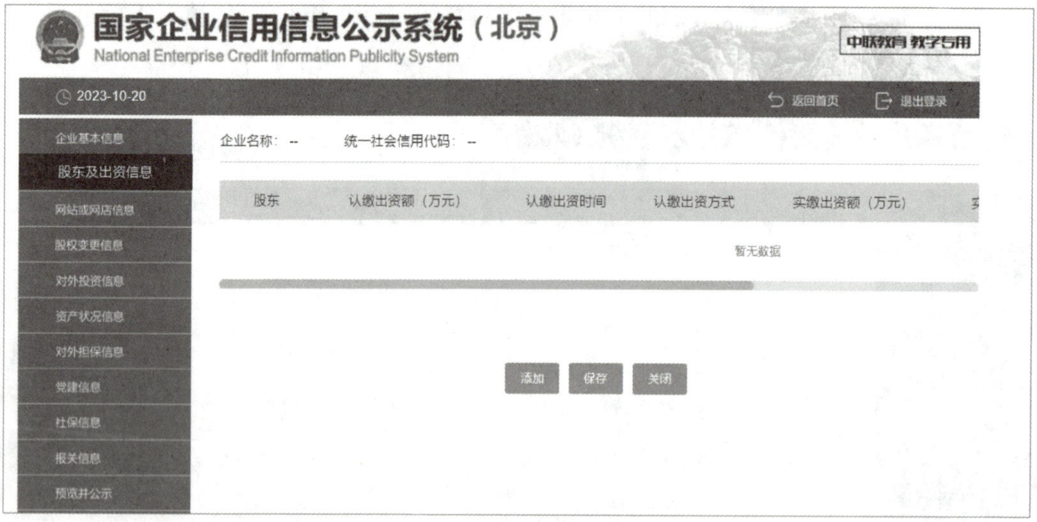

图 3-1-29　股东及出资信息

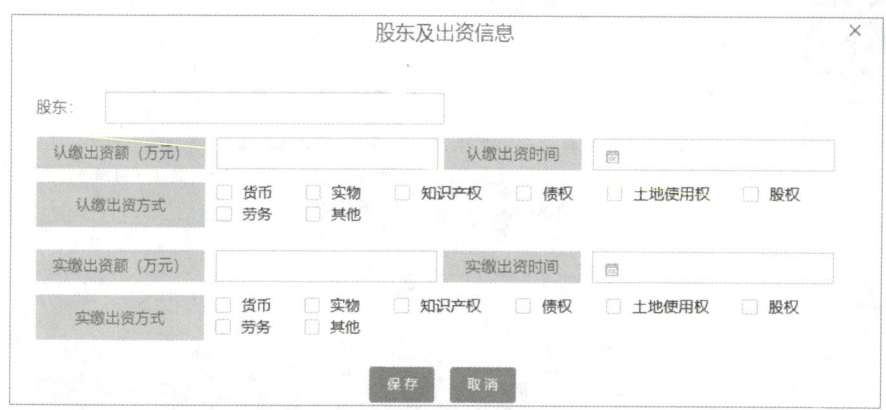

图 3-1-30　股东及出资信息填写

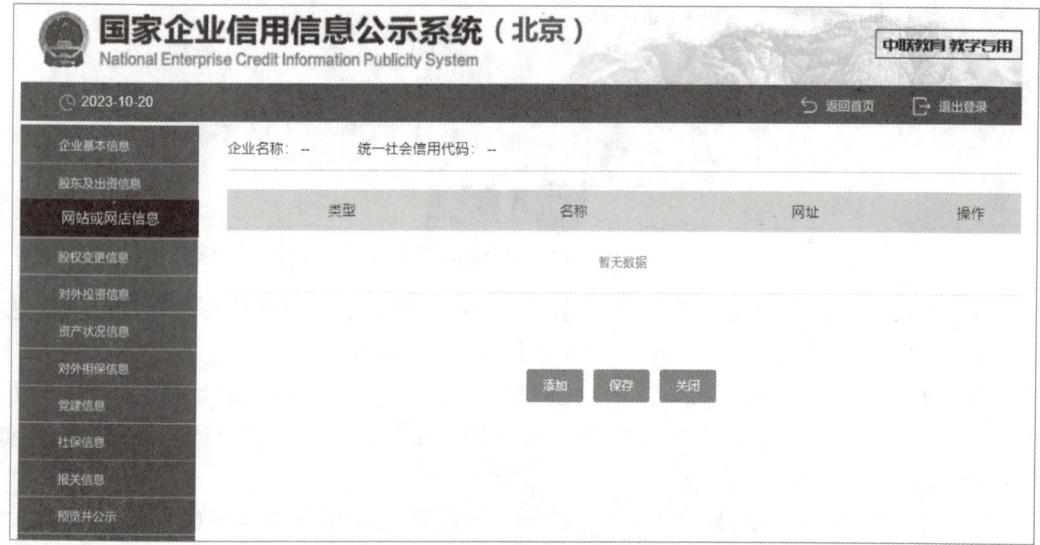

图 3-1-31　网店或网址信息

表 3-1-4　公司网站信息

公司网站	有网站，网址为 http://www.qingjie.com，名称：北京清洁商贸，类型：企业无网店

图 3-1-32　网店或网址信息填写

表 3-1-5　企业资产状况信息

公司 2022 年度的资产负债表、利润表、现金流量表相关数据	资产总额 3 450 万元，存货 1 120 万元，流动资产 2 100 万元 负债总额 150 万元，流动负债 150 万元 所有者权益 3 300 万元 经营现金净流量 123 万元 营业总收入 4 500 万元，主营业务收入 4 496 万元 营业利润 1 349 万元，利润总额 612 万元，净利润 459 万元 纳税总额 349.37 万元 （以上数据均不公示）

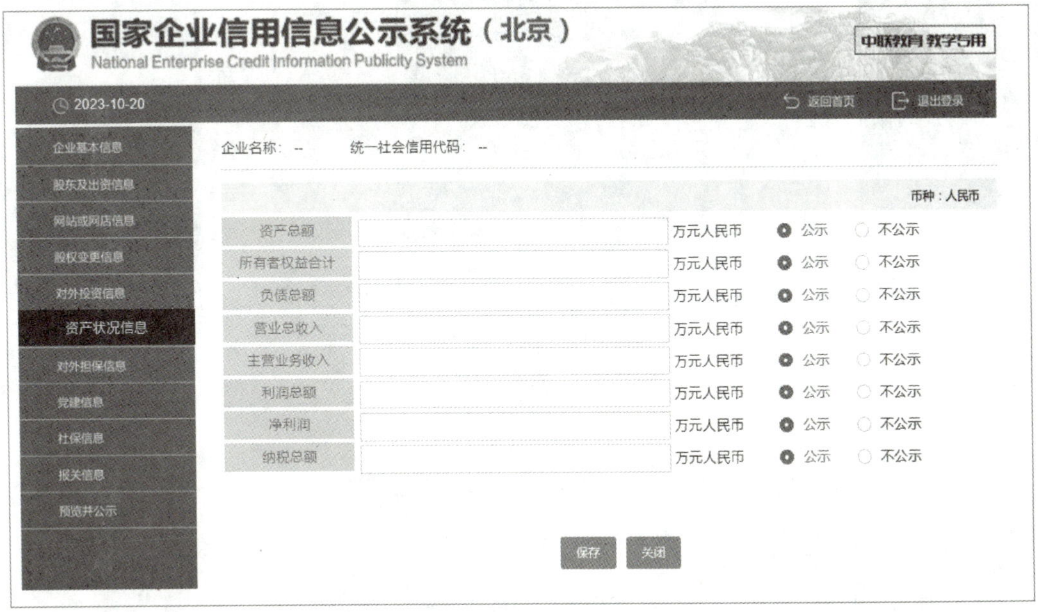

图 3-1-33　企业资产状况信息填写

(7) 进入"社保信息"界面,根据表 3-1-6 填写社保信息,需注意将单位换算成万元,社保情况不公示,如图 3-1-34 所示。

表 3-1-6 企业社保信息

单位社保缴费基数和实际缴费金额	2022 年社保参保职工数:30 人 2022 年单位职工基本养老保险缴费基数 338 642 元 2022 年单位职工基本医疗保险缴费基数 287 462 元 2022 年单位失业保险缴费基数 338 642 元 2022 年单位社保实际缴费金额:78 368 元,其中医疗保险 24 800 元 养老保险 47 120 元,失业保险 1 984 元,工伤保险 2 480 元 2022 年无社保欠缴情况(社保情况不公示)

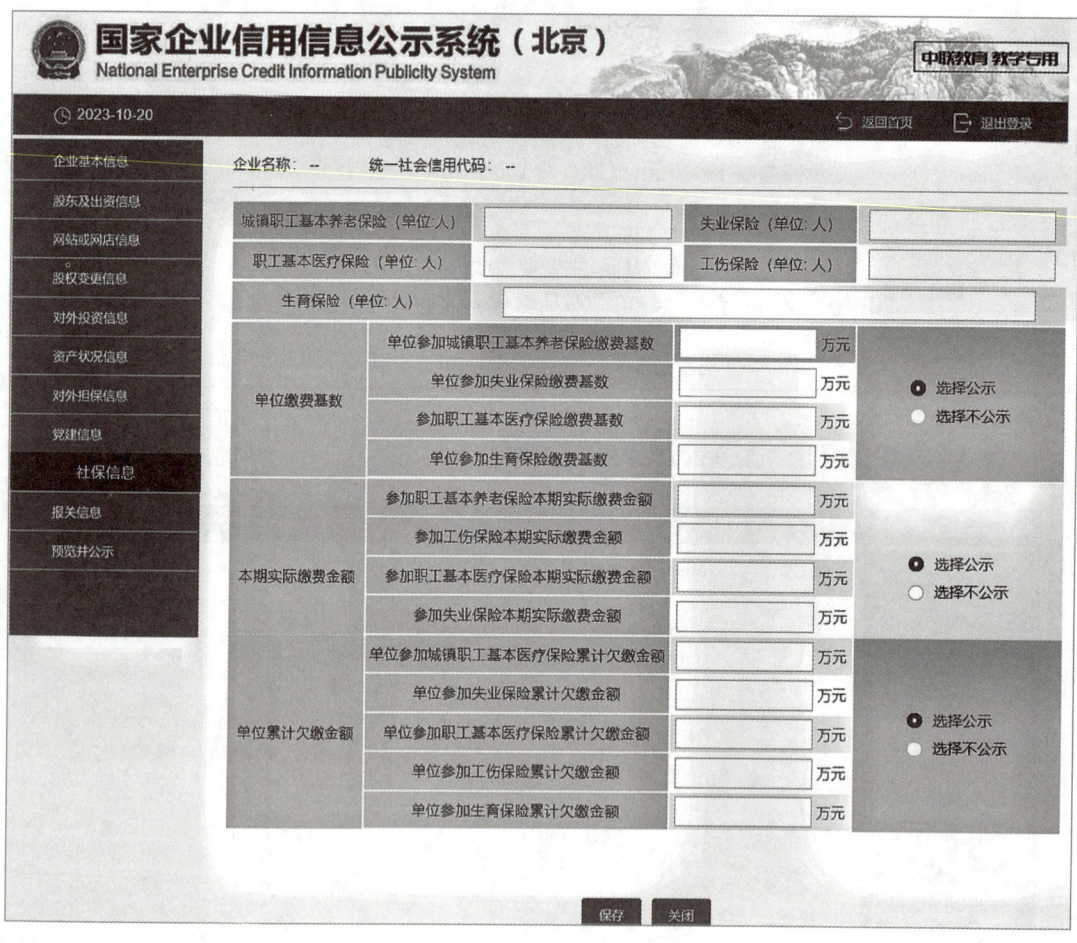

图 3-1-34 企业社保信息填写

(8) 点击"提交并公示"按钮,完成公示,如图 3-1-35 所示。

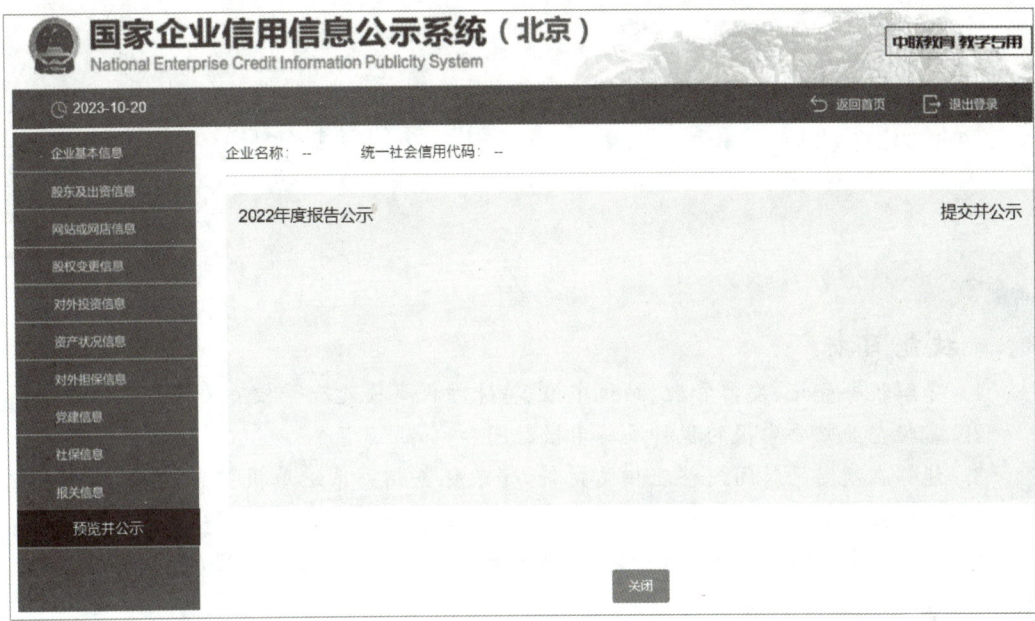

图 3-1-35 完成公示

思政园地

工作领域二 税务管理

 **技能目标**

1. 了解税务登记、发票管理、纳税申报、特殊涉税事项处理等相关法律法规的内容。
2. 掌握企业需要申报的税种及其申报时间和地点。
3. 能够在规定的时间内整理相关材料,登录税务相关系统填报信息,办理税务登记和各种税费的纳税申报业务。
4. 了解领取税控授权硬件(一证通、税控盘等)的相关材料及流程,会办理申请税控盘业务。
5. 能够登录税务相关系统填写发票的领用、使用、发放等业务的相关信息,并登记发票的领购、领用、签收和使用等情况。
6. 能够在相关开票软件上对发票进行管理、开具及保管,能操作各种打印机对发票收票单进行核查并打印。

任务一 税务登记

一、任务场景

2022年9月17日,北京小食品零售店是林宇明自己成立的一个小商店,刚领取了营业执照,请进行税务登记工作,该公司相关注册信息如下:

登记注册地和经营地址:北京市丰台区惠民路88号蓝天大厦的6层520号(林宇明为业主)。

所在行政区:华北区。

法定代表人:林宇明,身份证号110106198503060235。

纳税人识别号:911107168085631092。

登记注册类型:店。

批准设立机关类型:行政机关。

批准设立机关:工商行政机关。

证照名称:营业执照;证照号码:911107168085631092。

联系电话:01067890345 手机 13819302358。

批准设立证明或文件号:工商丰台34号。

国标行业：零售业。
经营范围：碳酸饮料、果汁、运动/健康饮料、茶饮料、乳品、水、咖啡饮料。
纳税人所处街乡：丰台区惠民大街。
隶属关系：北京丰台区。
主管税务局：北京丰台税务分局。
身份证：正面、反面。
纳税人存款账户账号信息：
账号性质：基本存款账款。
银行开户登记证号：J2019091727384。
开户行：中国工商银行股份有限公司北京丰台支行。
开户行银行账号：02002198009300098765。
发放日期：2022年9月18号。
行政区：丰台区。
银行行别：1021876。
账号名称：单位银行账户。
币种：人民币。
首选缴税账号识别：1；一般退税账号识别：2。
税务机关代码：2110106。
税务机关名称：北京丰台税务分局。
开户日期：2022年9月18号。
银行营业网点：中国工商银行股份有限公司北京丰台支行。
开户银行行号：102187623564。
缴纳账号名称：中国工商银行股份有限公司北京丰台支行。
清算银行号：102187623564。
缴款账号：02002198009300098765。
发票版式申请：
普通发票：面额5万元　每月最高购票数量50张　不可以领用专用发票
电子发票：面额5万元　每月最高购票数量50张　购买航天信息股份有限公司税控盘

二、业务操作

进入"中联教育"平台首页，学生按学习账号和密码登录财税共享服务中心会计平台，选择我的课程，进入(实操)企业管家领域二任务一税务登记。

（1）进入国家税务总局北京电子税务局界面，单击"我要办税"按钮，如图3-2-1所示。

（2）点击"税务登记"按钮，进入办税界面，如图3-2-2所示。

（3）点击"新办纳税人套餐"按钮，弹出套餐业务选择对话框，点击"新办纳税人业务套餐"选项，如图3-2-3和图3-2-4所示。

图 3-2-1　我要办税界面

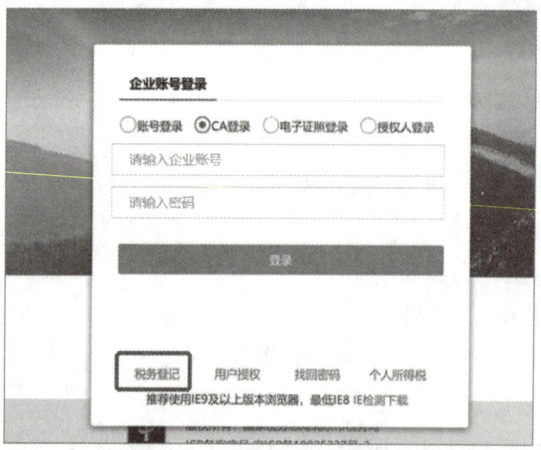

图 3-2-2　企业账号登录

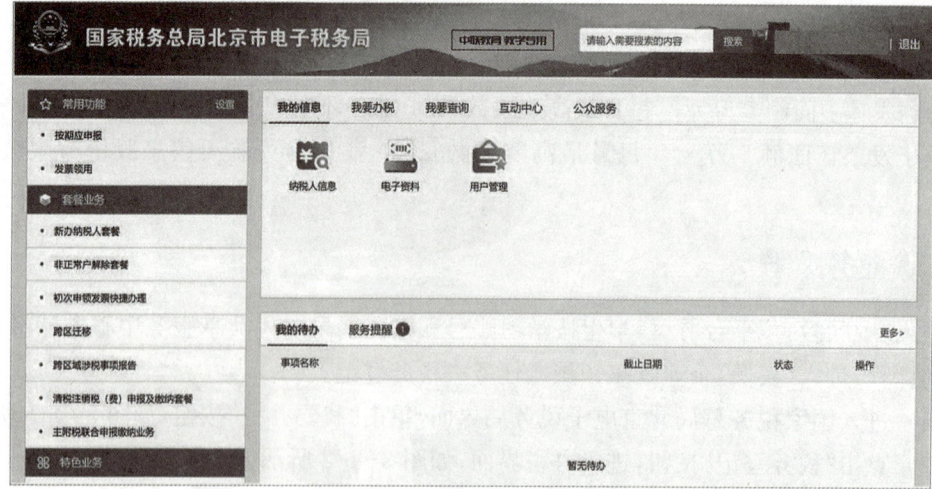

图 3-2-3　新办纳税人套餐

图 3-2-4　新办纳税人业务套餐

（4）根据图 3-2-5 提供的企业信息填写"信息确认"，填写完毕后点击"下一步"按钮，如图 3-2-5 和图 3-2-6 所示。

（5）根据业务资料所给信息点击"教学平台上传正面"按钮，点击"教学平台上传反面"按钮，完成"实名采集"后点击"确定"按钮进入下一步，如图 3-2-7 所示。

（6）点击"新增报告"按钮，根据业务资料提供的信息填写"纳税人存款账户账号报告表"，完成后点击"保存"按钮，如图 3-2-8 和图 3-2-9 所示。

2022 年 9 月 17 日，北京小食品零售店是林宇明自己成立的一个小商店，刚领取了营业执照，请进行税务登记工作，该公司相关注册信息如下：
登记注册地和经营地址：北京市丰台区惠民路 88 号蓝天大厦的 6 层 620 号（林宇明为业主）
所在行政区：华北区
法定代表人：林宇明，身份证号 110106198503060235
纳税人识别号：911107168085631092
登记注册类型：店
批准设立机关类型：行政机关
批准设立机关：工商行政机关
证照名称：营业执照；证照号码：911107168085631092
联系电话：01067890345　手机　13819302358
批准设立证明或文件号：工商丰台 34 号
国标行业：零售业
经营范围：碳酸饮料、果汁、运动/健康饮料、茶饮料、乳品、水、咖啡饮料
纳税人所处街乡：丰台区惠民大街
隶属关系：北京丰台区
主管税务局：北京丰台税务分局
身份证：正面、反面

图 3-2-5　企业税务信息

198　智能财税

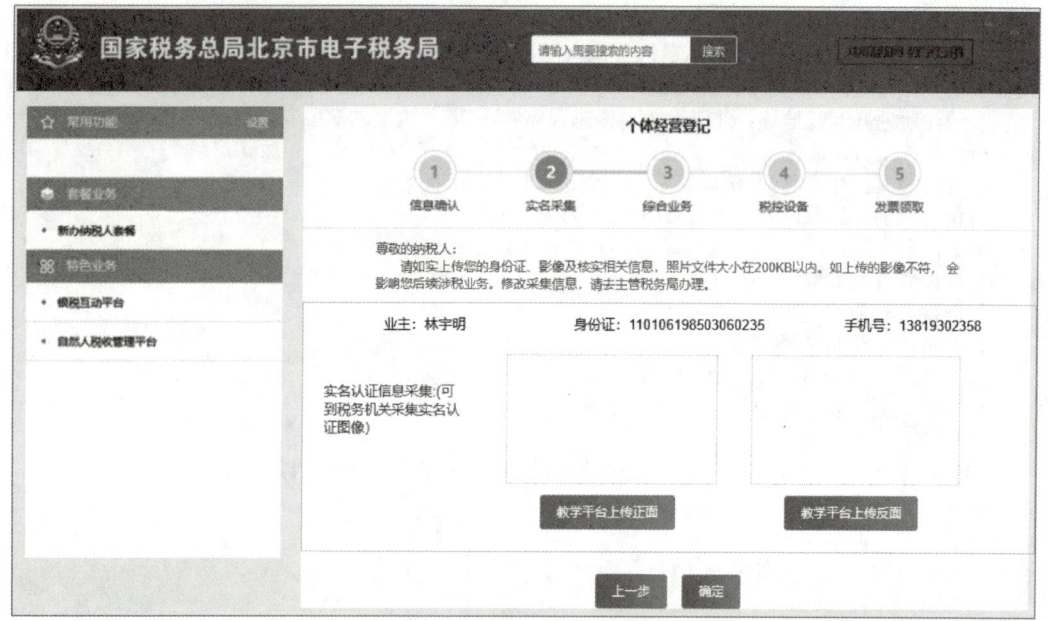

图 3-2-6　信息确认

图 3-2-7　身份证上传

图 3-2-8　存款账户报告

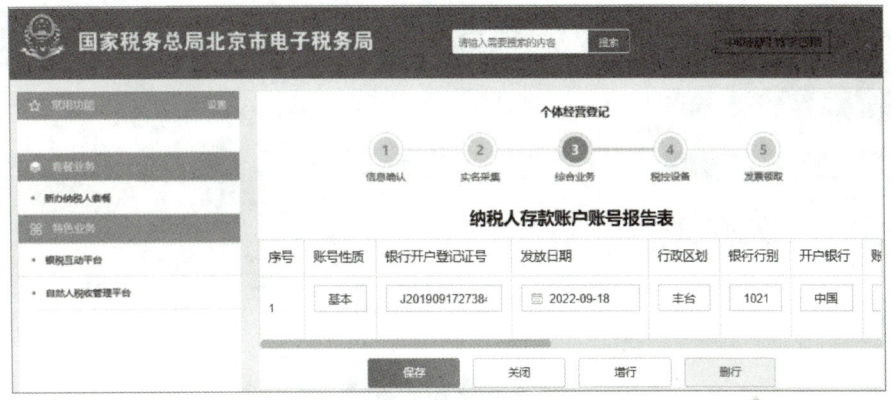

图 3-2-9　存款账户报告填写

（7）点击"三方协议填写"按钮，根据业务资料所给的企业信息完成相关内容填写并保存，如图 3-2-10 至图 3-2-13 所示。

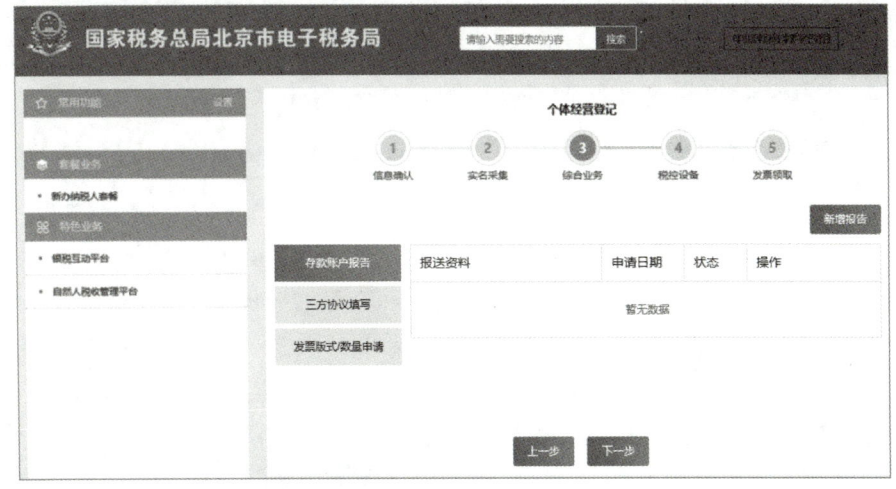

图 3-2-10　三方协议填写

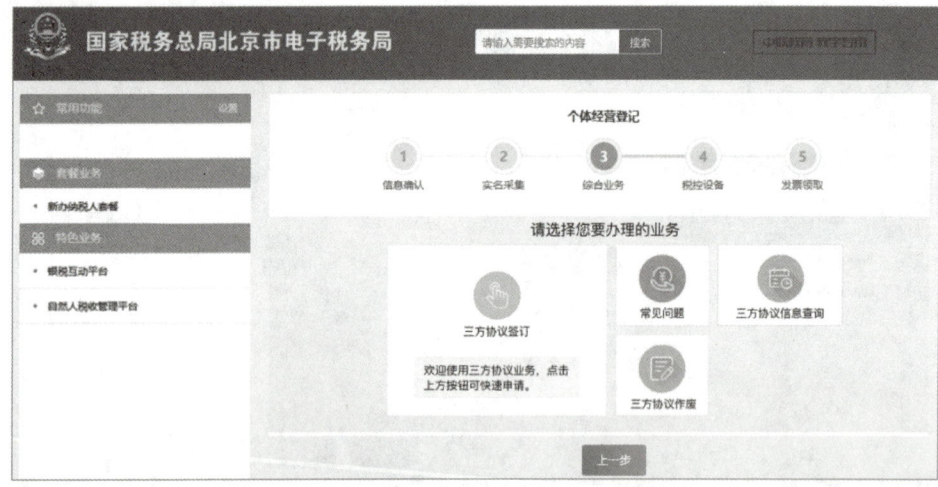

图 3-2-11　三方协议签订

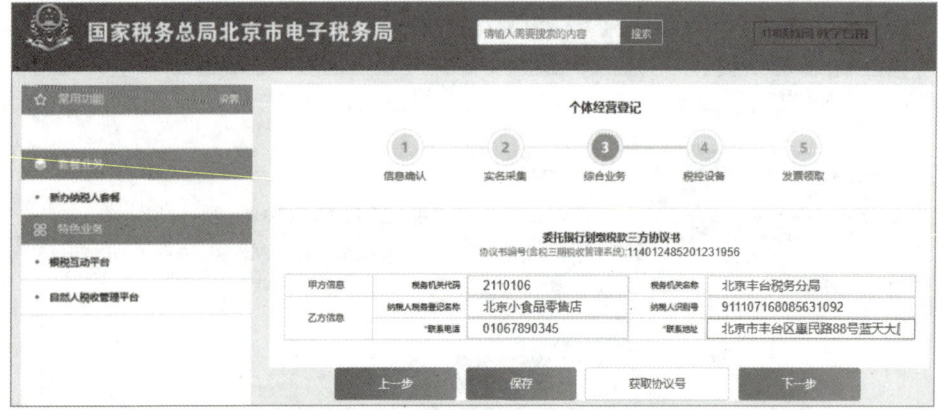

图 3-2-12　委托银行划缴税款三方给协议书

图 3-2-13　银税库三方协议账号网络签订

(8) 点击"发票版式/数量申请"按钮，根据图 3-2-14 提供的信息进行填写，如图 3-2-15 至图 3-2-18 所示。

> 发票版式申请：
> 普通发票　面额 5 万元　每月最高购票数量 50 张
> 不可以领用专用发票
> 电子发票：面额 5 万元　每月最高购票数量 50 张
> 购买航天信息股份有限公司税控盘

图 3-2-14　发票信息

图 3-2-15　发票版式数量申请

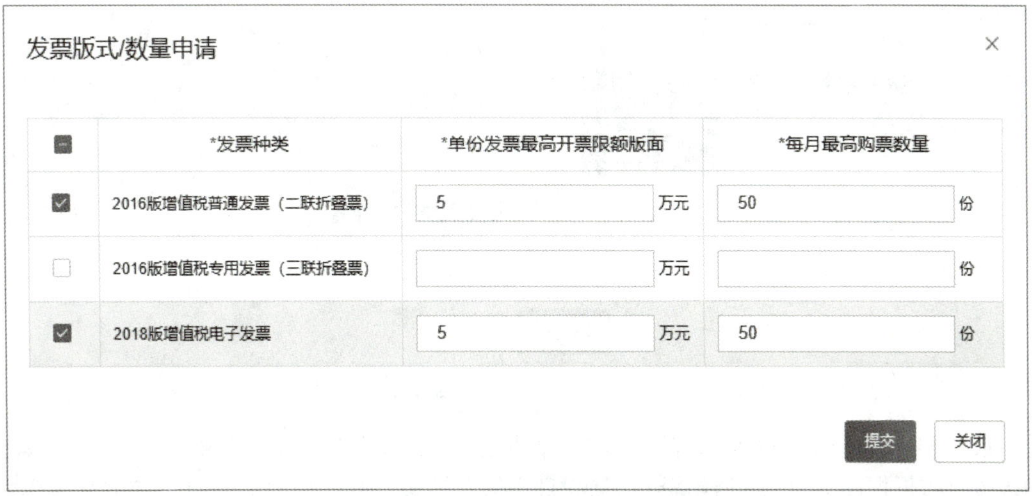

	*发票种类	*单份发票最高开票限额版面		*每月最高购票数量	
☑	2016版增值税普通发票（二联折叠票）	5	万元	50	份
☐	2016版增值税专用发票（三联折叠票）		万元		份
☑	2018版增值税电子发票	5	万元	50	份

提交　关闭

图 3-2-16　发票版式数量申请填写

图 3-2-17 税控设备选择

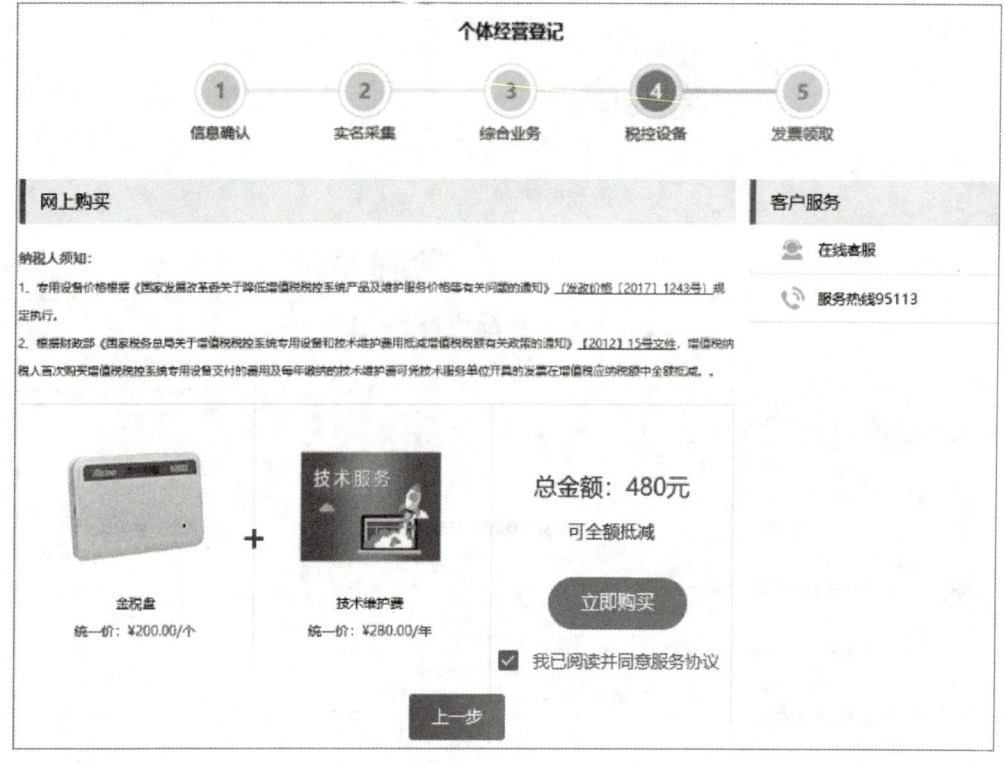

图 3-2-18 税控设备购买

（9）根据图 3-2-19 所给资料，点击"我要办税"按钮，选择"CA 登录"选项，点击"综合信息填报"按钮，根据图 3-2-19 所给资料完成"身份信息填报"中的"一码一户登记信息变更"，如图 3-2-20 至图 3-2-25 所示。

2022 年 9 月 12 日，北京博创中联科技有限公司（纳税识别号：9111091071090063681），因经营需要变更了注册地址、法定代表人、办税人员，其他信息无变更，并已完成了工商变更，现请管家协助其办理税务变更。批准机关名称：朝阳区工商局。批准文件：朝阳工商 3 号
(1) 该公司原注册信息如下：
注册地址：北京市朝阳区麒麟路 26 号
法定代表人：刘华，身份证号码：110107198506133021，手机号码：13745942345，
　　　　　　固定电话：010-58240061，电子邮箱：89707224@qq.com
营业执照注册号：9111091071090063681
办税员：张倩，身份证号码：110115199005126013
(2) 该公司变更信息如下：
注册地址：北京市朝阳区榆林路 95 号
法定代表人：杨勇，身份证号码：110107198711152136，手机号码：18866798865，
　　　　　　固定电话：010-58248866，电子邮箱：yangyong@163.com
办税员：王艳，身份证号码：110106199208252366
CA 账号：北京博创中联科技有限公司；密码：123456；身份证件种类无须变更

图 3-2-19　税务变更信息

图 3-2-20　我要办税

图 3-2-21　企业账号登录

图 3-2-22　综合信息报告

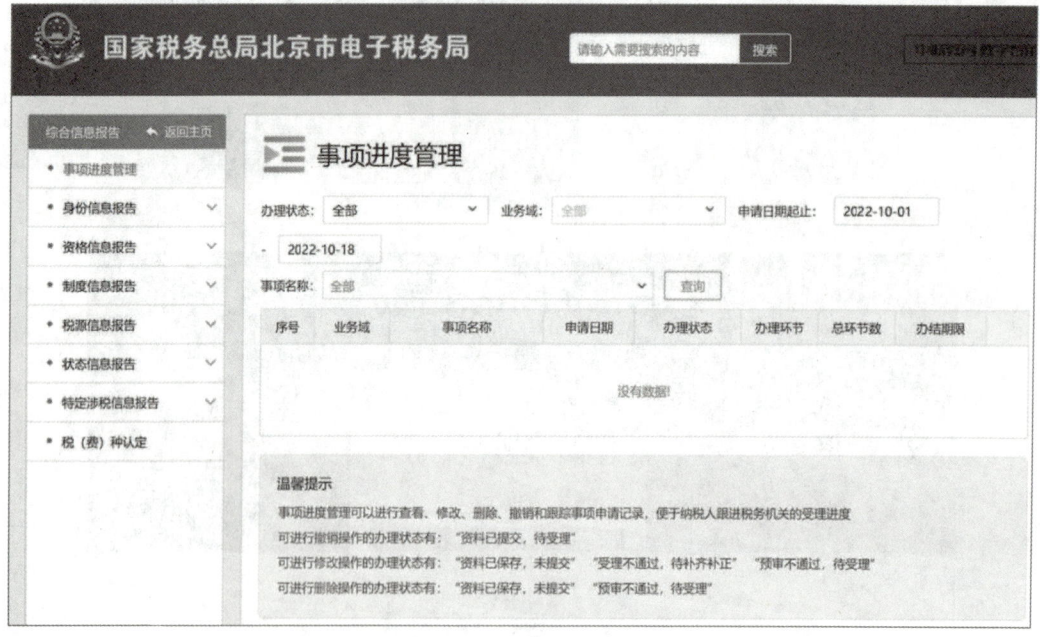

图 3-2-23　身份信息报告

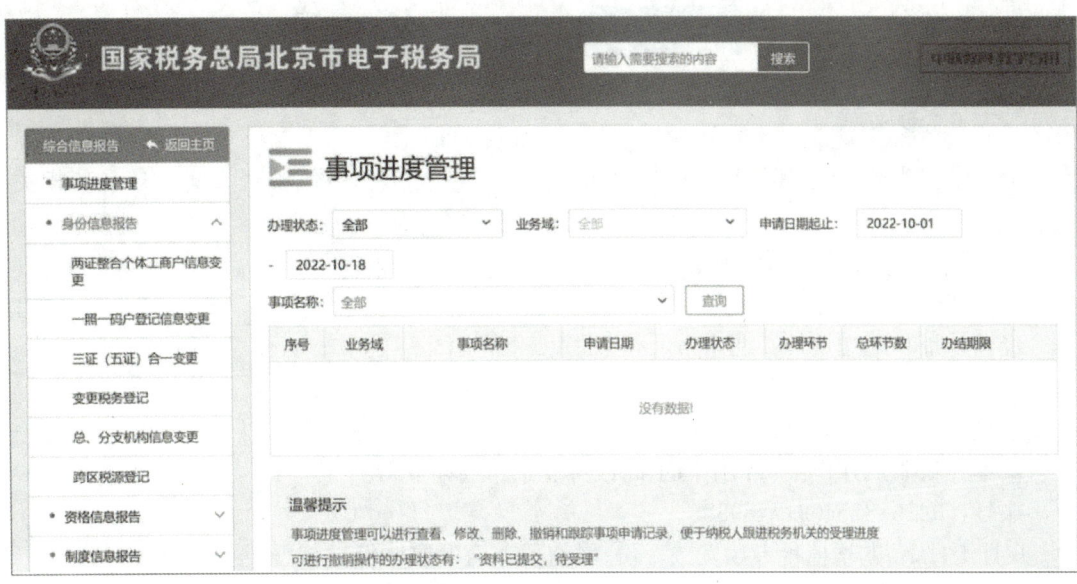

图 3-2-24 一照一码登记信息变更

图 3-2-25 变更税务登记表

任务二　发票管理

一、任务场景

北京美好服装制造有限责任公司为增值税一般纳税人,增值税税率为13%,其相关信息如下:

CA账号:北京美好服装制造有限责任公司　密码:123456。

法定代表人:刘备。

经营地址和配送地址:北京市通州区张家湾开发区88号。

联系电话:01051036728。

纳税人识别号:91110105397106688D。

基本存款账户开户银行:中国工商银行北京市通州支行。

账号:6225887540917489588。

6月1日,领购增值税专用发票3份、增值税普通发票2份。

领票人:张兰　电话13312348765。

邮政编码:101100。

是否自提:否。

二、业务操作

(1)点击"我要办税"按钮,选择"CA登录"选项,根据业务资料填写企业账号及密码进入系统,如图3-2-26和图3-2-27所示。

图3-2-26　国家税务总局北京市电子税务局

图 3-2-27　企业账号登录

（2）点击"发票发放"按钮进入系统后，点击"新申请"按钮，弹出发票申领信息填写界面，根据业务资料填写相关信息，如图 3-2-28 至图 3-2-30 所示。

图 3-2-28　发票发放

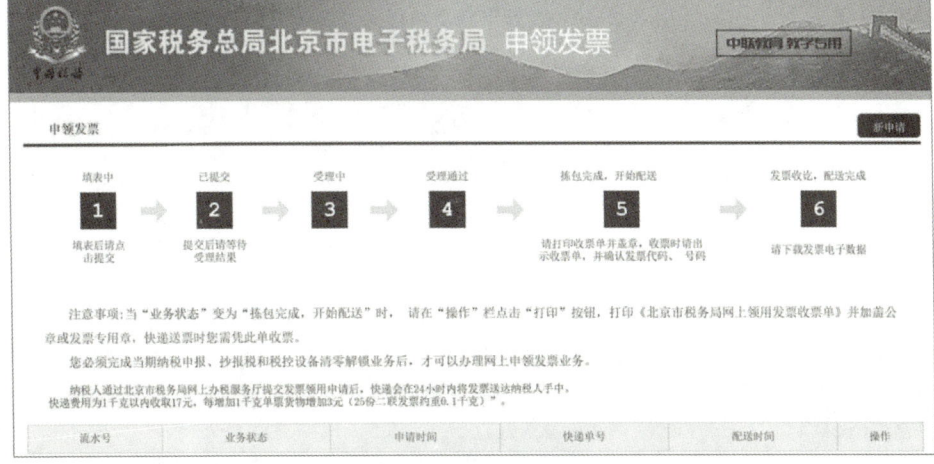

图 3-2-29　申领发票

图 3-2-30 发票申领及纳税人信息填写

工作领域三　人力资源与"五险一金"管理

技能目标

1. 了解人力资源与"五险一金"管理相关法律规定。
2. 了解公司人力资源管理的目标及各部门岗位的职责,并能在实际业务中应用。
3. 能对公司应聘人员报到时所需材料进行核查。
4. 能制定劳动协议和保密协议等劳动合同。
5. 能根据公司员工日常管理的原则和方式制定公司规章制度,并对员工进行工作考核和薪酬管理。
6. 能对新参保人员的申请条件和所需申报材料进行审核,并能在社会保险网上服务平台上对单位首次参保人员进行社保登记申报。
7. 能对单位住房公积金申请所需的材料进行整理和审核,掌握单位住房公积金登记开户的流程,并能在住房公积金网上政务平台办理单位住房公积金网上开户。

任务一　首次参保人员社保登记

一、任务场景

北京振兴科技有限公司是一家刚成立不久的软件开发与服务企业,2022年10月30日,公司录用9名应届大学毕业生,这些新员工以前没有缴纳过职工社会保险。这9名应届大学毕业生的个人信息如表3-3-1所示。

表3-3-1　大学毕业生个人信息表

姓名	性别	政治面貌	民族	学历	证件类型	证件号码	户籍所在地	移动电话	应聘职务	月工资标准(元)	婚姻状态
李四	女	团员	汉	高职	身份证	110106199806035000	北京市丰台区怡嘉家园3号楼10层1003室	18631238912	技术工人	3 500	未婚
林海洋	男	团员	汉	高职	身份证	110106199809052000	北京市丰台区平安小区8号楼16层1608室	15082683498	技术工人	4 000	未婚
汪建国	男	团员	汉	高职	身份证	110101199703065000	北京市西城区新福苑6号楼9层901室	15901069322	技术工人	4 000	未婚

(续表)

姓名	性别	政治面貌	民族	学历	证件类型	证件号码	户籍所在地	移动电话	应聘职务	月工资标准(元)	婚姻状态
王凤	女	团员	汉	大学本科	身份证	110107199612059000	北京市石景山区嘉义小区12号楼8层806室	18503869721	职员	5 000	未婚
刘晓萍	女	团员	汉	大学本科	身份证	110106199701267000	北京市丰台山区春秋家园1号楼17层1705室	13902867185	职员	5 000	未婚
陈钢	男	团员	汉	大学本科	身份证	110106199703162000	北京市丰台区常青苑2号楼19层1901室	18503869721	职员	5 000	未婚
张博	男	团员	汉	大学本科	身份证	110106199612091000	北京市丰台区枫林园7号楼21层2102室	13807291685	职员	5 000	未婚
陈晓斌	男	团员	汉	大学本科	身份证	110105199610213000	北京市朝阳区南湖小区5号楼15层1501室	18608195723	职员	5 000	未婚
王勇	男	团员	汉	大学本科	身份证	110105199705311000	北京市朝阳区欢乐家园6号楼16层1603室	13708286159	职员	5 000	未婚

另外：

9名大学生均缴纳"五险"；

缴费人员类别：本市城镇职工；户口邮政编码：100000。

获取对账单方式：网上查询。

可选择的医院有：协和医院　北医三院　北京人民医院　积水潭医院　空军总医院。

委托代发银行及其账号：中国工商银行　0200222109255527680。

9名大学生均为非农业户口。

个人附属信息：

婚姻状况：未婚　特殊标识：无。

无北京市工作居住证、无农转工补缴单位名称、无农转非类型。

医保个人缴费原因：新参统；"四险"个人缴费原因：新参统。

CA证书：北京振兴科技有限公司　密码123456。

二、业务操作

进入"中联教育"平台首页，学生按学习账号和密码登录财税共享服务中心会计平台，选择我的课程，进入（实操）企业管家领域三任务二首次参保人员社保登记。

（1）点击"网上申报"按钮，进入北京市社会保险网上服务平台后选择"新参保人员增加申报"选项，进入登录界面，输入企业的账号和密码进入系统，如图3-3-1至图3-3-3所示。

（2）根据业务资料，录入新参保人员身份证信息，进入信息填写界面进行信息填写，填写完成后点击"提交"按钮，进入下一个人员填写，如图3-3-4和图3-3-5所示。

图 3-3-1　网上申报

图 3-3-2　新参保人员增加申报

图 3-3-3　证书登录

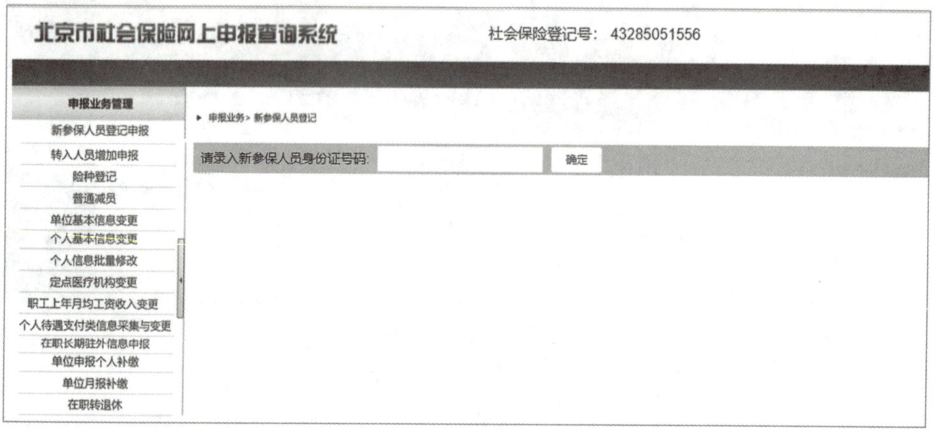

图 3-3-4　新参保人员登记

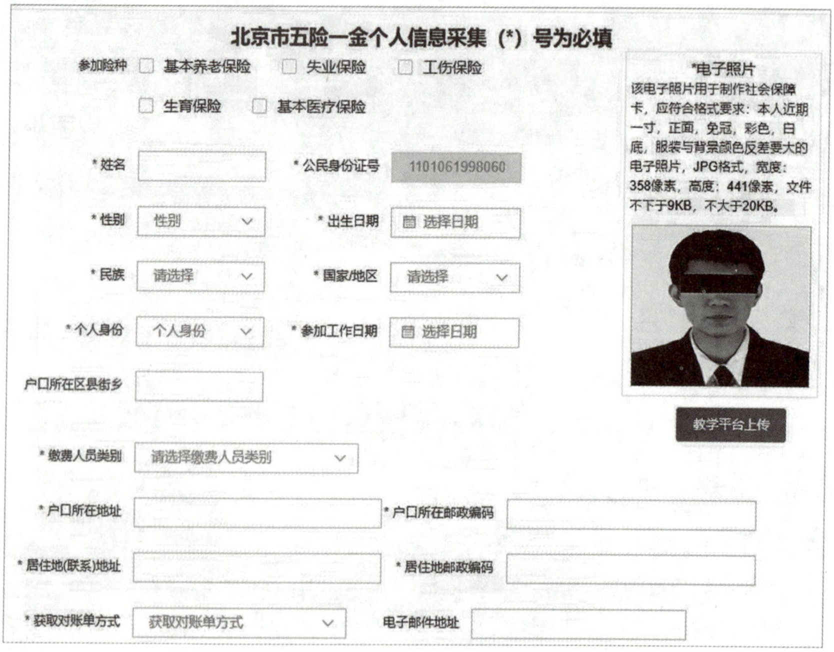

图 3-3-5　参保人员信息填写

任务二　单位住房公积金网上开户

一、任务场景

企业基础信息：
企业名称：北京博创中联科技有限公司。
登记注册地：北京市朝阳区麒麟路26号。
法定代表人：刘华；身份证号：110107198506133021；手机号码：13745942345。
营业执照注册号：911109107109063681。
注册人：张倩；身份证号：110115199005126013；手机号码：13578987645。
密码：123456。
单位电子邮箱：bochuangzl@163.com。
单位性质：企业。
单位隶属关系：北京市朝阳区。
单位所属行业：信息传输、软件和信息技术服务业。
单位经济类型：有限公司。
单位开立日期：2022年10月1日。
邮政编码：100020。
公积金账户信息：
账户名称：北京博创中联科技有限公司。
开户银行：中国工商银行北京市通州支行。
账号：6225887540917489588。
资金来源：单位自筹。
业务经办部门　人力资源部。
联系电话：01067898930。
单位发薪日：1日。
公积金首次汇缴年月：2022年11月。
跨年清册核定月份：7月。
业务经办机构：朝阳区管理部。
经办人一信息：
张倩；身份证号：110115199005126013；手机号码：13578987645。
经办人二信息：
赵美好；身份证号：130102198506230347；手机号码：13398763498。
委托收款账户名称：北京住房公积金中心。
开户银行：中国工商银行。
账号：6225887542658489788。
银行交换号：1245。

支付系统号：7865。

委托收款日期：1日。

每月汇缴需要确认：是。

状态：启用。

二、业务操作

（1）点击"个人网上业务平台"选项进入"住房公积金网上业务系统"，点击"注册"按钮录入注册信息，如图3-3-6和图3-3-7所示。

图3-3-6　个人网上业务平台

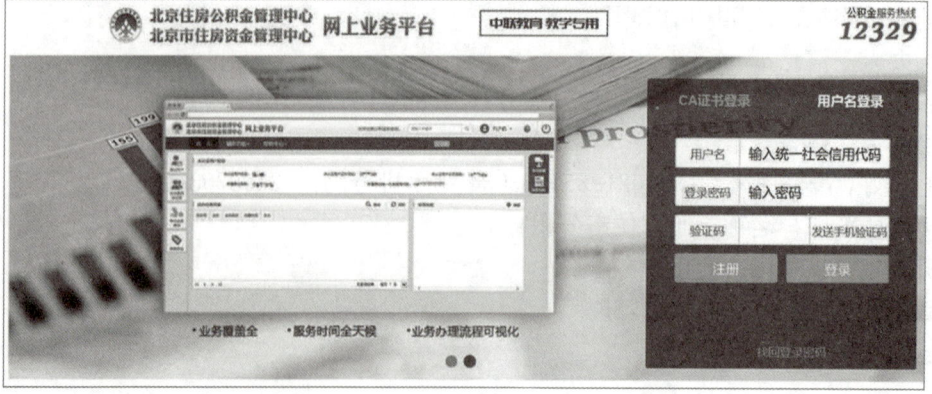

图3-3-7　用户名登录

(2)根据业务资料所提供的信息进行注册信息填写,点击"确认"按钮登录系统,如图 3-3-8 所示。

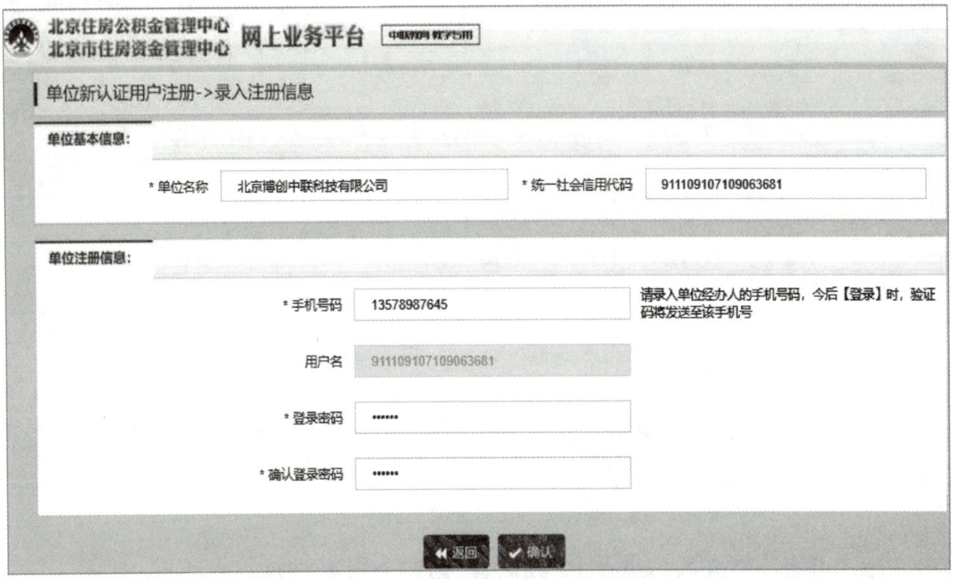

图 3-3-8　录入注册信息

(3)根据业务资料提供的信息完成"单位登记开户",完成登记后进入"办理公积金开户申请业务"界面,如图 3-3-9 和图 3-3-10 所示。

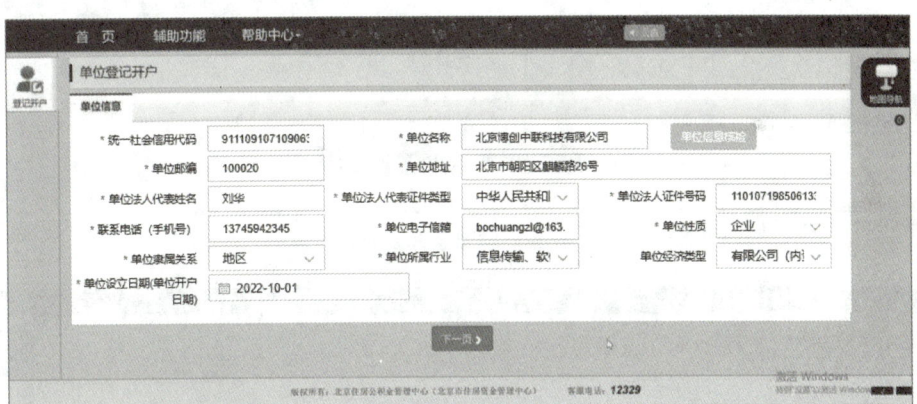

图 3-3-9　单位登记开户

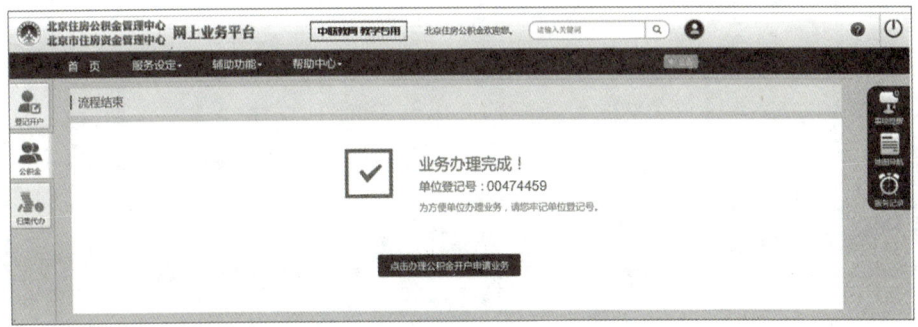

图 3-3-10　办理公积金开户申请业务

（4）根据业务资料信息进行公积金单位开户申请信息填写，如图 3-3-11 所示。

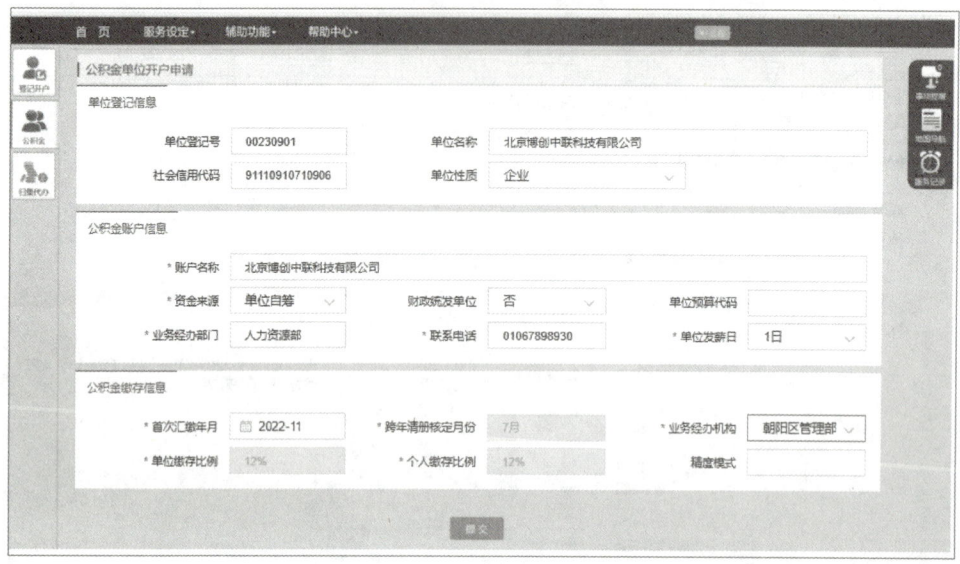

图 3-3-11　公积金单位开户申请

（5）进入"可增加经办人信息业务"界面，根据业务资料进行信息填写，如图 3-3-12 和图 3-3-13 所示。

图 3-3-12　增加经办人信息业务

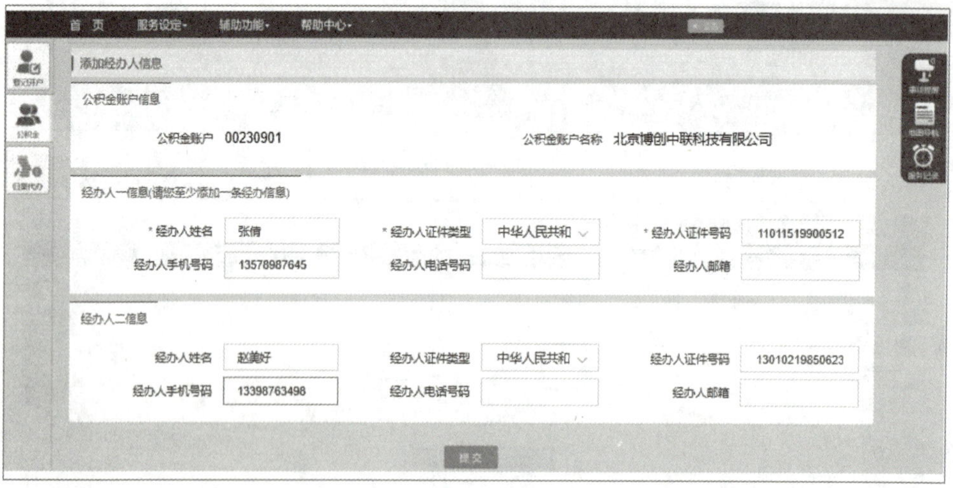

图 3-3-13　添加经办人信息

(6) 进入"办理签订委托收款业务"界面,根据业务资料进行委托收款信息填写,如图 3-3-14 和图 3-3-15 所示。

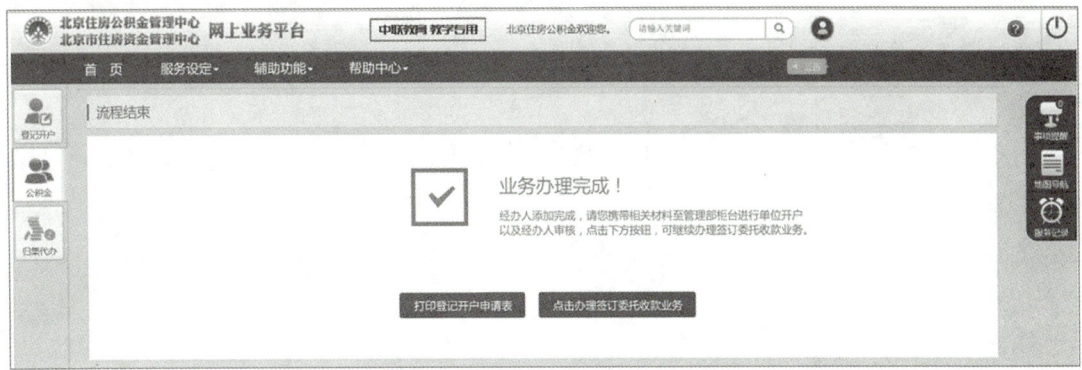

图 3-3-14　办理签订委托收款业务

图 3-3-15　签订委托收款信息填写

思政园地